Das Jüngste Gericht

OTTMAR FUCHS

DAS JÜNGSTE GERICHT
HOFFNUNG ÜBER DEN TOD HINAUS

Verlag Friedrich Pustet
Regensburg

Bibliografische Information der Deutschen Nationalbibliothek

Die Deutsche Nationalbibliothek verzeichnet diese Publikation
in der Deutschen Nationalbibliografie; detaillierte bibliografische Daten
sind im Internet über http://dnb.dnb.de abrufbar.

ISBN 978-3-7917-2814-8
© 2018 by Verlag Friedrich Pustet, Regensburg
Umschlaggestaltung: Atelier Seidel, Neuötting
Umschlagmotiv: Das Jüngste Gericht. Altartafel, Beaune 1434 (Detail)
                   © akg-images, Berlin / Erich Lessing
Druck und Bindung: Friedrich Pustet, Regensburg
Printed in Germany 2018

Diese Publikation ist auch als eBook erhältlich:
eISBN 978-3-7917-7185-4 (pdf)

Weitere Titel unseres Programms finden Sie unter
www.verlag-pustet.de

Inhalt

Vorwort 9

A. Hoffnungsspuren 12

1. Wozu hoffen? 12
1.1 Ein vitales Thema! 12
1.2 Lebens- und Sterbehilfe 15
1.3 Begrenzte Bilder für das Unbegrenzte......................... 17
1.4 Schwieriger Glaube... 20
1.5 Erfahrung eines Vergessenen 23
1.6 Gegen den Augenschein... 25
1.7 Rettung für alle? 27

2. Sehnsucht nach Rettung 30
2.1 Rettung der Details 30
2.2 Religiöse „Müllverwertung" 34
2.3 Totenerweckung in der Literatur.................................. 38
2.4 Land aus Worten 41

B. Gewaltiges Drama der Liebe 44

1. „Bittere Gnade" 44
1.1 Schrei nach Vergeltung 44
1.2 Doppelte Versöhnung 46
1.3 Nicht ohne Verurteilung 51
1.4 Feuertaufe 54
1.5 Christustaufe 56
1.6 Differenzvertiefende Versöhnung 58
1.7 Gerichtet im Johannes-Evangelium 60
1.8 Gott allein richtet 63
1.9 Mit Nietzsche 65

2. Nicht ohne Anklage 67
2.1 Gericht gegen Gott 68
2.2 Keine Entschuldigungen 70
2.3 Recht auf Überleben 73
2.4 Rettung des guten Gottes 76
2.5 „Sühne" Gottes 77
2.6 Verbrennungen 78

3. Ist es Liebe? 83
3.1 Protest gegen den Tod 83
3.2 Liebesmotiv der Hoffnung? 86
3.3 Verweichlicht die Liebe? 90
3.4 Wenn-Dann-Entgrenzung 92
3.5 Christologisch ermöglichte Sühne 94
3.6 Würde des Vergangenen 96
3.7 Im Überblick 97

C. Unerschöpfliche Gerechtigkeit 102

1. Barmherzigkeitsverwurzelt 102
1.1 Biblische Dynamik 102
1.2 Starke Empathie 105
1.3 Barmherzigkeit als Gerechtigkeit 107
1.4 Göttliches Mitleid am Kreuz 110
1.5 Barmherzigkeit im Gericht 114
1.6 Gerechtigkeit in der Gnade 116
1.7 Satisfaktion als Gnade 119
1.8 Einfühlungen 123

2. Lohntransformationen 126
2.1 (Er-)Warten 126
2.2 Biblische Lohnübertragung 128
2.3 Dem Zugriff entzogen 131
2.4 Und die Opfer? 135
2.5 Verschmelzung im Liebeslicht? 136
2.6 Radikale Neuschöpfung 139

D. Die Zeit, die bleibt 144

1. Verantwortung der Menschen 144
1.1 „Dein ist die Macht" 144
1.2 Künftiges Entsetzen? 147
1.3 Protest gegen Angst 150
1.4 Gottesfurcht als Ehrfurcht 153
1.5 Vorwegnahme des Gerichts 155
1.6 Eschatologisch beten 158

2. Zeitweisen 163
2.1 Religiöse Artikulation 163
2.2 Seelsorge im Horizont der Gnade 166
2.3 Fristgerechte Dringlichkeit 168
2.4 Eigenzeitliche Entschleunigung 170
2.5 Zwischen den Zeiten 174

Literatur
Eigene Vorarbeiten 179

Anmerkungen 180

Vorwort

Seit meiner Publikation „Das Jüngste Gericht. Hoffnung auf Gerechtigkeit",[1] habe ich dieses Thema in Vorlesungen und Vorträgen und kleineren Publikationen immer wieder bedacht und mit neueren Publikationen zu dieser Thematik, auch mit vielen Anliegen und Reaktionen ins Gespräch gebracht. Zuerst dachte ich, in einer weiteren Auflage all dies einzufügen, habe mich aber dann dazu entschieden, das erste Buch in seinem ihm eigenen Charakter nicht zu verändern und demgegenüber diese neue Publikation „Das Jüngste Gericht. Hoffnung über den Tod hinaus" vorzulegen. Es ist so etwas wie eine Fort- und Weiterführung, im heutigen Jargon könnte man sagen „das Jüngste Gericht – reloaded" mit all dem, was mir zu dieser Fragestellung weiterhin und zusätzlich wichtig geworden ist, was ich im Austausch mit anderen Publikationen und mit Erfahrungen in der Pastoral vertiefen oder auch modifizieren wollte.

Diese „Zu-Gabe", die ich tatsächlich auch als Gabe für meinen eigenen Glauben erfahre und von der ich hoffe, dass sie auch in der Lektüre zur Hoffnung ermutigt, kommt wieder im klassischen Gewand, nämlich mit Anmerkungen. Ich hatte ja beim ersten Buch das Experiment unternommen, eine Veröffentlichung ohne Anmerkungen und möglichst ohne Fremdwörter vorzulegen. In manchen Rezensionen wurde das Bedauern ausgedrückt, dass es diesen wissenschaftlichen Apparat nicht gegeben hat und dass man die Zitate erst mit Mühe in bisherigen Vorarbeiten recherchieren musste. Das verstehe ich gut, und wer diesen Apparat nicht benötigt, mag ihn einfach ignorieren.

Manches, was in diesem zweiten Buch nur angedeutet ist, findet sich ausführlicher im ersten. Aber im zweiten findet sich vieles, was im ersten Buch nur angedeutet ist oder überhaupt nicht vorkommt. Literatur und die entsprechenden Diskurse, die ich bereits in meinen bisherigen Publikationen, besonders im ersten Buch, bedacht habe, werden meist nicht mehr eigens aufgenommen.[2]

„Fern sei von mir der Wunsch, jemanden zu überreden. Von meiner Armut gebe ich. Und wenn es auch nur eine Seele gäbe, fähig zu verstehen, dass ich nicht allein mit den Lippen spreche, gebe ich mich zufrieden."[3] Selbstverständlich ist dies eine Wunschvorstellung, der ich nicht besonders fähig nachkomme, niemanden von meiner eigenen Sicht der letzten Dinge beeindrucken zu wollen. Aber noch wichtiger ist mir das Anliegen, dass all dies, was mir hier wichtig ist, mit meiner eigenen Seele, mit meinen eigenen Problemen und Hoffnungen mit Gott und den Menschen zu tun hat. In dieser Begrenzung mag es wahrgenommen werden.[4]

Auch soll Gott nicht vorgeschrieben werden, was er zu tun habe. „Es geht alleine darum, was aufgrund bestimmter Grundvoraussetzungen, die der christliche Glaube – und zwar schon biblisch – explizert (hat), in futurisch-eschatologischer Hinsicht angemessener Weise gelehrt werden darf ..."[5]

So schwanke ich zwischen der sich zurückziehenden Einstellung einer Thérèse von Lisieux, dass sie gar nicht im Voraus wissen „und dem Richter in die Bücher blicken will", und der unruhigen Neugier des Glaubens und darin auch der Theologie, soweit wie möglich im Denken und im Bebildern die Unwissenheit hinauszuschieben, ohne dabei über die Todesgrenze schauen zu können.[6] Es bleibt immer wahr: „Der Ausgang des Gerichtes Christi ist sein Geheimnis, das niemand vorausnehmen darf."[7]

So kann ich dieses Thema auch nicht linear vom Anfang bis zu einem Schluss durchdenken und damit den Eindruck vermitteln, ich hätte es im klassischen Sinn von einer Fragestellung bis zu einer Konklusion abgearbeitet. Ein anderes Bild drängt sich vielmehr auf: nämlich mich von verschiedenen Aspekten und Ereignissen her immer wieder auf das gleiche Thema, auf die Mitte unseres diesbezüglichen Hoffens zuzubewegen. Das alles bleibt fragmentarisch, manchmal hilflos, und manchmal doch so, dass die Hoffnung etwas klarere Konturen bekommt. Da diese Zugänge immer wieder auf die gleiche Mitte zusteuern, sind manche Wiederholungen nicht zu vermeiden, die von den unterschiedlichen Zugängen her allerdings dann auch ein je eigenes, ein etwas anderes Profil haben. Die vier Perspektiven, die wie Strahlen nach rückwärts zu ihrem Ursprung zurückkommen, sternförmig wie die Strahlen zum Zentrum, sind folgende:

Im *ersten* Kapitel geht es um die vielen *Spuren* der Sehnsucht menschlicher Hoffnung über den Tod hinaus, um die Frage nach dem Lebens(hilfe)wert dieses Themas (1.1), und dann, in 1.2, um die vielfältige Sehnsucht nach der Rettung des Details menschlicher Erfahrung und menschlichen Leidens.

Das zentrale *zweite* Kapitel versucht, der *Liebe* auf die Spur zu kommen, die verurteilt und versöhnt, die unnachgiebig ist von Seiten Gottes, wenn es um die Anklage der Menschen geht (2.1), aber auch, wenn es um die Anklage Gott selbst gegenüber geht (2.2). Es kommt zum ewigen Drama der Liebe, die nichts schenkt und alles gibt (2.3).

Der *dritte* Zugang konzentriert sich auf das Verhältnis von *Gerechtigkeit und Barmherzigkeit* im Gericht, einmal (3.1) mit einigen Gedanken, *wie* sich Gerechtigkeit ereignet, und dann, in 3.2, wie dies mit der durchaus biblischen Frage nach Lohn und weit darüber hinaus in Verbindung gebracht werden kann.

Der *vierte* Zugang bewegt sich im Bereich der *Verantwortung* für die Jetztzeit, in einer neuen, nicht ängstlichen, aber ernsthaften Gottesfurcht angesichts des menschlichen Handelns (4.1) *und* in einem eschatologisch basierten Umgang mit der Zeit, die uns bleibt (4.2).

Das Buch schließt mit einem Hinweis auf die bereits publizierten Vorarbeiten zu diesem Buch.

Ich bin dankbar für die vielfältigen theologischen Traditionen in Kirchen und in den Theologien und für die entsprechenden Diskurse, in die ich mich einklinken durfte. Vieles verdanke ich Kollegen und Kolleginnen in der Theologie, aber auch Begegnungen mit Menschen und ihren Erfahrungen in dieser Hoffnung. Zugleich habe ich jene Erfahrungen ernst zu nehmen versucht, in denen diese Hoffnung verlorengegangen ist oder zerbrochen wurde.

Herrn Dr. Rudolf Zwank danke ich für sein umsichtiges und engagiertes Lektorat im Pustet-Verlag und Herrn Rolf Bechmann für die abschließende Durchsicht des Manuskripts. Meiner ehemaligen Wissenschaftlichen Assistentin am Bamberger Lehrstuhl für Pastoraltheologie, Frau Dr. Bärbel Körber-Hübschmann, danke ich für die treue Unterstützung in der Texterstellung.

Am 6. Januar, am Fest Epiphanie 2018   *Ottmar Fuchs*

A. Hoffnungsspuren

1. Wozu hoffen?

1.1 Ein vitales Thema!

Die Überlegungen zum Gericht haben ihre Wurzeln in einer mich persönlich bewegenden Problematik. Im Rückblick erkenne ich darin ein bedeutsames Element jener biographischen Kontextualität, die auch mein pastoraltheologisches Forschen und Lehren geprägt hat. Ich denke an meine ersten intensiven Lektüreerfahrungen hinsichtlich des Holocaust, die weit in meine frühe Jugendzeit zurückgehen. Ich war traumatisiert von dem hilflosen Gefühl der Nachfahren der Täter, hilflos, weil man nicht mehr in die Vergangenheit eingreifen und etwas verändern kann. Die Opfer bleiben unwiederbringlich vernichtet. Eine nachträgliche Rettung ist nicht möglich.

Mit diesem Thema bin ich bis heute nicht „fertig". Wie könnte man auch. Fertig wird man damit erst im Tod sein, wenn sich alles erweisen wird. Jetzt aber sind aus christlichem Glauben heraus zwei Weisen des Überlebens zu bedenken: des Lebens und Überlebens vor und des Überlebens und Lebens nach dem Tod. Beide befinden sich miteinander in einer Verbindung, die es zu entdecken gilt.

Seitdem ich mich in der *praktischen Theologie* mit der Frage nach einem Leben nach dem Tod und damit nach den „Letzten Dingen" (z. B. Auferstehung, Himmel und Hölle), insbesondere aber mit dem „Jüngsten Gericht", beschäftige, werde ich immer wieder gefragt, warum ich als Pastoraltheologe dieses an sich bisher weitgehend nur dogmatisch erörterte Themenfeld bearbeite. Das Gerichtsthema reicht bis in meine Kaplanszeit hinein, wo ich die Ängste in Bezug auf den Tod und auf das, was danach kommt, gerade auch auf die Hölle hin, selbst wenn sie angezweifelt oder abgelehnt wird, nicht nur bei älteren Leuten unglaublich vital erlebt habe. Seitdem hat mich diese pastorale Fragestellung nicht mehr losgelassen.

Im Grunde ist es die Aufarbeitung eines kollektiven Traumas der Kirchengeschichte, dieser jahrhundertealten Angst vor einem gnadenlos strafenden Gott, mit der Angst vor dem unvorbereiteten Tod. Das steckt tief, nach mentalitätshistorischen Untersuchungen auch bei den nicht zur Kirche dazugehörigen Menschen. Sie projizieren auf die Kirchen immer noch die religiöse Angst, obgleich sie gar keine direkte Erfahrung davon haben und auch nicht wahrnehmen können, dass in den Kirchen seit über einem halben Jahrhundert über Gericht und Hölle fast gar nicht mehr gesprochen und gepredigt wird. Bestimmte Medienprodukte und Filme tun das Ihrige, diese Projektionen aufrecht zu erhalten.

Neben der Angst beschäftigt die Menschen aber auch angesichts der Erfahrung himmelschreiender Ungerechtigkeit die Frage, warum dies so sei und ob es denn jemals eine Gerechtigkeit gebe und wie diese aussehen könnte oder müsste. Damit verbindet sich die Klage über das oft ungerechte und unverzeihliche Leid der Menschen, über und gegen all die, die auf Kosten anderer leben, sie unterdrücken, foltern und töten. Wird die Stimme ihrer Opfer gehört werden? Kommen die Täter ungeschoren davon?[8] Oder werden sie vor Gericht gestellt? Von wem und mit welchen Folgen? Und welche Hoffnung über den Tod hinaus steigert die universale Solidarität *allen* Menschen gegenüber und welche begrenzt, ja zerstört sie?

Die Hilflosigkeit auch vieler glaubender Menschen, diesen Fragen gegenüber und hinsichtlich der Bild- und Vorstellungsfähigkeit dessen, was Jüngstes Gericht und Himmel bedeuten, Auskunft zu geben, ist vor allem in der interreligiösen Begegnung mit muslimischen Mitbürgern und Mitbürgerinnen verhängnisvoll. Letztere warten nämlich durchaus mit lebhaften Vorstellungen von dem auf, was das alles für sie bedeutet. In unseren Schulen fragen christliche Schüler und Schülerinnen auf Grund der religiösen Profilierung der muslimischen Schüler und Schülerinnen wieder neu danach, was ihr eigenes christliches Profil ist. So erzählen Lehrer und Lehrerinnen, dass die muslimischen Schüler und Schülerinnen eine klare Vorstellung von Gericht und Himmel besitzen, während die christliche Jugend fast gar nichts dazu sagen kann. Was sagen wir anderen, wenn sie uns fragen?

Jedenfalls wäre es gut, hätten die christlichen Gläubigen von der christlichen Tradition her die Möglichkeit, ihre Vorstellung vom Gericht einzubringen, vor allem auch die Hoffnung, dass sich im Gericht nochmals ein neues Szenario eröffnet, mit dem Blick auf jene unendliche Barmherzigkeit und Versöhnungsbereitschaft Gottes, wie sie nicht nur in der Bibel, sondern auch im Koran von entscheidender Bedeutung sind. Dann können im Volk Kontakte mit islamischen Nachbarn entstehen, manchmal auch Familienfreundschaften, und wie mir als Beispiel erzählt wurde, dass eines Tages eine christliche Frau von ihrer türkischen Nachbarin erklärt bekommt: „Was habe ich Sie so gern. Ich kann es einfach nicht mehr ertragen, glauben zu müssen, dass Sie in die Hölle kommen."

Es ist schon eine intensive Qualität der interreligiösen Begegnung erreicht, wenn Menschen daran leiden, dass die zur anderen Religion Gehörigen auf Grund der eigenen Lehre nicht im Paradies sein können. Solche direkten Begegnungserfahrungen werden in den Religionen nicht unwirksam bleiben und solche Texte und Traditionen suchen lassen, die im Zusammenhang veränderter Gerichtsvorstellungen[9] die Ausschließlichkeit des „eigenen" Himmels aufbrechen. Aber auch für die christliche Spiritualität selbst, vor allem hinsichtlich ihrer Fruchtbarkeit für zwischenmenschliche Solidarität, auch in Caritas und Diakonie, können die folgenden Ausführungen hilfreich sein.

Viele, nicht nur religiöse Menschen sehnen sich danach, dass der Tod geliebter Menschen nicht das letzte Wort hat, dass es eine Hoffnung und eine umfassende Gerechtigkeit über den Tod hinaus gibt. Die folgenden Gedanken ermutigen zu dieser Hoffnung, und sie tun dies aus der Perspektive christlicher Vorstellungen. Sie ermutigen zugleich die Gläubigen anderer Religionen dazu, Ähnliches in ihrem Glauben zu entdecken, und sie ermutigen diejenigen, die nicht hoffen können, vielleicht doch einen Spalt ins Licht hinein offen zu lassen.

Selbstverständlich kann ich hier das universale Gericht aller Menschen immer nur aus christlicher Perspektive formulieren, weil ich in anderen Religionen und Weltanschauungen nicht zu Hause bin. Dabei geht es nicht um Vereinnahmung, sondern darum, dass es gar nicht anders geht, als dass man die anderen immer auch und zuerst aus der eigenen Perspektive und Herkunft heraus wahrnimmt. Archimedische Punkte, von denen aus alles aus der Vogelperspektive wahrnehmbar wäre, gibt es nicht. Wichtig ist allerdings, dass die andere Wirklichkeit nicht aus dem eigenen Sprachspiel ausgeschlossen wird, sondern dass sie darin mit dem Besten des Eigenen verbunden wird und eine reziproke Wertigkeit bekommt. Muslimische Gläubige werden jenem universalen Gott begegnen, wie Gott ihnen in ihrer eigenen Glaubensgeschichte vor allem hinsichtlich seiner Barmherzigkeit begegnet.

Der islamische Religionspädagoge Mouhanad Khorchide schreibt von seiner Warte aus Ähnliches: „Die Hölle ist demnach kein Ort der Bestrafung oder der Rache Gottes, sondern steht symbolisch für das Leid und die Qualen, die der Mensch im Laufe dieses Transformationsprozesses erlebt.

Dabei begegnet er einerseits der unendlichen Barmherzigkeit und Liebe Gottes. Dies versetzt ihn in Scham und Demut, da ihm bewusst wird, dass er in seinem Leben Nein zu dieser Liebe und Barmherzigkeit gesagt hat."[10]

Der rote Faden, der in jedem Kapitel immer wieder neu aufgenommen wird, verfolgt die Einsicht: Gott, wenn es Gott denn gibt, *ist und gibt* beides: unendliches Leben und unerschöpfliche Liebe. Jedes Kapitel läuft darauf hinaus, diese doppelte Hoffnung in verschiedenen Anläufen durchzubuchstabieren und zu bebildern: Gott ist die Liebe und das Leben. Die Lesenden werden ihrerseits erfahren, welche roten Fäden für sie mehr bedeuten als andere und wie sie diese Fäden für sich selbst verknüpfen und als Hilfe für das eigene Leben erfahren können.

Im Alltag zeigt sich heute bei vielen Menschen ein Nicht-glauben-Können, das nicht herrschaftlich und überlegen daherkommt, sondern Ausdruck der Hilflosigkeit zu sein scheint, an ein Danach glauben zu *können*. Auch Martin Walser macht deutlich, dass er den Glauben sehr schätzt, dass er die Formen, auch die sprachlichen Formen des Glaubens selber aufnimmt und wertvoll macht, aber zugleich, dass er über die Todesgrenze hinaus in ein Jenseits Gottes hinein nicht glauben kann.[11] Das ist keine arrogante Gottesleugnung. Kein aggressiver oder das Religiöse gering schätzender Atheismus begegnet hier, sondern eher ein stiller Agnostizismus. Und zugleich zeigt sich gerade darin zuweilen die Sehnsucht, dass es doch anders sein möge. Dass es irgendwie gut und tröstlich wäre, wenn diese Phantasie eine Wirklichkeit wäre.

1.2 Lebens- und Sterbehilfe

Wie es für christgläubige Menschen notwendig ist, dass man das Vaterunser gelernt und auch praktiziert hat, wenn man es in der Sterbestunde beten will, so ist auch das Folgende gedacht: nämlich als Ermutigung und Wegweisung für eine lebenslange „katechetische" Einübung, insofern hier Hoffnungen bebildert und aufgebaut werden, die dann in der Begleitung von Sterbenden bzw. im eigenen Sterben ihre Wirksamkeit entfalten können.

Wer als christliches Kind das „Vaterunser" gelernt hat, kann es ein Leben lang, in welchen Situationen auch immer, ins Gebet nehmen und vielleicht auch in der Sterbestunde (mit-)beten. Derart erfahren Menschen die trostreiche Kraft eines solchen Gebetes. Sowohl für die Sterbebegleitung wie auch für das eigene Sterben geht es also um so etwas wie eine (Selbst-)Befähigung, in solchen Extremsituationen entsprechende sprachliche Erinnerungen aktivieren zu können.

Insbesondere für die Sterbebegleitung gilt, dass es viel Sensibilität, viel Feingefühl und Einschätzungsvermögen für die Situation und die persönliche Lage benötigt, damit diese Inhalte und Bilder tatsächlich als Trost, Ermutigung und Wegbegleitung erfahren werden können. Für die einen mag beispielsweise die Bearbeitung von Schuldfragen wichtig sein, für die anderen weniger, und dann darf auch dieser Aspekt im endzeitlichen Geschehen weniger wichtig genommen werden als zum Beispiel die Sehnsucht nach Gerechtigkeit oder die Sehnsucht nach dem Wiedersehen der eigenen Verstorbenen. Bei Paulus begegnet die interessante Freiheit, dass er seine Bilder, die mit der Hoffnung auf ein Leben danach etwas zu tun haben, immer wieder neu formuliert und auf die Situation derer ausrichtet, für die sie gedacht sind.[12]

Diese Situations- und Adressenorientierung im Umgang mit den „Letzten Dingen" bedeutet zum Beispiel in der Schulseelsorge bzw. im Religionsunterricht bei Todesfällen in Schulklassen, dass die Situation der Trauer nicht einfach mit gestanzten Formulierungen aus der christlichen Vorstellungswelt konfrontiert wird, zumal in Phasen, wo solche Einsichten, so wahr sie sein mögen, der Situation der Betroffenen nicht gerecht werden.[13] Es geht nicht in erster Linie darum, die Trauer mit religiösen Inhalten zu verbinden, sondern die Art und Weise der Kommunikation zu prüfen, in der überhaupt mit trauernden Jugendlichen auf ihre Erfahrungen gehört, ihr Schweigen ausgehalten und Inhalte ausgesprochen oder auch am besten nicht ausgesprochen werden. Die Eschatologie hat in ihren unterschiedlichen Zugängen für viele verschiedene Personen und Situationen „phasengerechte" Bilder bereit.

Die direkte Thematisierung von Inhalten wird gerade von den Jugendlichen als zwiespältig erlebt, wenn sie nicht eingebettet ist in eine hoch sensible Kommunikation, die ein Gespür dafür entwickelt, wann, wo und wie Inhalte gehört bzw. besprochen werden können. „Ein Religionslehrer sollte bei der Behandlung todesbezogener Themen beachten, dass eine rein intellektuelle Auseinandersetzung trauernde Schüler manchmal eher zusätzlich belastet, als dass sie ihnen hilft."[14] Diese Schwebe zwischen sensibler Kommunikation und inhaltlicher Thematisierung von etwas, was in der Trauer möglicherweise hilfreich und tragend ist, ist jeder Seelsorgetätigkeit, wie überhaupt, wie mir scheint, allen Sozialberufen ins Stammbuch zu schreiben. Darin wird jene Kommunikation grundgelegt, in der weder Mitleid noch Inhalte aufgedrängt werden, in der zugleich aber die sensible Offenheit gelernt wird, den „Kairos", den Raum zu entdecken, in dem Inhalte hilfreich, kritisch aufhelfend und lebensbedeutsam sind.[15]

Das alles gilt umso mehr für die „Letzten Dinge". Genauso unzugriffig, wie die endzeitlichen Bilder (bzw. wofür sie stehen) sind, ist es auch für die konkrete Begegnung nicht erlaubt und schlechterdings von der Sache her nicht möglich, damit zu meinen, man hätte mit diesen Sprachformen Situationen im Griff und könnte problemlösend, im oberflächlichen Sinn des Wortes, agieren. Das Gegenteil ist der Fall: Je mehr man sich auf die Inhalte der christlichen endzeitlichen Botschaft einlässt, desto weniger kann man damit eine größere Macht bekommen, Situationen, und gar noch Extremsituationen, zu „lösen". Denn dass sie letztlich diesseitig nicht zu lösen sind, ist Inhalt dieser Botschaft selbst. Menschen, die mit dem Schrei der Schmerzensklage sterben, worin keine Hoffnung mehr zu hören ist, sind gerade diejenigen, mit denen sich der sterbende Christus „identifiziert", in denen er selber „schreit" (vgl. Röm 8,24 ff.). Dann kann man nur noch dieses sagen oder muss schweigen und mitaushalten. Es hängt von der Situation und den Menschen ab, wie die verschiedenen Phasen des Sterbens mit den jeweils zu beanspruchenden christlichen Bildern verbunden werden können. Das erfordert ein hohes Maß an Sensibilität. Das gleiche ist zu sagen hinsichtlich der Trauerphasen derer, die Sterbende begleiten bzw. ihren Tod beklagen.

1.3 Begrenzte Bilder für das Unbegrenzte

Bibel und Tradition kommen in vielen Texten auf den Vorgang des „Gerichts" zu sprechen. Letzteres zeigt sich darin als ein für uns unvorstellbar dramatisches Geschehen, für das uns verschiedene Bilder geschenkt sind, die in ihrem Zusammenhang aber nie gefügig sind, die ineinander knirschen und die so umso deutlicher erfahren lassen, dass es sich nur um Bilder handelt, die eine Richtung andeuten, deren tatsächliche Erfüllung uns noch einmal ganz anders zuzukommen vermag, als wir es uns vorstellen können.

Für Glaube und Verkündigung wird es wichtig sein, die unterschiedlichen Bilder, die Bibel und Tradition für die Vorstellung des Jüngsten Gerichts bereithalten, in ihrer Bedeutung und in ihrer gegenseitigen Bedeutungs*begrenzung* zu erschließen. So bleibt das am meisten bekannte Bild vom Jüngsten Gericht gültig, in dem die Guten von den Bösen getrennt werden, doch ist die Bedeutung dieses Bildes auch wieder zu begrenzen mit der Einsicht, dass es nur eine Momentaufnahme im großen Prozess des Gerichts darstellt. Denn die meisten werden einmal auf der einen und einmal auf der anderen Seite sein, und der richtende und zugleich versöhnende Blick des Richters wird es ermöglichen, dass sich die Menschen gegenseitig anschauen und aneinander entdecken, worin sie sich gegenseitig getragen und geliebt oder gehasst und zerstört haben.[16]

Dem Richter, der die Guten von den Bösen trennt, ist das Bild von dem Richter gegenüberzustellen, der im Münster von Konstanz (Maiestas-Domini-Scheibe über dem Altar der Krypta, um 1000) mit dem Spruch Jesu aus Mt 11,28 auf alle, auf die Guten und Bösen und auf alle, die Gutes *und* Böses in sich hatten, zugeht: „Kommt alle zu mir, die ihr euch plagt und schwere Lasten zu tragen habt. Ich werde euch Ruhe schenken und euch erquicken." Denn es wird kaum Menschen geben, die nicht in irgendeiner Form am Leben und spätestens am Sterben gelitten haben. In der lateinischen Übertragung steht das Wort *reficio*, was heilen, wiederherstellen und neu beleben bedeutet. So stehen sie sich dann gegenüber, diese beiden Richter: der Verurteilende und der Diakonische. Und beiden ist nichts wegzunehmen, und *wie* beide letztlich zusammengehören, das zeigt sich erst im Letzten Gericht selbst.

Bei aller erhofften Kontinuität zwischen eschatologischen Bildern und der diesbezüglich sich ereignenden Wirklichkeit bleibt die Diskontinuität zwischen Geschichte und Transzendenz von maßgeblicher Bedeutung.[17] So wird man an den Bildern festhalten „und dennoch nicht wissen, was sie letztlich bedeuten".[18]

Wobei nach Schleiermacher[19] die Predigt hier mehr Möglichkeiten hat, denn sie ist auf Vorstellungsgehalte angewiesen.[20] Da Schleiermacher aber der Predigt eine Funktion für die Weiterentwicklung der Dogmatik zuschreibt, muss sich die Dogmatik dann doch wieder mit diesen Bildern kritisch beschäftigen.[21] Für Schleiermacher ist dabei die Eschatologie des Erlösers in der Praxis Jesu vorgebildet.[22]

So ist die Scheu berechtigt, das Geheimnis Gottes, das uns im Tod in einer unvorstellbaren Weise begegnet, in Vorstellungen und Bilder zu fassen. Zugleich ist es aber auch wieder notwendig, eine Vorstellungsfähigkeit von dem zu entwickeln, was „danach" kommt.

Indem so mit der ersten Naivität im Umgang mit den christlichen Bildern zu den „letzten Dingen" umgegangen wird, entdeckt man durchaus so etwas wie eine zweite Naivität. Und so kann man dann bei einem Requiem die alten Texte hören und die alten Lieder singen und dabei die sensible Tiefe dessen erleben, was durch die Worte hindurch zum Ausdruck kommt:

„Ich will den Kreuzstab gerne tragen,
er kömmt von Gottes lieber Hand,
der führet mich nach meinen Plagen
zu Gott in das gelobte Land.
Da leg ich den Kummer auf einmal ins Grab
da wischt mir die Tränen mein Heiland selbst ab."[23]

Der Eschatologie eignet dabei mit Recht immer eine gewisse Unruhe in den beanspruchten Bildwelten, die durchaus noch zu verstärken ist, auch regional und im Zusammenhang der jeweiligen gesellschaftlichen und kosmologischen Inkulturationen. Einschließlich einer negativen Theologie (in) der Eschatologie, nämlich zu sagen und zu bebildern, was über den Tod hinaus *nicht* ist und um der Menschen und um Gottes willen *nicht* sein darf und was darüber hinaus im Dunkel des unendlichen Geheimnisses bleibt.

Dabei darf es durchaus offen und frei bleiben, dass die einen Gläubigen Bilder notwendiger haben als die anderen, die Gott von vorneherein über den Tod hinaus vertrauen können. Die am 16. August 2008 verstorbene große Frau des Deutschen Katholizismus, der Ökumene und der Frauensolidarität, Anneliese Lissner, hat in dem Dankesbrief nach ihrem 80. Geburtstag in einem Gedicht formuliert:

‚Oh Mensch, bedenkt die Ewigkeit,
denn damit endet deine Zeit'.
Was das bedeutet, weiß ich nicht,
doch bin ich voller Zuversicht!

Ob man/frau nun mehr oder weniger Bilder und Bedeutungen über den Tod hinaus benötigt, eines ist in jedem Fall zu beherzigen: Alle Hoffnung ist noch einmal dem Geheimnis Gottes selber zu überantworten. Es kann nie um einen ungehörigen Zugriff auf Gott und auf das gehen, was nach dem Tod kommt, sondern um ein vorsichtiges Ertasten dessen, in welche Richtungen und Farben das Künftige erlebbar ist. Es ist nicht die Sprache des Habens und des Zugriffs, sondern die Sprache der Hoffnung: Auf unsichtbare Hoffnung hin sind wir gerettet (vgl. Röm 8,24–25).

Hoffnungsvoll ist dieser Blick über die Todesgrenze hinaus dann, wenn all das, was die Menschen getan und erlitten haben, sich nicht einfach in dieser Rettung auflöst, als wäre das alles nicht geschehen, sondern darin eine Bedeutung gewinnt, die alle als endgültige Herstellung der Gerechtigkeit und einer ganz und gar nicht billigen Versöhnung erfahren; dass es weder eine Versöhnung auf Kosten der Gerechtigkeit noch eine Gerechtigkeit auf Kosten der Versöhnung geben wird. Die Hoffnung also, dass es am Ende für alle eine Rettung geben kann, aber nicht einfach so, als würde Gott die Leiden der Opfer und die Taten der Täter nicht ernst nehmen, als ob es ihm nachträglich egal wäre, wie wir hier gelebt haben.

1.4 Schwieriger Glaube

Angesichts des Todes begegnen im Alltag die unterschiedlichsten menschlichen Vorstellungsmuster. Bei nicht wenigen ist es die Vorstellung: Wenn man ein gutes und wertvolles Leben gehabt hat, und es auch lange genug gedauert hat, dann können die einen sich damit abfinden, dass es mit dem Tod zu Ende ist. Manch andere wollen das Leben am Ende enttäuscht, als ein missratenes Geschenk, Gott wieder zurückgeben, als hätte man es nicht benötigt. Andere wieder können es mit Dankbarkeit zurückgeben, ohne weitere Erwartungen zu haben. Doch denken sie alle dabei nur an sich.

Bei vielen bleibt dagegen die unstillbare Sehnsucht, die verstorbenen Geliebten wiederzusehen und in die Arme zu nehmen. Andere beschäftigt die Frage, was mit denen ist, die wohl die Mehrheit der Menschheit sind, die kein „sattes Leben" ermöglicht bekommen, mit all denen, deren Leben im Elend stattfindet und deren Leben gewaltsam abgeschnitten wird. Mindestens um derentwillen ist, so denken sie, der Protest gegen ein Universum aufrechtzuerhalten, das offensichtlich gleichgültig über die vielen unterschiedlichen und gegensätzlichen Leben und Toten hinweggeht. Die Frage nach der Gerechtigkeit bleibt so gesehen offen. Wozu soll sie überhaupt noch gestellt werden, denken manche, wenn sie im All ungehört verhallt? Auch die Frage nach der Schönheit, wie sie Friedrich Schiller in seinem Gedicht „Nänie" (1799) aufwirft:

Nänie
Auch das Schöne muß sterben! Das Menschen und Götter bezwinget,
Nicht die eherne Brust rührt es des stygischen Zeus.
Einmal nur erweichte die Liebe den Schattenbeherrscher,
Und an der Schwelle noch, streng, rief er zurück sein Geschenk.
Nicht stillt Aphrodite dem schönen Knaben die Wunde,
Die in den zierlichen Leib grausam der Eber geritzt.
Nicht errettet den göttlichen Held die unsterbliche Mutter,
Wann er, am skäischen Tor fallend, sein Schicksal erfüllt.
Aber sie steigt aus dem Meer mit allen Töchtern des Nereus,
Und die Klage hebt an um den verherrlichten Sohn.
Siehe! Da weinen die Götter, es weinen die Göttinnen alle,
Daß das Schöne vergeht, daß das Vollkommene stirbt.
Auch ein Klaglied zu sein im Mund der Geliebten, ist herrlich,
Denn das Gemeine geht klanglos zum Orkus hinab.

Die Spur der Liebe, des Geliebtseins, ist hier von entscheidender Bedeutung. Sie ist nachher (siehe unten Kap. 2.3) wieder aufzunehmen!

Was bedeutet es für den christlichen Glauben, wenn Hoffnungen über den Tod hinaus auf immer weniger Resonanz stoßen? Nicht, dass heutige Vorstellungen einer durchaus positiven Sicht darauf, dass das Leben mit dem Tod endet, neu wären, so haben sich doch die basisbezogenen Zahlenverhältnisse, die sich damit verbinden, gründlich verschoben, insofern die diesbezüglichen Plausibilitäten von elitären Einstellungen nun auf flächige Alltagsvorstellungen übergegangen sind.[24] Manchmal mit dem Bedauern: „Ich beneide Sie, dass Sie diese Hoffnung haben können, und es muss schön sein, so vertrauen zu dürfen, aber mir ist ein solcher Glaube leider nicht geschenkt." So sagte z. B. Joachim Fuchsberger in mehreren Interviews: Ich würde ja gerne daran glauben, dass mein Sohn, der so früh verstorben ist, noch irgendwie lebt, dass wir uns wiedersehen, aber ich kann es nicht, ich kann nicht an solche Vorstellungen glauben wie sie in „Der Brandner Kasper und das ewig' Leben" zum Vorschein kommen.[25]

Wie Joachim Fuchsberger es formuliert, verbinden sich darin zwei Dynamiken: einmal die durchaus deutliche Sehnsucht, den verstorbenen Sohn doch wieder in die Arme nehmen zu können, auf der anderen Seite die Unmöglichkeit, daran glauben zu können. Religiöser Glaube ist offensichtlich nicht mehr fähig, die nach wie vor starke Sehnsucht der Liebe, dass geliebte Menschen nicht einfach nicht mehr sind, aufzunehmen, zu tragen und dieser Sehnsucht die Möglichkeit einer Verbalisierung und damit einer Verobjektivierung zu geben, der man Glauben zu schenken vermag. Fuchsberger benennt also die soziale Dimension des „Wiedersehens", kann sie aber nicht über den Tod hinaus erhoffen.

Damit denkt Fuchsberger anders als jene Gedankengänge, die nur individuell beziehungsweise individualistisch geführt werden, insofern es nur um das eigene Leben und sein Ende geht. Etwa dergestalt, dass man selbst durchaus auf die angebliche Langeweile eines ewigen Himmels verzichten könne. Oder dass gerade der Tod dieses Leben so wertvoll macht, weil es einmal zu Ende geht. So hat Simone de Beauvoir bereits 1946 in ihrem Roman „Alle Menschen sind sterblich" dargetan, wie die ewige Wiederholung des Gleichen in einer diesseitigen Unsterblichkeit zum Fluch und niemals zum erfüllten Leben wird. Letzteres sei nur möglich, wenn das Leben ein Finale habe.[26] Aber das ist ja die Frage: Wo befindet sich diese „Ewigkeit"? Sei sie mehr zeitlich (und mit welcher „Zeit"?), sei sie mehr intensitätsmäßig ereignishaft erlebt? Wenn es sich dabei um ein Unsterblichkeitselixier für das Diesseits oder um eine Wiedergeburt in das Diesseits handelt, in welchen Formen auch immer, dann ist das tatsächlich ein Schreckgespenst und alles andere als Erlösung und Befreiung.

Hans-Joachim Höhn spricht von einer „Entübelung" des Todes, insofern man dem Tod etwas Gutes abgewinnt. Höhn deckt aber auch die Paradoxien solcher Vorstellungen auf, insofern der Tod zwar am Schluss alle gleich macht, aber nicht für Gerechtigkeit sorgt, oder insofern der Tod zwar unerträglichen Schmerzen ein Ende setzt, aber die Frage, warum diese Schmerzen überhaupt erlitten werden müssen, nicht kleiner macht.[27] Die ähnliche Frage stellt sich hinsichtlich der Gerechtigkeit. So wird in einem Tatort-Krimi[28] gesagt: „Manchmal wäre es schön, dass es ihn wirklich gäbe, diesen Gott, denn dann bekommt am Ende jeder das, wie er's verdient."

1.5 Erfahrung eines Vergessenen

Joachim Fuchsberger kann nicht an den Himmel glauben. Es geht heute vielen, vor allem auch älter werdenden Menschen ähnlich, wie der „Nachkriegsdichter" Reinhold Schneider es hinsichtlich seines Hinausgleitens aus dem Glaubensbereich formuliert hat: „Ich fühle mich aus dieser Wirklichkeit, diesem Wahrheitsbereich gleiten, ohne Einwand, immer in Verehrung und Dankbarkeit, ohne jegliche Rebellion, aber eben doch für mich, gezogen von meinem Daseinsgewicht, mit geschlossenen Augen, verschlossenem Mund."[29] Walter Abendroth formuliert dies so: „Die Unruhe bleibt den Gläubigen, und der Zweifel ist vielleicht sein stärkster Ansporn zum Gebet. Dies war von je die religiöse Haltung der großen Ketzer wie der großen Heiligen."[30]

Die letzte Sehnsucht Reinhold Schneiders, dass man ihn doch endlich schlafen lässt:

„Fest überzeugt von der göttlichen Stiftung und ihrer bis zum Ende der Geschichte währenden Dauer, ziehe ich mich doch lieber in die Krypta zurück; ich höre den fernen Gesang. Ich weiß, dass er auferstanden ist; aber meine Lebenskraft ist so sehr gesunken, dass sie über das Grab nicht hinauszugreifen, sich über den Tod hinweg nicht zu sehnen und zu fürchten vermag. Ich kann mir einen Gott nicht denken, der so unbarmherzig wäre, einen todmüden Schläfer unter seinen Füßen, einen Kranken, der endlich eingeschlafen ist, aufzuwecken. Kein Arzt, keine Pflegerin würde das tun, wie viel weniger Er!"[31]

Reinhold Schneider durchbricht hier jene gängige Zuordnung, dass fromme Menschen an die Auferstehung glauben und ungläubige Menschen dies nicht tun. Vielmehr weiß er sich gerade mit seinem Zweifel und mit dieser Todmüdigkeit selbst im Raum des Gebets und der Kirche. So schreibt er:

„Aber erst Papst Gregor an der Kanzel des Stephansdoms, der die Hostie zweifelnd in den Händen hält, und Hieronymus, der tote Kardinal, treffen mich ins Herz. Sie sind beherbergt im heiligen Raum. Es müssen Tod und Zweifel in der Kirche sein. Vor ihren Mauern bedeuten sie wenig, sind sie überall, aber hier! Welche Konzeption der Kirche, die Raum für solche Schmerzen, solche Haltungen hat!"[32]

Und so schreibt er in „Das Schweigen der unendlichen Räume":

„Und es ist besser, zu sterben mit einer brennenden Frage auf dem Herzen, als mit einem nicht mehr ganz ehrlichen Glauben: besser in der Agonie als in der Narkose."[33]

Für Schneider bleiben die anderen im Blick, auch die, die noch glauben und in dieser Weise hoffen können, doch beansprucht er ihnen gegenüber auch als solcher, der diesen Glauben nicht mehr in dieser Form aufbringen kann, zur Kirche gehörig angesehen zu werden. Das entscheidende Verbindungsglied zwischen beiden Glaubensweisen ist das Gebet. Für ihn ist es ein Gebet jenseits des Glaubens: „Es geht nicht mehr um den Glauben, nur ums Gebet, um das Wort ‚ohne Unterlass'. Mit ihm würde das Seil zerreißen, das gerade noch trägt."[34] Und so schreibt er:

„Beten über den Glauben hinaus, gegen den Glauben, gegen den Unglauben, gegen sich selbst, einen jeden Tag den verstohlenen Gang des schlechten Gewissens zur Kirche – wider sich selbst und wider eigenen Wissens –: solange dieses Muss empfunden wird, ist Gnade da: es gibt einen Unglauben, der in der Gnadenordnung steht. Es ist der Eingang in Jesu Christi kosmische und geschichtliche Verlassenheit, vielleicht sogar ein Anteil an ihr; der Ort vor dem Unüberwindlichen in der unüberwindlichen Nacht. Ist diese Erfahrung aus der Verzweiflung an Kosmos und Geschichte, die Verzweiflung vor dem Kreuz, das Christentum heute?"[35]

Und das Gebet ist es auch, das bei ihm in die Verhüllung und in das Dunkel hineinreicht: „Dem mit dem Krieg hervorbrechenden Leiden fühlte ich mich in keiner Weise gewachsen … Es gab nur eine Möglichkeit der Existenz und zugleich der Gegenwirkung: das Gebet. Sobald ich nachts erwachte, ging ich in dieses Dasein über, und ich verharrte darin, bis ich wieder einschlief."[36] Abgesehen davon, dass der Auferstandene nach Röm 8,26 selbst das Gebet des Verzweifelten und Sterbenden aufgenommen und stellvertretend für ihn gebetet hat und betet. Und dieses Gebet reicht über die Todesgrenze hinaus, mit einem Aufgewecktwerden, das mit dieser Neuschöpfung auch neue Kraft schenkt, das Gebet wieder selbst weiterzuführen.

Derart lässt uns Schneider eine ganz bestimmte Hermeneutik der Eschatologie erahnen: nämlich nicht nur jene kontinuierliche Hermeneutik, die vom Glauben an die Schöpfungsmacht Gottes und von entsprechenden Erfahrungen[37] her hineinreicht in die Hoffnung über den Tod hinaus, sondern nun jene demgegenüber kontrafaktische Hermeneutik, worin diese Hoffnung auch dann nicht verloren geht, wenn sie nicht mehr geglaubt werden kann. Denn sie muss nicht geglaubt werden, um wirklich zu sein.

1.6 Gegen den Augenschein

Kontrafaktisch zu seinem Glauben betet Schneider, kontrafaktisch zu seiner Depression und Verzweiflung bleibt er Kirchgänger. Das Ritual rettet die darin symbolisierte Wirklichkeit auch gegen die diesbezügliche Erfahrungslosigkeit und Erfahrungsmüdigkeit des Menschen. So kann Schneider schreiben:

> „Nicht mit unserm Glauben ergreifen wir das Sakrament, das Sakrament ist vielmehr so stark, dass es unsern Glauben immer aufs Neue schafft. Vielleicht bedürfen wir nicht einmal der Überlieferung vom Leben des Herrn und seiner heiligen Worte; wir wissen: ER ist da; ER ist in dieser Welt und bleibt in ihr, und seine ganze heilige Macht will mit dem Sakrament in unser Leben treten."[38]

Es ist sicher gut, möglichst viele Plausibilisierungswege zur Hoffnung über den Tod hinaus zu suchen und zu finden, doch die Erfahrung des Sterbens, auch des Sterbens aller Hoffnung, ist möglicherweise auf eine ganz andere Hermeneutik angewiesen, nämlich auf das, was Paulus die Hoffnung wider alle Hoffnung nennt (vgl. Röm 8,24).

Es ist dies kein „Credo quia absurdum", sondern ein Nichtcredo, das den eigenen Nichtglauben nicht zum Maßstab dessen macht, was von Gott her „gegeben" ist, auch dessen nicht, was von ihm an Hoffnungsspur über den Tod hinaus gegeben ist.[39] Denn es kann durchaus sein, dass mit dem Schwächerwerden des Körpers und dem Schwächerwerden der psychischen und geistigen Kräfte auch ein Schwächerwerden der Hoffnung einhergeht bis hin zum Tod der Hoffnung im Sterben selbst, so dass sich der radikale Bruch des Todes auch im radikalen Bruch einer Lebens- und Denkmöglichkeit über den Tod hinaus spiegelt. „Es ist noch keiner zurückgekommen!", sagt der Volksmund. Neues Leben ist gar nicht anders zu denken als durch eine göttliche Handlung, die diesen totalen Ab-Bruch überbrückt. Im Gebet und im Sakrament das von dieser sterbenden Hoffnung unabhängige Zeichen bleibender Hoffnung zu erfahren, kann ein Trost eigener Art in dieser Phase sein. Vielleicht dann doch auch einer, der auf einmal alles klar sehen lässt.

Vielleicht war Reinhold Schneider ja wenige Tage vor seinem Tod dann doch bedeutend weiter, als seine Worte dies glauben machen. Denn wenige Tage vor seinem Tod wurde ihm eine Erfahrung zuteil, die ihn formulieren ließ: „Jetzt ist mir alles durchsichtig und klar. Ich sehe durch alles hindurch. Es ist mir alles präsent."[40] Was sich Reinhold Schneider an wichtigsten Stellen gerade als Unterbrechung von etwas, was bisher nicht möglich oder einsichtig war, als Redeform aufgedrängt hat, wird ihm auch in diesem Augenblick von der anderen Seite des Todes her geschenkt worden sein: „Es überfiel mich die Gewissheit!"[41]

Mit dieser Erinnerung an Reinhold Schneider wird deutlich: Eschatologische Ankündigungen „bringen etwas zur Sprache und setzen etwas mit Worten in die Welt, das zunächst nur in der Welt der Worte präsent ist". Und sie wirken als solche nur dann in das Leben hinein, wenn sie als Versprechen aufgefasst werden.[42] In dieser „kontrafaktischen Performativität"[43] zeigt sich eine „Deckungslücke", insofern für das Einlösen dieses Versprechens die Menschheit selbst und der einzelne Mensch ohnehin weder Kompetenz noch Macht hat. Daran zu glauben, wurzelt im Verheißungscharakter der christlichen Botschaft, auch der Botschaften anderer Religionen und der darin „bereits sichtbar gewordenen ‚Treue' Gottes".[44]

Diese Verobjektivierung des Kontrafaktischen im Wort und im Symbolhandeln ist eine Vorgegebenheit, analog zu den sakramentalen Ritualen, in denen die Vorgegebenheit der Liebe Gottes als Wirklichkeit gefeiert wird.[45] Schneider geht zur Heiligen Messe, begeht sie gegenläufig zu seinen Erfahrungen. Eine eigenartige Paradoxie, die im Vollzug Doxologie ist: Anerkennung Gottes jenseits eigener Befindlichkeit und immer größer als das eigene Vermögen. Die Menschen müssen nicht daran glauben, damit die Verheißung wirksam wird, sie ist jenseits von Glaube und Nichtglaube wirksam. Der Glaubende in der Oberkirche glaubt stellvertretend – völlig frei von Zugriffsphantasien – für die Nichtglaubenden in der Krypta.

Sehr einfühlsam, weil auf dem Hintergrund entsprechender Begegnungserfahrungen, kann Werenfried Wessel, der in der Dortmunder Hospizarbeit tätig ist, anstelle der Sterbenden formulieren: „Gott als die Erfüllung meiner tiefen Sehnsucht – selbst wenn mir der Glaube daran schwer fällt, falls Du mir nichts aufzwingst, werden mir Dein Glaube und Deine

Hoffnung helfen und gut tun."⁴⁶ So kann Wessel schließlich schreiben: „Es sind die Lebenden, die den Toten die Augen schließen, es sind die Toten, die den Lebenden die Augen öffnen."⁴⁷

Es kommt also alles darauf an, dass diejenigen, die an einen Gott glauben, der über den Tod hinaus treu ist, auch diesen Glauben für alle Menschen als solidarische Treue erfahrbar werden lassen, damit diese Solidarität (mit aller Vorsicht, aber doch hoffnungsvoll) mit der Gegenwart Gottes im Diesseits und mit diesem Versprechen in Verbindung gebracht werden kann. „Was für die Zukunft geglaubt und erhofft wird, findet in der Gegenwart seine Entsprechung in der Zuwendung der Glaubenden und Hoffenden zu ihren (nicht selten ungläubigen und hoffnungslosen) Mitgeschöpfen. Allein diese Praxis entspricht dem Schöpfungsversprechen Gottes und allein in der Übersetzung dieses Verhältnisses in innerweltliche Entsprechungsverhältnisse gewinnen Sätze über das ‚Jenseits' des Lebens an Bedeutung."⁴⁸ Der Gedanke, dass dieses Versprechen gebrochen werden könne, darf nicht verschwiegen werden und kann nur an Plausibilität verlieren mit der Erfahrung der Liebe.⁴⁹

1.7 Rettung für alle?

Man weiß, dass die Attentäter des 11. September 2001 kurz vor dem Einschlag gebetet haben. Man stelle sich vor: Vorne im Cockpit sitzen die Attentäter und beten für ihr Martyrium. Im hinteren Teil die Kabinenbesatzung und die Passagiere. Viele von ihnen werden, den Tod vor Augen, ebenfalls gebetet haben. Was für ein schrecklicher Gegensatz zwischen den Tätern und den ausgelieferten Opfern. Auf welcher Seite steht Gott? Welchen Gott gibt es: den der Gebete aus der Kabine oder jenen der Gebete aus dem Cockpit?

Es gibt den Gott, der beide hört. Gott wird im Gericht allerdings den einen anders begegnen als den anderen. Gott *hört* beide, aber er *erhört* beide völlig gegensätzlich. Seine Liebe gilt allen, doch wird sie bei Opfern und Tätern völlig unterschiedliche Erfahrungen auslösen. Ich glaube, dass Gott beide rettet. Auf der einen Seite wird er diejenigen retten, die als unschuldige Opfer ums Leben kamen. Aber er wird auch die Attentäter retten. Aber *wie*? Als ob das alles nicht geschehen wäre?

Angesichts von Gottes Liebe, die auch den – in der Vorstellung der Attentäter – Ungläubigen gegeben ist, werden sie ihre Tat umso schmerzhafter sühnen und zugleich erfahren, wofür Gott (ein-)steht: nämlich für die Rettung aller, für das Heil aller, und zwar auch schon für das diesseitige Wohlergehen aller Menschen, egal was und wie sie glauben oder nicht glauben.

Dieser Hoffnungsblick über den Tod hinaus bedeutet für das Diesseits eine ganz bestimmte religionskritische Einstellung, die uns sowohl nach innen im Christentum selber wie auch in der interreligiösen Begegnung bevorsteht, nämlich scharf zu unterscheiden zwischen heilsegoistischen und heilsuniversalen Religionen bzw. Religionsanteilen. Hier kommt unabweisbar zum Vorschein, dass ein hochintensiver Glaube immer dann zerstörerisch ist, wenn er die Glaubensgrenzen zu Heilsgrenzen macht und das Heil für die anderen Menschen davon abhängig macht, wie weit sie den eigenen Glauben übernehmen. Nach dem Motto: Wenn sie das nicht tun, sind sie gar nicht mehr wert zu leben. Das ist die Grundversuchung jeder Religion. Wenn sich ein solcher Fundamentalismus dann noch mit einer Gewaltbereitschaft verbindet, die bis in den Himmel hinein belohnt wird, gibt es keine Grenzen mehr.

Das bedeutet für die Religionen, jede Art von Selbstfundamentalisierung aufzugeben und die in ihnen verkündete Liebe und Barmherzigkeit Gottes, ohne die es weder die Bibel noch den Koran gäbe, nicht an die Glaubensgrenzen zu binden, sondern für alle zu verstehen: „Weil es bei uns so ist, gilt das für alle." Wenn die Religionen nicht in diese Richtung gehen, werden sie von Gesellschaften, die etwas von Humanität und Solidarität halten, für ihren Aufbau nicht beansprucht, sondern in einer dann durch und durch berechtigten antireligiösen Politik marginalisiert werden. Wo fundamentalistische Heilsreligionen die politische Ordnungsmacht in einem Staat haben, werden sie nicht nur nach innen viel Leid für die Nichtdazugehörigen produzieren, sondern auch jeder Art von globaler Solidarisierung entgegenwirken.

Das Unglaubwürdige und oft auch Abstoßende, mitunter auch Gefährliche ist für viele das Binnenhafte, das Religionen mit den Jenseitsvorstellungen verbinden: Es geht gar nicht um die großen Fragen der Gerechtigkeit in der Welt, sondern darum, ob die Menschen zum eigenen „Laden" gehören oder nicht, ob sie den eigenen Glauben annehmen und sich in die eigene Religion integrieren oder nicht. Dies ist auch eine Auseinandersetzung innerhalb des Christentums selbst, wo weltweit insbesondere dessen fundamentalistische Anteile mit wieder verschärften Ausgrenzungen zahlenmäßig explodieren, die, um die Ungläubigen vor der Hölle zu bewahren, sie mit psychischem Terror zu gewinnen versuchen. Es ist zu verführerisch, eine immer komplexere und pluralere Welt wenigstens religiös derart in ein Schwarz-Weiß-Korsett zu bringen und diese auch noch mit einem dafür zurechtgestutzten ungöttlichen Gott, also einem Götzen zu begründen. In der Heckscheibe eines Autos las ich: „Christus ist unser Retter. Glaube an ihn, damit du nicht in die Hölle kommst!" Hätte es nicht heißen dürfen: „Glaube daran, dass du von Gott geliebt bist, was immer du glaubst und tust!"? Hier dienen die Jenseitsvorstellungen eher der Aufrechterhaltung der eigenen Glaubensgemeinschaft und ihrer Durchsetzungsfähigkeit als dem Dienst an der Welt. Wenn Gott wirklich der wäre, so folgern viele, der nur die Minderheiten seiner Anhänger retten und alle anderen in die Hölle werfen würde, müsste man ihn um der Menschen willen beseitigen.

Das Christentum hat sich durch die Geschichte hindurch oft so verhalten, dass die nicht zum eigenen Glauben Gehörigen weniger Wohlergehens- und Lebensrecht, auch über den Tod hinaus, hatten als die eigenen Gläubigen. Und viele Menschen, nicht zuletzt auch viele Gläubige, unterstellen dem christlichen Glauben nach wie vor diese ausschließliche Einstellung zwischen innen und außen, zwischen Heil und Unheil, zwischen Glaube und Vernichtung. Es ist ein böses Armutszeugnis des Christentums, dass bis zum heutigen Tag Millionen von Menschen Angst vor der religiösen Angst haben und sich deshalb solche Schwarz-Weiß-Einteilungen der Welt und der Nachwelt nicht mehr einjagen lassen wollen. Auch wenn viel davon Projektion ist, gibt es leider auch eine Menge von Erfahrungen in der Geschichte des Christentums, die solchen Projektionen Nahrung gaben und leider auch geben.

Benedikt XVI. macht in seiner Enzyklika „Spe salvi" unmissverständlich deutlich, dass sich die Möglichkeit der Hölle eben nicht auf Glaube oder Unglaube bezieht, sondern auf den Gegensatz von Gut und Böse. Er spricht von „Menschen, die dem Hass gelebt und die Liebe in sich zertreten haben. Dies ist ein furchtbarer Gedanke, aber manche Gestalten gerade unserer Geschichte lassen in erschreckender Weise solche Profile erkennen. Nichts mehr wäre zu heilen an solchen Menschen, die Zerstörung des Guten unwiderruflich: Das ist es, was mit dem Wort Hölle bezeichnet wird."[50] Die Reaktion des kommenden Richters auf die Menschen wird also nicht primär festgemacht am Glauben, sondern an dem, was auch das Evangelium des Matthäus verdeutlicht: nämlich wie solidarisch beziehungsweise zerstörerisch Menschen gelebt und gehandelt haben: „Denn ich war hungrig, und ihr habt mir zu essen gegeben …" (Mt 25,34). Auch die Geschichte vom reichen Prasser und vom armen Lazarus weist in diese Richtung (Lk 16,19–31).

Es gilt die von vielen innerhalb und außerhalb der Kirchen oft wenig beachtete Lehre der Kirche, dass die Glaubensgrenzen nicht mit den Heilsgrenzen identisch sind, sondern dass vielmehr im Glauben selbst Gottes *universale*, also alle Menschen umfassende Liebe behauptet wird,[51] auch nochmals der vergleichbar kleinen Anzahl von Bösen gegenüber, wie sie der Papst mit der Hölle in Verbindung bringt. Dann ist es immer noch eine Frage, ob nicht in der Konfrontation solcher abgrundtief böser Menschen mit Gottes unendlicher Versöhnung letztere nochmals stärker sein kann als deren Bosheit. Entsprechende Hoffnung ist uns erlaubt, im Griff einer „Lehre" haben wir sie nicht! Wie hat ein jüdischer Theologe und Rabbi bei einer Veranstaltung auf die Frage, ob er sich vorstellen könne, dass Hitler in den Himmel kommen könne, geantwortet: „Ich kann mir das nicht vorstellen, aber Gott trau ich alles zu!"

2. Sehnsucht nach Rettung

2.1 Rettung der Details

Geistesgeschichtlich scheint das Allgemeine jahrhundertelang den Sieg über das Singuläre errungen zu haben. Von Platon über, gemildert, Aristoteles, bis, verschärft, zum Neuplatonismus (Plotin) gilt das Allgemeine mehr als das Einzelne im Zustand seiner begrenzten und kontingenten Leiblichkeit. Was der Nominalismus im mittelalterlichen Universalienstreit[52] dagegen mit der Betonung des Wirklichen als des Individuellen erörtert hat, hat Hegel später gründlich zerstört. Nach Hegel ist die Wahrheit des Einzelnen das Allgemeine, und die Philosophie hat ihre Notwendigkeit zu ehren und die Einzelheit als Zufälligkeit zu verachten.[53]

Mit Nietzsche wird das Allgemeine brüchig, und spätestens in der zweiten Hälfte des letzten Jahrhunderts kommt der Glaube an das Allgemeine endgültig unter die Räder:[54] Die Gegenkonzepte von Nietzsche über Horkheimer und Adorno, Popper und Feyerabend, Foucault und Levinas treiben die alte Tradition des Nominalismus eines Wilhelm von Ockham bis in die Postmoderne hinein weiter. Derridas Déconstruction, Lyotards

„kleine" Geschichten, Peirces unableitbares Individuelles, Deleuzes Singularitäten, um nur einige zu nennen, radikalisieren die Konzepte des Singulären.[55] Aber sie haben leider zu wenig Einfluss auf die herrschenden soziologischen und wirtschaftswissenschaftlichen Konzepte und nur begrenzten Einfluss auf eine gesellschaftliche und wirtschaftspolitische Wirklichkeit, in der der einzelne Mensch über das hinaus, was er für die Funktion allgemeiner Systeme aufbringt, kaum von Interesse ist. Das Allgemeine des Geistes erlebt seine materiale Wiedergeburt im System.

Die postmodernen Diskurse rebellieren gegen gesellschaftliche Verhältnisse, die die Vereinzelung manifestieren und die Geringschätzung des Singulären zementieren. Letzteres ist bedeutungsarm geworden als irrelevante Privatheit, als für die „eigentlichen" gesellschaftlichen und wirtschaftlichen Prozesse und sogenannten „Gesetze" eher banale Größen, grundsätzlich, also „allgemein" vernachlässigbar. Das Allgemeine hat also nicht nur einen abstrakten, sondern einen durch und durch pragmatischen „Sinn", nämlich in der strukturellen Funktionalisierung des Individuellen in einem angeblichen Ganzen. Ohne die konstitutiven Kräfte der Singularisierung (auch im Internet) in den Gesellschaften zu übersehen, gilt doch auch: Will sich der einzelne Mensch gegenläufig in die herrschenden Prozesse und Systeme einmischen, bekommt ihm dies in der Regel schlecht. Die Globalisierung hat angeblich kein Subjekt und ist als solche eine Allgemeinheit, die gnadenlos aussondert und ausschließt, mittlerweile eine Milliarde Menschen weltweit, die als unnütz und unbrauchbar hinsichtlich dessen gelten, was sie über ihre in Produktion und Konsum verweigerte Nützlichkeit hinaus sind.[56] An ihnen wird drastisch und in unerträglicher Weise deutlich, was bereits bei den noch bestens Funktionierenden in erträglicher Weise der Fall ist: Was sie über die Funktion hinaus sind, diese vielen Einzelheiten ihrer unverrechenbaren Singularität, all die Überfülle der Kontingenz ihrer leiblich verursachten und ermöglichten Individualität, ist uninteressant und wird mit ihnen mitbegraben und vergessen.

Dieser individuelle Bereich „setzt sich 24 Stunden am Tag, ein Leben lang aus Myriaden und Aber-Myriaden von Einzelheiten zusammen, die man nach dem herrschenden Standard der gesellschaftlichen Bewertung vielleicht nicht einmal zu Unrecht als banal, uninteressant, irrelevant, langweilig oder keiner Erwähnung wert bezeichnen würde ... Diese Überfülle der kontingenten Einzelheiten ist auch praktisch nicht kommunizierbar." Sie ist ein „wertloses Eigentum ... Das allermeiste dieses Eigentums nimmt jeder Einzelne ohnehin mit ins Grab. Seine für ihn selbst mit Bedeutung versehene Akkumulation von Erfahrung blieb und bleibt zum allergrößten Teil für alle anderen unzugänglich. Sie spielt objektiv auch keine Rolle. Es handelt sich um die existentielle Restasche des einzelnen psychischen Systems im Rahmen der gesellschaftlichen Reproduktion."[57]

Jewgenij Jewtuschenko schreibt dagegen an:

> Jeder hat seine eigene, geheime, persönliche Welt.
> Es gibt in dieser Welt den besten Augenblick,
> es gibt in dieser Welt die schrecklichste Stunde;
> aber dies alles ist uns verborgen.
> Und wenn ein Mensch stirbt,
> dann stirbt mit ihm sein erster Schnee
> und sein erster Kuss und sein erster Kampf …
> All das nimmt er mit sich. …
> Die Menschen gehen fort …
> Da gibt es keine Rückkehr.
> Ihre geheimen Welten können nicht wieder entstehen.
> Und jedes Mal möchte ich von neuem
> diese Unwiederbringlichkeit hinausschreien.[58]

So geht es mir um die nicht summarische, sondern detailbezogene universale Eschatologie, die, je universaler sie sein will, desto präziser das Individuelle beleuchtet.[59] Es geht um die nie aufgebbare „Leiblichkeit der Tatsachen".[60] So gilt, „dass sich Richten und Retten, Rechtfertigung und Rechtsaufrichtung an denselben Personen vollzieht *und* doch zugleich an verschiedenen Personen verschieden".[61]

All die Millionen von Erfahrungs-, Bewusstseins- und Sinneseindrücken, die ein Mensch im Leben anhäuft und verarbeitet, vermisst und ersehnt, vergisst und erinnert, landen milliardenweise auf dem Müllhaufen der Geschichte, konkret in den Verfallsprozessen der Leiber, die das alles biologisch ermöglicht haben und mit ihrer Zerstörung ebenso verunmöglichen. Der Philosoph Hans Blumenberg spricht vom Paradies der Welt, das in nichts als Gleichgültigkeit besteht und am Ende nur noch unbelebter Stein ist, als wäre nichts gewesen.[62] Evolutionstheoretiker lassen alles im kosmischen Abfall landen, und das geschieht „ewig", mit allen entstehenden Welten. Und alles hängt an dieser Materialität, an dieser Leiblichkeit, die entsteht und wieder zu Staub und Asche zerfällt. Dagegen ist kein Kraut gewachsen!

Höchstens ein fiktives. Man könnte, in Abänderung von Goethes Faust ausrufen „Es möchte kein Hund so länger leben, drum hab ich mich dem Roman ergeben!" Neben der Religion, die die Kontingenz des Menschen auf-hebt, gibt es bis in die Moderne und Postmoderne hinein mit ungeminderter Kraft und Reichweite noch einen anderen Raum, der sich um diesen „Abfall" menschlicher Einzelheiten kümmert, nämlich den Roman. Der Roman (mit seinen medialen Geschwistern Kino, Theater und Fernsehen, vom literarischsten Opus bis hin zum Trivialroman) etabliert die Gegenwelt zu den dominanten Prozessen des „allgemeinen" Lebens in der Fiktion, in der die Einzelheit menschlichen Lebens und die einzelnen Menschen selbst erzählt werden: der Roman als imaginäre Lebenswelt der Einzelnen und ihrer Singularitäten. Anderswo wenig Erwähnenswertes gerät hier ins Zentrum, bis ins Detail. Dabei gibt es kaum Ausgeschlossene, von der anspruchsvollen Literatur in teuren Büchern bis hin zu den Ärmsten, die in ihren Hütten Stories fernsehen, Romanhefte und Comics lesen. Die Traumwelt des Romans (sowie die vielleicht deswegen explodierende Gattung der Biographie) befindet sich in universaler Solidarität mit den individuellen Kontingenzen, die Leiblichkeit nicht übersehend, in großer Solidarität also mit der Bedeutungslosigkeit der Menschen als Subjekte. Seltsam ist, dass der Kapitalismus, der die Nichtigkeit des Individuellen betreibt, auch noch davon zu profitieren vermag. Romane retten fiktiv die Würde der subjektiven Erlebnisse, wenigstens für die Zeit der entsprechenden Lektüre (oder des Zuschauens).

Nach Milan Kundera ist der Roman „das imaginäre Paradies der Individuen".[63] Für Kundera „ist nämlich nicht nur Descartes, sondern auch Cervantes Begründer der Neuzeit … Falls es zutrifft, dass die Philosophie und die Naturwissenschaften das Sein des Menschen vergessen haben, zeichnet sich umso deutlicher ab, dass mit Cervantes eine große europäische Kunst entstand, die nichts anderes ist als die Erforschung dieses vergessenen Seins."[64] Virginia Woolf schreibt hierzu: „Ist es nicht die Aufgabe der Romanschreibung, dieses sich Wandelnde, Unbekannte, Unumschreibbare wiederzugeben, wie verwirrend und komplex es auch sei?"[65] Bezeichnend ist hierfür Ulysses von James Joyce, der die Bewusstseinsimpressionen und Gedanken eines Durchschnittsmenschen an einem Durchschnittstag in einem dicken Buch einsammelt. Hier zeigt sich: „Der Roman ist eben die Müllhalde der Kontingenz."[66]

2.2 Religiöse „Müllverwertung"

Aber nicht nur das: Indem der Roman die Einzelheiten im Text rettet, wirkt er sich auf seine Weise als Müll- und Abfall*vermeidung* aus: Das Einzelne verliert seinen Charakter als Abfall dadurch, dass es gelesen wird. „Es geht schlicht um die Solidarität der Bewohner des Reiches der Kontingenz. Die Kontingenz in der Fülle ihrer Einzelheiten hat eben keine Notwendigkeit, Systematik, keine allgemeine Verbindlichkeit. Im Gegenteil: Sie hat in diesem Sinne keine Bedeutung, ist Nichts. Die Solidarität des Romans gilt jedoch gerade dieser Bedeutungslosigkeit."[67] Das „unnötige Detail", das nach George Orwell das unverwechselbare Kennzeichen der Romane von Charles Dickens ist, das überflüssige Detail erlebt im Roman seine Auferstehung. Claudio Magris formuliert dies bezüglich des europäischen Romans um 1900 so: „Es ist der Augenblick, in dem sich in der europäischen Literatur das überflüssige Detail, das anarchische, partikuläre und flüchtige Element auf Kosten des Allgemeinen und Universellen behauptet."[68]

Am Ende seines Beitrages über „Einzelheiten: Abraum und Abfall der Geschichte" bringt Schwarz ein längeres Zitat des amerikanischen Romanautors Philip Roth, aus dem ich (in eigener Übersetzung aus dem englischen Zitat) einige Sätze wiedergebe:

„Politik ist der große Generalisierer … und Literatur der große Partikularisierer (Vereinzeler) … Sie sind in einer antagonistischen Beziehung … Wie kann man ein Künstler sein und die Nuance verabschieden? Aber wie kann ein Politiker die Nuance erlauben? Für einen Künstler ist die Nuance die Aufgabe. Seine Aufgabe ist nicht zu vereinfachen … Nicht Widersprüche auszuradieren, … sondern zu sehen, in welchem Widerspruch der gequälte Mensch lebt. Er hat das Chaos zuzulassen … Literatur zerstört die Organisation, weil sie nicht allgemein ist."[69]

So kann der Grazer Kultursoziologe Ullrich Schwarz eine interessante Strukturanalogie zwischen Religion und Romanliteratur herausstellen: nämlich dass in beiden der einzelne Mensch mit all seinen Erfahrungen einen Wert hat, dass er sowohl in der Religion wie auch im Roman, wenn auch unterschiedlich, so doch in seiner unverwechselbaren Qualität Rettung erlebt; dass nicht alles am Ende im Abfall landet, ohne Bedeutung und ohne Wert. Im Bereich der Religion zitiert er ein Kirchenlied aus dem 18. Jahrhundert:

„Nun ist der Mensch gerettet und Satan angekettet,
der Tod hat keinen Stachel mehr,
der Stein ist weg, das Grab ist leer. Halleluja Halleluja!"

Und Schwarz schreibt weiter: „Das Grab muss leer sein, weil es sonst – unerlöst – nur ein Entsorgungsort wäre … Religion als metaphysische Abfallvermeidung?"[70] Im leeren Grab ist die versteckte Botschaft, die durch die Auferstehungsbotschaft enthüllt wird, nämlich, dass nichts verloren geht von der Geschichte des Einzelnen, dass alles gerettet wird und dass es einen Gott gibt, der dem einzelnen Menschen und allen überhaupt in ihrem Zusammenhang gerecht wird. Vielleicht bleibt dann doch die Religion?

In der Diskussion seines Vortrags[71] erzählt Schwarz von einem zufälligen Kirchenbesuch zur Osterzeit. Er hört dabei das alte Osterlied, in dem in der Auferstehung Christi die Auferstehung der Menschen besungen wird:

„Christ ist erstanden von der Marter alle.
Des solln wir alle froh sein; Christ soll unser Trost sein …
Wär er nicht erstanden, so wär die Welt vergangen.
Seit dass er erstanden ist, so freut sich alles was da ist."

Religiös unvirtuos, beeindruckt ihn dieses Lied doch: diese Funktion der Religion als Auflehnung dagegen, dass alles am Ende zu Ende sei. Zum Glauben kommt er dadurch nicht, aber er sieht in der Religion und in ihrer Liturgie eine „Hohlform", in der den Menschen ihre subjektive Unwichtigkeit von einem Gott genommen wird, der ihnen unbedingte Anerkennung schenkt und, weil er allmächtig ist, diese auch mit ewigem Leben dotiert.

Eine „Hohlform" hat immerhin die Potenz, wofür es Form ist, auch „einmal" in sich aufzunehmen.[72] Es handelt sich um so etwas wie „Glaubens-Simulationen", die ihren eigenen Wert haben, auch jenseits kontinuierlicher Teilnahme und auch jenseits des damit zu verbindenden Glaubens.[73] Analog zu der Offenheit eines Kirchenbaus für Menschen, die dort das jeweils Ihre suchen. „Bei solchen Glaubens-Simulationen muss offen bleiben, ob und wie sie durch einen authentischen Vollzug in der eigenen Lebenspraxis ratifiziert werden."[74] Eine Offenheit schwingt hier mit, die es nicht selbstthümerisch über sich bringt, den Glauben an die Auferstehung des Leibes positivistisch zu negieren.[75] Eine religiöse Form etsi deus non daretur, als wenn es ihn nicht gäbe, in eigenartiger Spannung, aber nicht im unversöhnlichen Widerspruch zu dem religiösen Selbstverständnis, das sich die Wirklichkeit dessen im Glauben voraussetzt, wofür die Form „hohl" ist, was sie symbolisch repräsentiert, wofür sie mehr ist als ein „Merkposten", nämlich eine stellvertretende Symbolisierung für das, was wirklich ist.

Wofür? Für einen Gott, der das Flüchtige sucht und sammelt (vgl. Koh 3,14), der all die Myriaden von Individuen und ihrer Einzelerlebnisse unendlich schätzt und schützt und aufhebt und ihnen ewige Bedeutsamkeit verleiht:[76] kontrafaktisch zum leiblichen Tod der Allmacht Gottes die neue Schöpfung zutrauend, kontrafaktisch zu den evolutionstheoretischen Prognosen, nämlich in der Unendlichkeit von Leiblichkeit und Individualität der Allmacht Gottes die neue Schöpfung zutrauend, gegenläufig zum Werden und Sterben, gegenwirklich zum leiblichen Tod. „Verklärt" nennt die Bibel diese Leiblichkeit. Der Ort des Zerfalls wird zum Ort des Lebens, weil Gott der Asche und dem Staub neues Leben eingibt, dann ein für alle Mal. Die Protologie des Schöpfungsberichts wird von der Eschatologie der neuen Schöpfung überboten.

In einer eindrucksvollen Weise verbindet Martin Walser in seinem „Lebensroman des Andreas Beck" dessen Sehnsucht, in seiner schriftstellerischen Tätigkeit vergessene Menschen „in eine vorläufige Unsterblichkeit (zu) retten", mit dessen festem Glauben an die Auferstehung.[77] Nach Walser kann es Beck nicht ertragen, „all diese Menschen dort ungerühmt vergehen zu lassen".[78] Deshalb betreibt er diese „Lebens-Archäologie" und setzt sich mit seinem Schreiben dafür ein, dass „ein solches Leben und Wirken nicht einfach verschwunden sein darf".[79] Der Autor, der „die Menschen, von denen er erzählt, rückhaltlos liebt", rettet sie in die „relative Unsterblichkeit des Buches".[80] Walser verdeutlicht: „Die Radikalisierung, mit der der Autor diese Haltung … entwickelt, ist dieselbe, die ihn an der Auferstehung festhalten lässt. Es ist sein Glaube, der ihn zu dieser Haltung befähigt."[81]

Ist es zu viel gesagt, dass all die Büchern, in denen Einzelne und Einzelnes aus solcher Liebe heraus dem Vergessen entrissen werden, von jener Sehnsucht nach Auferstehung getrieben sind, die Beck in seinem Glauben thematisieren kann? Und darf vielleicht auch gehofft werden, dass das abstrakte Antlitz des ganz Anderen im Nicht-Sein, das das Ich im Sein derart in die Güte treibt, nicht nur „anders", sondern auch selbst Güte ist und uns ebenfalls aus Liebe dem Vergessen entreißen wird? So dass alle potentiellen und wirklichen Bücher von Lebensgeschichten einmal tatsächlich leben werden? „Leben die Bücher bald?"[82]

Ein erschreckendes Beispiel für das Aussetzen des Denkens und der Erklärbarkeit bringt Jacques Chessex in seinem letzten Buch „Ein Jude als Exempel"[83], wo geschildert wird, wie im April 1942 in Payerne ein jüdischer Viehhändler grausam von Nazisympathisanten ermordet wird. Es ist ungeheuer, wie der Autor hier den Leser aus einem zunächst harmlosen Umfeld heraus in die Entstehung von roher Gewalt hineinverwickelt. Die Frau des Ermordeten lässt gegen alle jüdische Gewohnheit auf den Grabstein meißeln: „Gott weiß warum". Voll von Misstrauen, dass Gott es gar nicht wissen kann, oder dass nur ein Gott es wissen kann. Weil hier „jedes menschliche Verständnis, jedes Akzeptieren, jedes Begreifen oder Anerkennen auf immer unmöglich ist".[84] Sie verliert den Verstand.

Denn: „nichts ist erklärbar, nichts öffnet sich hier wieder dem, der ein für alle Mal auf ungerecht erkannt hat, was einer Menschenseele widerfuhr. Jenseits aller Vernunft. Ohne Sinn und Zweck ... alles ist Wunde. Alles ist Golgatha. Und die Erlösung ist so fern. Aber gibt es eine Auferstehung? ... Erbarmen, bei der Dornenkrone und dem Stacheldraht der Lager. Erbarme dich, Herr, unserer Verbrechen, Herr, erbarme dich unser."[85]

Was dieser Roman auf jeden Fall „leistet": die Erinnerung des Toten, des Schreckens und des vertikalen Unverständnisses und die Sehnsucht nach Auferstehung. Und vor allem die erschreckende Warnung, wie fruchtbar das Harmlose ist, um das Schlimmste zu gebären. Wie dünn die Zivilisationsdecke ist und wie vital das Böse ausbricht, wenn es erlaubt wird.

Auch das ist eine Art von negativer Theologie, die sich mit der Ausdrucksform menschlicher Zerknirschung und Verzweiflung solidarisiert und darin, jedenfalls im Augenblick des Negativen, die eigene Sprache verliert und das Stottern anfängt. Denn es gibt Leiderfahrungen, auf die jede Antwort, auch jede Art von wahrer Antwort, Zynismus[86] wäre. Eine nichtzynische „Antwort" kann nur eschatologisch erhofft werden. Christologisch könnte man daran denken: Als der Auferstandene die Jünger von Emmaus begleitet, begleitet er sie in ihrer Verzweiflung, und all seine Antwortversuche können in diesem Augenblick noch nicht aufgenommen werden, erst dann, als ihnen „die Augen aufgingen". So gibt es schon auch jene von der Theologie zu vertretende Ostertheologie, die in Bezug auf viele Situationen im Leben gleichzeitig oder nachträglich etwas Substantielles zu sagen hat. „Das nimmt der Theologie auch keine Literatur ab."[87]

Oft muss man aber auf solche Situationen warten, lange warten, damit Gegenwärtiges nicht allzu flott überspielt wird, so dass der Glaube selbst zum Tod des Individuums wird.[88]

Genau dies ist das Anliegen von Georg Langenhorst, wenn er in seiner Besprechung des Buchs von Jan-Heiner Tück die Anfrage stellt: „(Wie) Verändert der Gang zur Literatur das *explizit* systematische Denken des Dogmatikers Tück? … ändert sich dadurch das Denken *formal* wie *inhaltlich* substantiell?"[89] Dies ist sicher eine der entscheidenden Fragen für das Verhältnis von Literatur und Theologie, nicht nur in der anerkennenden und für die Selbstveränderung offenen Begegnung mit der Literatur, sondern auch aus dem Herzstück der christlichen Theologie und Existenz selbst heraus, der die Selbstverausgabung der Inkarnation, auch die hermeneutische, eingeschrieben ist. Hier wird der Literaturbezug zum Ernstfall theologischer und christlicher Identität selbst.

2.3 Totenerweckung in der Literatur

Was immer wieder in Literatur und Poesie geschieht, ist so etwas wie eine Totenerweckung: nämlich gegen Tod, Hoffnungslosigkeit und Traumatisierungen anzukämpfen, Vernichtetes dem Vergessen zu entreißen und auch Wunderschönes nicht zu vergessen, und wenigstens in einem Text, getragen von Widerstand, Empörung[90] und Zorn, oder auch von Hoffnung und Versöhnung, *buchstäblich* zu retten. Schreiben selbst ist Totenerweckung! Nicht nur der Inhalt, sondern das Schreiben als solches und damit der Text als solcher sind elementare Akte semantisch dann völlig unterschiedlicher „Totenerweckungen". Dies soll kein Dachbegriff sein, sondern ein Suchbegriff und ein Hochschätzungsbegriff für das, was Literatur und Poesie noch vor jeder Semantik, allein durch ihr Schreiben bereits sind.

Überhaupt ist schon etwas daran, den Akt, etwas ins Wort zu bringen, als einen Urakt des Vertrauens anzusehen, nämlich dass dieses Ins-Wort-Bringen einen Eintritt in die Welt darstellt, der, wenn nicht Sinn macht, so doch notwendig, lebensbedeutsam, vielleicht sogar lebensrettend ist. „Diese Einsetzung des Vertrauens, … findet zwischen Wort und Welt statt. Nur im Licht dieses Zutrauens kann es eine Geschichte des Bedeutens geben."[91] Selbst dann, wenn Bedeutung zerstört wird, braucht es noch einen Rest an Hoffnung, dass es sich lohnt, genau dies zu Papier zu bringen.

Dass das Totmachende nicht verschwiegen wird und tot bleibt, ist eine Form literarischer „Totenerweckung". Und dass von Menschen erzählt wird, die sich den Gesetzen der Wirklichkeit nicht unterordnen, aus Liebe und Solidarität, und dafür mit Nachteil und Leben bezahlen. In der Literatur wenigstens bleiben sie, die Totgeglaubten, lebendig. Wie die sieben Mönche, die in Algerien ermordet wurden und deren Geschichte im Herbst 2010 in Frankreich verfilmt wurde und auf Platz 1 der französischen Kinocharts landete, und von dem Susan Vahabzadeh[92] schreibt, dass es ein Erfolgskonzept sei, „wenn man im Kino betrauern darf, dass die Welt so ist, wie sie ist."

Michel de Certeau hat in seinem Buch über „Das Schreiben der Geschichte"[93] die Geschichtsschreibung als „Arbeit gegen den Tod" bezeichnet.[94] Sie setzt den Tod voraus und bekämpft ihn zugleich.

„Der Diskurs über die Vergangenheit hat den Status, ein Diskurs über den Tod zu sein ... Von den Toten zu sprechen heißt, den Tod gleichermaßen zu leugnen und ihm ... zu trotzen. Solcherart ist die Geschichte. Ein Spiel von Leben und Tod entrollt sich in der ruhigen Entfaltung einer Erzählung ..., die Enthüllung einer toten Vergangenheit und Resultat einer gegenwärtigen Praktik ist".[95]

So geht es der Literatur, wenn sie Figuren in Erinnerung ruft oder erfindet, so geht es der Geschichtsschreibung, wenn sie die Quellen Verstorbener in den gegenwärtigen Diskurs über das Vergangene einbringt, so geht es der Theologie, wenn sie die Zeugnisse der Vergangenheit für die Gegenwart als wertvoll anschaut. Und so geht es der Theologie auch, wenn sie die Texte der Dichter und Dichterinnen in ihrem eigenen Bereich vor dem Totsein rettet und sie in ihre Gegenwart einbringt und darin bespricht. Jeder Text von Verstorbenen oder auch von Menschen, denen man nicht begegnen kann, ist ein Textkörper, der für den Körper des Menschen steht, der ihn hergestellt hat. Er steht nicht nur für ihn, er muss ihn auch ersetzen. Aber im Ersetzen verliert er nicht die personale Qualität des in ihm und durch ihn abwesenden und zugleich vergegenwärtigten Menschen. Derart wird er in die Gegenwart aufgenommen, beeindruckt darin die Rezeption in ihrer Affektivität und Rationalität.

Mit Bezug auf Jaques Derridas dekonstruktive Lektüre von Shakespeares Hamlet schreibt Certeau, auch im Horizont des fehlenden Körpers des Auferstandenen:[96]

„Dieser Tote … ist nicht mehr der Lebende und lässt dennoch keine Ruhe einkehren … Er sucht unsere Orte heim. Eine Theologie des Gespenstes wäre ohne Zweifel im Stande, zu untersuchen, wie er auf einer anderen Bühne wieder auftaucht als auf der, auf welcher er verschwunden war. Auch das Gespenst des Vaters von Hamlet wurde einst zum Gesetz jenes Palastes, in dem es sich nicht mehr befand."[97]

Nun haben wir zwar trotz vieler Genitivtheologien immer noch keine Theologie des Gespenstes, aber vielleicht genügt es auch, hier die Theologie des Geistes zu bemühen, allerdings in vielen individuellen Gegebenheitsformen in den „Geistern" der Verstorbenen bzw. Entfernten und im Versuch, sie aus ihren Texten heraus in der Gegenwart erscheinen zu lassen. Im Ergebnis erhalten wir aufgrund der Begrenztheit der gegenwärtigen Lektüren und des Verschwundenseins des Historischen, derer, die gelebt haben also, in der Geschichtsschreibung „theoretische Fiktionen". Es ist so eine Art Science Fiction in die Vergangenheit hinein, denn Subjekt der Vergangenheitserinnerung sind ja nicht die Vergangenen, sondern die Gegenwärtigen. Dass auch die historische Wissenschaft derart eine Vermischung von Wissenschaft und Fiktion ist, möchte ich nicht mit Historikerinnen und Historikern ausdiskutieren müssen.[98] Es dürfte allerdings ungleich leichter fallen, was Certeau über die Geschichtsschreibung sagt, im Bereich der Literatur und Poesie zu verifizieren. Wenn ich Certeau hier abwandeln darf, dann handelt es sich dabei im Bereich der Prosa um *figurale Fiktionen,* die gleichwohl auf ihre Weise am Kampf gegen den Tod und für Totenerweckung arbeiten.

Christian Bauer bringt ein erhellendes Zitat von Michel Foucault: „Ich bin mir dessen bewusst, dass ich niemals etwas anderes als Fiktionen geschrieben habe. Ich will nicht sagen, dass dies insofern außerhalb der Wahrheit liege. Es scheint mir vielmehr die Möglichkeit zu geben, … Effekte von Wahrheit mit einem Diskurs der Fiktion hervorzurufen und somit zu erreichen, dass der Diskurs der Wahrheit etwas … fabriziert, was noch nicht existiert."[99] Oder was nicht mehr existiert. Es geht also nicht nur um die stärkere Betonung der Fiktionalität unserer Wahrnehmungen, sondern auch um die stärkere Betonung der Fiktionalität von Narrativität und Rationalität.

Ich denke in diesem Zusammenhang an den neuen und letzten Roman von Tomás Eloy Martínez mit dem Titel „Purgatorio", ein Roman über zwei Menschen in der Militärdiktatur Argentiniens. Hier sind Realität und Fiktion so ineinander verschlungen, dass tatsächlich nicht erkennbar ist, was im Roman Wirklichkeit und was darin Wunsch und Fiktion ist. Simón wurde vor dreißig Jahren von der Militärdiktatur verschleppt und ist nie mehr zurückgekehrt. Emilia sehnt sich nach der Rückkehr Simóns. „Es geht immer wieder um die andere Wirklichkeit, und am Ende ist nicht klar, bildet sich Emilia die Rückkehr Simóns nur ein oder findet er sich wirklich ein?" Hier fasst Martínez in einem „wütenden Werk" die Schrecken der Menschen, die tausendfach Ähnliches erlebt haben, in diesen Roman zusammen. Und es scheint so, als könne Emilia Simón „herbeilieben".[100] „Emilia und Simón, sie werden gemeinsam in den Sonnenuntergang segeln. Vielleicht. Oder war alles nur eine Einbildung? Sehnsucht, Liebe, Leidenschaft überwinden selbst den Schrecken einer Diktatur, in der man die Illusion zum Überleben braucht. Das ist Tomás Eloy Martínez' Vermächtnis."[101] Und so beantwortet der Autor die Frage: „Kann man einen Menschen herbeilieben? Kann die Sehnsucht so stark sein, dass dieser Mensch scheinbar leibhaftig mit am Tisch sitzt, im gleichen Bette liegt?" Hier zeigt sich in verschlungener Weise, wie eine Romanfiktion Realität und Fiktion so verschweißt, dass die Realität außerhalb des Romans überlebt werden kann. Das ist seine „Wahrheit".[102]

In seinen Anmerkungen zum Stück „Biografie: Ein Spiel" unterstreicht Max Frisch diesen Vorteil der Literatur und des Theaters, „das gestattet, was die Wirklichkeit nicht gestattet: zu wiederholen, zu probieren, zu verändern". Das Problem ist nur, dass Kürmann zwar die Varianten probiert, aber sich dabei nicht verändert und, wenn es zur Entscheidung kommt, alles beim Alten lässt. Er kann nichts verändern, obwohl er es könnte.

2.4 Land aus Worten

In seinem Gedicht anlässlich des Todes seines Freundes Edward Said „Edward Said: Eine kontrapunktische Lektüre" notiert der palästinensische Dichter Mahmud Darwisch ein fiktives Gespräch zwischen beiden. So lässt er Said sagen:

> „Wenn ich vor dir sterbe,
> ist mein letzter Wille das Unmögliche."

Hier nähern sich Poesie und Theologie in ihren Phantasien, genauer in ihren inhaltlichen Analogien und Sprachoperationen an. Das Gedicht, die

Poesie hat nach Darwisch einen „Sinn für den Abgrund". Sie „verwundet ohne Blutvergießen"[103], wird so zum Raum- und Hoffnungsgewinn, und wenn auch nur für die Ereigniszeit des Gedichts.

Darwisch nennt seine Poesie einen Seufzer, und darin unerlässlich dafür, dass menschliches Leben sich erholt vom Status des Vergessens des Leidens und der Verdunkelung.[104] Die Poesie ist die Auferstehung des Schmerzes, in dem Sinn, dass das Leid darin mit all seiner Vitalität unvergessen vergegenwärtigt wird,[105] analog zur biblischen Memoriastruktur, nämlich dass sich das Erinnerte im Gedicht ereignet.

Mitten in der größten Not der Belagerung erspürt die Poesie die Erweiterung eines Raumes, der gegen die Belagerung steht, zwar im Konjunktiv, aber doch gerade darin eine Wirklichkeit:

„Ich habe zwanzig Zeilen über die Liebe geschrieben,
Und mir schien,
Als wiche diese Belagerung
Zwanzig Meter zurück! ..."[106]

Oder:

„Wenn der Himmel ergraut
und ich plötzlich eine Rose blühen sehe
aus den Rissen in der Mauer
so sage ich nicht der Himmel sei grau
sondern betrachte lange die Rose
und ich sage ihr: welch ein schöner Tag"

Und so bleibt:

„Hier, an den Hängen der Hügel, im Angesicht
Der sinkenden Sonne
Und des Schlundes der Zeit
Nah' den schattenberaubten Gärten
Tun wir, was Gefangene tun, ...
Wir nähren die Hoffnung."[107]

Genau in dieser Hoffnung, die die Poesie nährt, liegt der Widerstand gegen Belagerung und Knechtschaft, Verzweiflung und Hoffnungslosigkeit:

2.4 Land aus Worten

„Widerstand leisten heißt:
sich der Gesundheit deines Herzens …
und deiner chronischen Krankheit vergewissern:
der Krankheit der Hoffnung."[108]

Und wenn Darwisch im Gedicht ein Gespräch mit dem toten Said eröffnet, ereignet sich dessen Auferstehung zum Leben im Gedicht. Das Gedicht geht bis an den letzten Rand der Unmöglichkeit, an den Grund aller Unmöglichkeit, an den Tod. Judith Butler schreibt: „Es ist Saids Sprechen in einer Zeit, in der er nicht mehr sprechen kann, in diesem Gedicht – eben das ist die Erfindung einer Hoffnung für die Sprache."[109]

Dort geht es darum, „das Unmögliche zu leben, das heißt jenseits der definierenden Todesdrohung zu leben", jenseits der Katastrophen von Gewalt und Unterdrückung. Nicht als Flucht, sondern als Quelle der Hoffnung, als „Himmel", ohne den nur noch der Abgrund sichtbar wäre. So erscheint Saids letzter Wille im Gespräch mit Darwisch: Nämlich dass „die Poesie des Schmerzes überwunden [sei] durch die Dichtung, die das Unmögliche will".[110]

Die Theologie braucht gar nicht allzu vorsichtig zu sein, um hier im Gedicht eine Gotteschiffre zu erahnen, eine Transzendenzbeziehung eigener Art, innergeschichtlich und doch weit über die bestehende Geschichte hinausgehend. Unendlich weit. Und diese Phantasie beeindruckt, verändert die Wirklichkeit radikal:

„Nichts ist mehr von mir da, nur Du, und nichts von Dir,
Nur ich, der Fremde, der den Schenkel eines Fremden streichelt.
Fremder! Was sollen wir tun mit dem, was uns bleibt
An Ruhe und Schlummer zwischen zwei Mythen?
Und nichts trägt uns: Nicht die Straße und nicht das Haus."[111]

Die Differenz provoziert im Horizont der Poesie ein neues Nebeneinander. Judith Butler spricht von Bündnissen: „es gibt sie noch nicht an einem ganz bestimmten Ort, der gewesen ist und ist, aber sie sind möglich am unmöglichen Ort des Noch-Nicht, das jetzt geschieht."[112] Der Feind ist der geliebte Mensch (siehe unten Kap. B. 2.6).[113]

Solche Poesie ist, wie der Raum des Glaubens, eine Heterotopie im Sinne von Michel Foucault, ein Anders-Ort in der Welt, wo „ganz andere Gesetzmäßigkeiten, Visionen, Ordnungen der Dinge herrschen".[114]

B. Gewaltiges Drama der Liebe

1. „Bittere Gnade"[115]

1.1 Schrei nach Vergeltung

Angesichts des unermesslichen Leidens, das die Menschen den Menschen antun, verbindet sich die Frage nach Gott elementar mit der Frage danach, ob die Opfer ewig verloren sind und ob die Täter ewig triumphieren können oder ob es einen Gott gibt, der intervenieren wird, der nicht alles „egal" ausgehen lässt, sondern eine Zäsur setzt, in der die Opfer gerettet und gehört und in der die Täter angeklagt und zur genugtuenden Rechenschaft gezogen werden.[116] Gibt es kein diesbezügliches Gottesgericht, dann wäre ein Weiterleben nach dem Tod letztlich durch die Verhöhnung der Opfer und die nachträgliche Legitimation der Täter erkauft. Aus der Gerechtigkeitsperspektive träfe sich eine solche Eschatologie mit dem Atheismus, der ebenfalls davon ausgehen muss, dass es für die geschichtliche Aporie des Leidens und der Ungerechtigkeit keine Lösung gibt.

Auch kann man die Opfer nicht einfach dazu auffordern, den Tätern zu verzeihen. Dies wäre eine zusätzliche Gefühllosigkeit an ihnen. Es gibt so etwas wie eine legitime Sehnsucht nach einem Amalgam von Rache und Gerechtigkeit.[117] Dafür stehen auch die Rachepsalmen. Vieles ist und bleibt unverzeihbar. Vergebung kann nicht geschehen. Mit Vergebung allein wäre auch noch nicht viel wieder gut gemacht.

So gibt es eine Reihe von Texten wie insbesondere die Fluchpsalmen, die an Gott die Gewalt delegieren, weil die Betroffenen selbst Opfer sind und keine Gewaltmacht haben: „O Gott, zerbrich ihnen die Zähne im Mund!" (Ps 58,7; vgl. Ps 3,8). Dies ist gewiss nicht die höchste Form von Spiritualität,[118] aber doch eine notwendige, die das Schlimmste verhindert und vor allem die Erstreaktion blockiert. Wer noch nicht so fähig ist, „die andere Wange hinzuhalten", wird wenigstens im Gewaltaufruf Gottes die eigene Gewalt hintenanstellen. In der biblischen Spiritualität wird also die Unfähigkeit sehr schlimm Geschädigter zu vergeben, ihrerseits in die Gottesbeziehung aufgenommen.

Hier geht es nicht nur um Texte im Alten Testament, sondern auch im Neuen. Paulus radikalisiert diesen Zusammenhang in Röm 12,17–21:

„Vergeltet niemand Böses mit Bösem! Seid allen Menschen gegenüber auf Gutes bedacht! ... Rächt euch nicht selber, liebe Brüder, sondern lasst Raum für den Zorn (Gottes); denn in der Schrift steht: Mein ist die Rache, ich werde vergelten, spricht der Herr. Viel mehr: Wenn dein Feind Hunger hat, gib ihm zu essen, wenn er Durst hat, gib ihm zu trinken; tust du das, dann sammelst du glühende Kohlen auf sein Haupt. Lass dich nicht vom Bösen besiegen, sondern besiege das Böse durch das Gute."[119]

Die Aussicht auf die Rache Gottes verhindert nicht nur Gewalt, sondern ermöglicht in ihrem Rücken die „Feindesliebe", genauer Taten der Feindesliebe, die aber letztlich eschatologische Taten des Feindeshasses sind. Auch hier findet sich gewiss nicht die Höchstform von gewaltabrüstender Motivationsarbeit. Immerhin begegnet damit eine biblische Version, mit den Rachewünschen der Menschen umzugehen, und zwar so konstruktiv, dass jedenfalls *menschliche* Gewalt die Menschen nicht mehr erreicht. Und dann ist es immer noch einmal eine Frage, wie die Überantwortung an die Rache Gottes in der Gnade Gottes selber aussieht. Letztlich wird das Ganze seiner Verfügbarkeit und letztlich auch jenem Rechtfertigungshandeln Gottes übergeben, die Paulus so intensiv zu präzisieren wusste.[120]

Anders als in meinen früheren Publikationen zu diesem Thema betone ich also jetzt den Vergeltungsaspekt, der mit der Hoffnung gegeben ist, dass jene sogenannten Fluchpsalmen, die die Rache Gottes für die schlimmsten Täter aufrufen, nicht ungehört bleiben.[121] Es ist tatsächlich „eine moralisch anmaßende Heuchelei", Menschen, denen Schlimmstes zugefügt wurde, zum Verzeihen aufzufordern und dies als *Pflicht* zur Nächstenliebe zu deklarieren.[122] Dies gilt auch eschatologisch!

Wenn ich von Eltern höre, deren Tochter vergewaltigt und erschlagen wurde, kann ich schon allein meinen eigenen Mitschmerz nicht aushalten. Es gibt ein vitales Recht dieser Eltern, den Täter zu hassen und ihm nicht zu vergeben, verbunden mit der Sehnsucht, dass der Täter dafür leiden, büßen und sühnen muss. Dafür gibt es in den Gesellschaften die entsprechenden Strafsysteme, aber die reichen nicht aus, weil sie dem, was geschehen ist, äußerlich sind, weil sie das Herz dieses Schmerzes nicht erreichen. Diese Sehnsucht der Opfer wird im Jüngsten Gericht unerschöpflich erfüllt werden, weil es dem Täter dabei an sein innerstes Mark geht.

Die traditionelle Hölle ist eine von außen auferlegte Strafe, die dem, was geschehen ist, äußerlich bleibt. Sie erreicht nicht das Herz dessen, was zugefügt und erlitten wurde. Dies kann nur im Horizont dessen geschehen, was hier zutiefst verletzt wurde, nämlich der Liebe selber, einer für uns dann unvorstellbaren, weil unerschöpflichen Liebe, die in sich alles, was lieblos war, mit einem in Gott unendlichen Schmerz belegt. Das Dogma der ewigen Hölle bleibt gültig, aber noch radikaler als es bisher gedacht wurde. In der maßlosen Liebe Gottes und angesichts derer, denen Leid zugefügt wurde, beruhigt sich der Schmerz nicht, nicht weil er von außen auferlegt wäre, sondern weil diese Dynamik unerschöpflicher Liebe genau dies energisch betreibt. Analog zur felix culpa ist dies ein felix dolor, ein Schmerz innerhalb der Seligkeit selber und innerhalb einer Versöhnung, die nie aufhört und genau darin unendliche Seligkeit erfahren lässt. Verzeihenkönnen ist reine Gnade, geschieht aus der reinen Gabe heraus.[123]

1.2 Doppelte Versöhnung

Mit Bezug auf Jacques Derrida lassen sich zwei Konzepte von Verzeihen unterscheiden: „zum einen die Idee eines Verzeihens, das vom Täter die vorausgehende Einsicht in die Verwerflichkeit seines Tuns, Reue und Umkehr und die Bitte um Verzeihung fordert, zum anderen die Idee eines bedingungslosen, ‚nicht ökonomischen' Verzeihens, das auch dann gewährt wird, wenn der Schuldige nicht um Verzeihung gebeten hat".[124] Für meine Konzeption ist es wichtig, hier keinen Gegensatz, sondern eine gegenseitige notwendige Ergänzung oder besser Dynamik zu sehen. Und zwar strukturanalog zu den Doppelüberlegungen zum Lohn, der einmal ökonomisch ist, dann aber (gerade mit Rekurs auf das Weinberggleichnis) ins Unermessliche und Unbegreifliche hinein überholt wird (siehe unten Kap. C 1). Das zweite Konzept nimmt ernst, dass es auch und selbst über die angebotene Reue hinaus noch eine Unverzeihlichkeit gibt, die damit nicht gedeckt sein kann. Denn die Reue wirkt sich eben nicht so destruktiv auf den Täter aus wie der Täter gegenüber dem Opfer destruktiv geworden ist. Nur weil es von Gott her diese unerschöpflich mögliche Unmöglichkeit gibt,[125] dass das Unverzeihliche, ohne die Unverzeihlichkeit aufzulösen, gleichwohl „verziehen" wird (aber dieses Wort stimmt dann auch schon nicht mehr), können sich die Sünder und Sünderinnen, im Sprachspiel des Paulus, als verurteilt *und* gerecht gesprochen erfahren. Gott ist hier die reine Unmöglichkeit, theologisch formuliert die reine Gnade, die von daher dann auch einen Hauch von ökonomischer Reue ermöglicht.[126] Den Satz, dass Gottes Liebe „*nicht der Sündenmenge*"[127] gedenkt, halte ich eschatologisch für falsch: Gott erinnert an jede Sünde, bringt sie in die Anklage und Verurteilung, und begegnet ihr *darin* mit unendlicher Liebe.

Auch diejenigen, denen unermesslicher Schaden zugefügt wurde, können nur im Horizont der göttlichen Möglichkeit, das Unmögliche nachzuvollziehen, das Unverzeihliche verzeihen: nämlich auf dem Hintergrund der Schmerzenszeichen am Leibe der Täter. Von der Wirklichkeit Gottes kann dann dort gesprochen werden, „wo menschliches Vermögen an seine Grenze gerät und sich an eine Macht verwiesen findet, die alle Gegensätze transzendiert, die aber gerade deshalb die Verheißung beinhaltet, die Einheit des Gegensätzlichen zu erwirken".[128] So begegnet in Gott die Unmöglichkeit gnadenloser Gnade, nichts verzeihender Verzeihung.

Es ist also daran zu denken, dass weder durch eine vorschnelle Verzeihung die Opfer verhöhnt werden, noch dass ihnen die Verzeihung als moralische Forderung auferlegt wird.[129] Auch kann nicht davon gesprochen werden, dass Jesus Christus die Opfer advokatorisch im Gericht ersetzt und stellvertretend für sie den Tätern verzeiht. Auch hier ist es notwendig, dass diese Stellvertretung sich auch in einer gnadenreichen Form in den Opfern selber ereignet und sich in der „direkten" Begegnung mit ihnen vollzieht.[130]

Es ist einerseits den Opfern zu ersparen, den ehemaligen Peinigern „unbereitet" zu begegnen, und zugleich ist es andererseits Gott selbst nicht zu ersparen, eine solche Begegnung, in einer für uns unvorstellbaren Form, die wir durchaus für unmöglich halten, zu ermöglichen. Nicht zuletzt auch deswegen, weil Gott selbst eine Mitverantwortung für diese Welt hat. Denn es kann durchaus sein, dass nicht wenige Menschen Gott selber als Täter und Mittäter identifizieren, der es nicht verhindert hat, oder selber in Versuchung dazu geführt hat (oder führen hat lassen, was im Effekt das Gleiche ist), was geschehen ist. So hat sich Gott in Christus nicht nur zum Mit-Leidenden, sondern auch zum Mit-Täter gemacht (vgl. 2 Kor 5,21). Was an Unverzeihlichkeit hinsichtlich der Täter gesagt wurde, kann deshalb auch im analogen Sinn für die in der Anklage Gottes eingeklagte Reue Gottes für seine Verantwortung gegenüber dieser Schöpfung gelten (siehe unten Kap. B. 2).

Was von Christus her an unmöglicher Unendlichkeit seiner Liebe im Gericht erscheint, wird auch den Opfern in ihrer Beziehung zu den Tätern geschenkt werden. Und was in unmöglicher Liebe erscheint, wird auch den Tätern in ihrer Beziehung zu den Opfern geschenkt werden, nämlich unendliche Sühne.

Der Zorn Gottes auf alles Lieblose und auch auf die Lieblosen, diese entscheidende Kategorie in der Bibel, nämlich dass Gott zornig wird, wird sich auch im Gericht ereignen, wird darin nicht verschwinden, sondern seine höchste Qualität in der Anklage der Sünder und Sünderinnen erreichen. Es ist weiterhin in Christus der im Zorn richtende Gott, der nichts vergibt, was nicht in der Liebe aufgenommen und darin dem entsprechenden Prozess übergeben ist.[131]

In der Hölle, wenn sie als von der Liebe Gottes getrennter und damit durch und durch schlechter und böser Ort gedacht wird, kann es weder eine Selbstanklage noch eine Reue geben, denn Reue wäre ein Vollzug von Leidtun und Liebe. Wer also von ewiger Reue spricht, kann nicht von einer von Gott abgetrennten Hölle sprechen.[132] Manche Begriffe, die bisher die Hölle bezeichneten, können durchaus auch in einen Zusammenhang gebracht werden, der mit unerschöpflicher Liebe zu tun hat. So kann es einer „ewigen Qual" in der Sühne darum gehen, was man anderen angetan hat.[133] Auch dass das Feuer dieser Erinnerung nicht erlöschen wird, kann sich im Horizont von Empathie und Liebe ereignen.[134]

Was Josef Staudinger beispielsweise hinsichtlich der ewigen Hoheit Gottes sagt, könnte auch anders gelesen werden, wenn es nicht um die Hoheit, sondern um seine unerschöpfliche Liebe geht. „Jede Beleidigung wird nun aber in erster Linie beurteilt nach der Hoheit dessen, den man beleidigt hat; hier also nach der Hoheit Gottes. Diese ist aber unendlich. Damit wächst auch die schwere Sünde gewissermaßen über alles Endliche hinaus, reicht hinein in die Ordnung des Unendlichen. Sie kann daher auch nicht voll und ganz gesühnt werden durch irgendetwas, was nicht den Wesenszug des Unendlichen an sich trägt ..."[135]

Dieser Gedanke ist interessant, weil er mit einem anderen Vorzeichen genau jene Ewigkeit der Sühne formulieren könnte, würde man die ewige Versöhnungsbereitschaft Gottes anstelle der Hoheit einsetzen (wobei offen bleibt, wie der Ewigkeitsbegriff zu denken ist):[136] „Jede schlimme Tat wird nun aber in erster Linie beurteilt nach der Versöhnungsmacht Gottes. Diese ist aber unendlich. Damit wächst auch die schwere Sünde gewissermaßen über alles Endliche hinaus, reicht hinein in die Ordnung der unendlichen Liebe und unendlich ermöglichten Reue."

Man kann dies im Bild der Wundmale Jesu zum Ausdruck bringen. Wie die Leidenden (analog zu den Wundmalen des Auferstandenen, mit denen er in die Dreifaltigkeit aufgenommen wurde) ihre Wunden haben, die aber in der „Verklärung" des Himmels nicht mehr schmerzen, sondern ewig leuchten, so tragen die Täter die Wunden ihrer Taten eintätowiert, aber nicht als Fremdbestimmung, nicht als sinnloser Schmerz, sondern als durch die Versöhnung gegangene Wundmale des Reueschmerzes, an dessen tiefstem Punkt der gerichtete Mensch für das ewige Leben gerichtet wird. So ist auch der Himmel nicht ein Ort, der durch Amnestie und Amnesie, durch billigen Freispruch oder gar durch blankes hirnloses Vergessen erkauft ist. In der neuen Welt bleibt die Erinnerung an die alte Welt in den Wunden der Leidenden und den Reuewunden der Täter gegenwärtig, als nun durch die Versöhnung gegangene und „geklärte" Erinnerung an die alte Welt und ihr Leiden.

Der Begriff der Wunde mag hier als Repräsentanzbegriff dafür angenommen werden, dass auch im Himmel die Erfahrungen dieser Welt niemals vergessen sind. Dagegen steht sicher die Vorstellung, dass es irgendwie unbehaglich ist und das gesamte Heil lädieren könne, wenn der Himmel mit dem Begriff Wunde verbunden wird. Vielleicht stimmt dieses Wort auch nicht, wenngleich es sich auf die Wunden des Auferstandenen zu beziehen vermag, der mit diesen Wunden nicht nur auferstanden, sondern auch in den „Himmel" der Dreifaltigkeit zurückgekehrt ist. Es ist genauer darüber nachzudenken, was der Begriff der „Verklärtheit" in diesem Zusammenhang meint. Jedenfalls kann das Diesseits nicht durch den Himmel wegparfümiert werden.

Es gibt tatsächlich eine eigenartige Kontinuität in der Ereignisgeschichte Gottes in dieser Welt und auch darüber hinaus, nämlich dass Gott „*immer wieder* neu mit uns anfängt – in der Zeit und dann über die letzte Grenze, über den Tod hinaus".[137] Für Paulus ist in 1 Kor 15 die Auferstehung allerdings *das* Ereignis, ohne das alle anderen Ereignisse sinnlos wären (1 Kor 15,14). Innerhalb des Neuanfangens mit dieser Welt hat das Ereignis des Jüngsten Gerichts also eine gewisse Provenienz und Prominenz zwischen all den Ereignissen, die zuvor waren, und den Ereignissen, die danach, in der geretteten Welt kommen. Das Jüngste Gericht steht also nicht als isoliertes Ende der Vorgeschichte im Mittelpunkt, sondern als in die Ewigkeit hinein transformierte Wichtigkeit genau dieser Vorgeschichte. Kein Ereignis geht verloren und kein Ereignis nach dem Gericht ist vom Jüngsten Gericht her isoliert zu denken. Aus dieser Perspektive kann man mit Vorsicht sagen, dass auch im Himmel das Gericht nie aufhört, sondern immer wieder in neue Ereignisse hinein wirksam bleibt. In diesem Sinn ist der Himmel das ewige Gericht.

Unsere oft flachen Vorstellungen vom Himmel sind nicht selten auch davon geprägt, dass die Seligen in gleicher Weise selig sind. Dagegen gibt es aber auch in der Tradition jene Bilder, in denen der Himmel pyramidenförmig gedacht wird, mit unterschiedlichen Stufungen von unten nach oben. Auch in Dantes göttlicher Komödie hat der Himmel Stufungen. Darin schlägt sich eine Ahnung davon nieder, dass die Seligen nicht in gleicher Weise selig sind, dass es Unterschiede gibt, je nachdem, wie sie gelebt haben.

Bei Dante gibt es neun Sphären, die bis hinauf und immer näher an Gott heran und in die je vollkommenere Seligkeit bringen. Interessant ist dabei, dass über alle neun Sphären der höchste Himmel zugleich ein Feuerhimmel ist, der in die Unendlichkeit und damit ins nie Abschließbare reicht. Licht und Feuer bedingen sich gegenseitig, und nicht nur das Licht, sondern auch das Feuer hören niemals auf. Dies ist eine aufschlussreiche Perspektive für die Unterschiedlichkeit und bleibende Qualität der Feuererfahrung im Bereich des Himmels. Feuer und Licht sind die Metaphern für das unerschöpfliche Geliebtwerden, das allen gilt, aber nicht alle gleichmacht, sondern jedem Menschen zugleich gerecht wird. Das Bild der Stufungen ist demnach so zu korrigieren, dass es sich hier nicht um Hierarchien handelt, weil alle mit der je gleichen unendlichen Kraft geliebt sind und gerade dies ihre Unterschiedlichkeit rettet.

Die Folgen des Jüngsten Gerichts reichen also bis in den Himmel hinein und spiegeln sich dort wider. Ein Verbrecher, der anderen das Leben genommen hat, kann nicht in gleicher Weise selig sein wie ein Mensch, der sich bis zum Äußersten für das Leben der anderen eingesetzt hat. Seligkeit planiert nicht die Differenzen durch Spurlosigkeit, sondern bringt sie verschärft zum Ausdruck. Jede Glückseligkeit hat ein eigenes Profil, unverkennbar bis in Ewigkeit. Was diese Differenz für die Beziehung der Seligen bedeutet, kann man nur erahnen: jedenfalls wird sie niemals langweilig sein.[138]

Das Jüngste Gericht, hier ist Michael Schüßler unbedingt recht zu geben, ist nicht das Ende der Geschichte, sondern garantiert die Kontinuität der Ereignisse Gottes mit den Menschen, allerdings ganz anders, als wir es uns jetzt vorstellen können. Insofern gibt es in dieser Kontinuität laufend – durch das Neue und das nochmals ganz anders Neue im Gericht – Diskontinuitäten in dieser Kontinuität des „Immer-wieder-neu"; denn sonst gäbe es das Neue nicht. Johann Baptist Metz erscheint aus dieser Perspektive als der Anwalt gegen die Kontinuitätsideologie einer evolutionären Zeitkonzeption, die sich einschleichen könnte und kann, wenn man das jeweils Neue nicht radikal genug sieht.[139] Im Übrigen hängt es, ereignisbezogen, immer von den Situationen und Personen ab, ob sich mehr Diskontinuität oder Kontinuität in diesem „Neuen" ereignet.

Dieses Neue von Gericht wie in der „Zeit" danach kann nur „erahnt" werden, aber wenn es ein „Ereignis einer Gerechtigkeit, die wir nur erahnen" können, sein wird,[140] dann konzentriert sich darin ein Ende genauso wie ein Anfang. Die Erahnung selbst muss gedankliche Versuche nicht ausschließen, wenn Letztere sich ihres Charakters der Erahnung bewusst bleiben und alles Gedachte auch wieder an das Geheimnis Gottes abgegeben wird. Von dieser Paradoxie lebt die Doxologie.

1.3 Nicht ohne Verurteilung

Das Gericht ist nicht nur ein Vorgang zwischen den Menschen und Gott, sondern zugleich hineinverwurzelt in die Begegnung der Täter mit den Opfern. In der Gottesbeziehung des sündigen Menschen wird also der Mensch, dem Leid zugefügt wurde, nicht unsichtbar gemacht, sondern er gehört zu dessen Zentrum genauso, wie dieser umgekehrt Zentrum der bösen Tat war.[141]

Mit diesen Überlegungen weiß ich mich in einer besonderen Verbindung mit dem, was Katharina von Kellenbach zum Verhältnis von Gottesbeziehung und Opferbeziehung von Nazitätern erforscht hat. „Die reformatorische Kritik an der katholischen Bußlehre und insbesondere der *satisfactio opere,* macht es ungeheuer schwierig, die Täter in die Verantwortung gegenüber ihren Opfern zu nehmen. Der dritte Schritt katholischer Bußlehre, die *satisfactio opere,* scheint mir aber einen Ansatzpunkt zu bieten, den Opfern eine Rolle im christlichen Versöhnungsprozess einzuräumen".[142] Diese Einsicht, die eindrucksvoll mit diesbezüglichen kontraeffektiven Vergebungsvorgängen gegenüber NS-Tätern konfrontiert wird, korrespondiert mit dem Anliegen, die eigene Sünde nicht nur in der Beziehung zu Gott „erledigt" glauben zu wollen. Vielmehr ermöglicht und fordert gerade diese Gottesbeziehung zu den Sündern und Sünderinnen, die Beziehung zu denen, denen Leid zugefügt wurde, aufzunehmen. Wenn dies nicht mehr möglich ist, ist in einer gegenwartsbezogenen Sühne zu Gunsten gegenwärtiger Leidender jene Verpflichtung zu leben, die aus der Vergebung heraus ermöglicht und provoziert wird. Die Versöhnung mit Gott ist kein Umgehungsunternehmen hinsichtlich der „Wiedergutmachung", sondern setzt sie in Kraft. Ganz im Sinne von Ernst Käsemann: „Gnade, die nicht tätig wird, ist Einbildung!"

Von daher kommt wiederum das Gerichtsgeschehen in den Blick der Seelsorge: Die von Gott angebotene und geschenkte Versöhnung wird auf Seiten der Sünder und Sünderinnen mit etwas beantwortet, was dem entspricht, was sie an Leid zugefügt haben. Darin setzen sie sich zugleich der ebenfalls von Gottes unendlicher Versöhnungsmacht ermöglichten, für uns genauso unvorstellbaren Versöhnungsbereitschaft der Opfer aus.

Was in der eschatologischen „Genugtuung" durch die „Gewalt" der unmittelbaren Ansichtigkeit der unendlichen Freiheit und Liebe Gottes ermöglicht ist, kann im diesseitigen Bußgeschehen noch auseinanderklaffen. Die *satisfactio* ist nicht Bedingung der Vergebung, aber wenn sie nicht geschieht, falsifiziert sie die Gnadenwirksamkeit der Vergebung (nicht die Gnade, weil auch die Täter geliebt bleiben). Denn es hat als „Antichrist … zu gelten, wer das Evangelium des Heils heillos verkehrt".[143]

Die Menschen müssen sich keine Sorgen um die Gültigkeit der Vergebung im Bußgeschehen machen, sofern sie es nur empfangen wollen.[144] Und auch die Bußwerke sind nicht Bedingungen der Lossprechung in der Beichte, sondern gehören als Genugtuung zum Bußsakrament insofern, als damit die Sündenfolgen bearbeitet werden. Die Sündenvergebung selbst tangieren sie nicht. Letztere steht nicht unter der Bedingung, dass die Umkehr gelingt. Auch und gerade hier muss Luthers Rechtfertigungstheologie radikal ernst genommen werden.

Zwischen Vergebung und Wiedergutmachung gibt es einen Raum grundloser Zweckfreiheit der vergebenden Liebe, um darin alle Energie zum Guten geschenkt zu bekommen. Die das Ich unendlich übersteigende Versöhnung darf nicht an moralische Über-Ich-Vorstellungen gekoppelt werden.[145] Darin spiegelt sich die Vorgängigkeit der unblockierten Erfahrung der Liebe Gottes im Gericht, insofern Gott die Menschen aus unendlich Leben schenkender Wertschätzung heraus auferweckt und ihnen dadurch zeigt, dass er sie in Ewigkeit zuerst liebt (vgl. 1 Joh 4,10). In der „Konfrontation" mit dieser Vorgängigkeit der Liebe Gottes im Gericht ist jener unterschiedliche Reueschmerz möglich, wie er gerechterweise dem jeweiligen vergangenen Leben der Menschen entspricht.

Auch wenn die Vergebung Gottes vor aller Reueleistung gegeben ist, so sind trotzdem Wiedergutmachung und Sühne buchstäblich notwendig. Die Versöhnung von Gott her geht allerdings ursächlich (nicht unbedingt in der thematischen Erfahrung) der Versöhnung mit den Menschen voraus und ist davon absolut unabhängig. Sonst käme sie in Gefahr, von den Menschen erleistet werden zu müssen. Beide, Vergebung und Sühne, gehören im Bußsakrament unbedingt zusammen, aber gerade so, dass sie zueinander frei sind. Erst so eröffnet die Unbedingtheit der Vergebung den Energieraum der Gnade, die Sühne erst ermöglicht. Derart Geliebte *können* lieben.

Diese unbedingte Vergebung ist sehr verletzlich und kann dafür missbraucht werden, von der Sühne abgespalten und isoliert zu werden: Wenn mit Gott alles bereinigt ist, können die Opfer übersehen werden. Solche Sündensensibilität zerstört die Leidsensibilität. Die Bußpastoral hat hier die Aufgabe, die Vergebung mit der Verantwortung in Verbindung zu bringen, verbunden mit einer endzeitlichen Gottesfurcht, denn im Jüngsten Gericht wird sich herausstellen, dass kein Leid einfach durch Vergebung aus der Welt geschafft werden kann. Was *hier* nicht in Wiedergutmachung und Sühne angegangen wird, wird *dort* umso heftiger erlebbar sein: angesichts der eigenen Taten im ungeschützten Angesicht der Liebe Gottes.

Auch die Vergebung im letzten Gericht geht also allem bedingungslos voraus (vgl. Lk 23,34), aber sie annulliert nicht das zugefügte Leiden, sondern bringt es im Angesicht der Opfer ans brennende Licht des Jüngsten Tages. Reue und Sühne reichen in diese unvorstellbare Begegnung hinein und ermöglichen den Gerechtigkeitsanteil im endzeitlichen Versöhnungsgeschehen. Alle erfahren sich, wer immer sie waren, in die Liebe Gottes aufgenommen. Niemand wird mit Liebesentzug bestraft. Aber genau das verschärft das Gericht, denn als derart unbedingt Geliebte sehen die Menschen ihre Taten und die Opfer mit einem anderen Blick, mit dem Blick brennender Liebe, je nach dem, was sie anderen an Leid zugefügt haben. Analog zu unserer Erfahrung: Jene Schuld schmerzt am meisten, mit der wir Menschen Leid zugefügt haben, die wir lieben und denen gegenüber wir aus tiefstem Herzen sagen, dass es uns leidtut.

Versteht man die Sühne nicht als Voraussetzung der Vergebung, sondern als ihren Erfolg, dann darf sie als solche wichtig genommen werden: Aus der Perspektive der Opfer gilt, dass sie wichtig genommen werden muss!

1.4 Feuertaufe

Ohne Zweifel begegnen insbesondere in den prophetischen Gerichtsworten massive Warnungen zur Buße und Umkehr.[146] Gott wird nichts ungeahndet lassen. Johannes der Täufer verbindet die Bußpredigt und Gerichtswarnung mit der Taufe und provoziert so eine bleibende Eschatologisierung des wichtigsten Sakraments der Kirchen. Ich stehe hier nicht an, die Johannestaufe mit der christlichen Taufe gleichzusetzen, aber umgekehrt kann auch nicht davon ausgegangen werden, dass beide gar nichts miteinander zu tun haben. Die neutestamentlichen Texte über Johannes zeichnen sich durch eine eigenartige Dialektik bezüglich Johannes aus: Er ist nur Vorläufer, aber er ist in seiner postmortalen Anerkennung durch Jesus der Größte der Vorläufer.[147] Seinem Umkehrruf zu folgen stellt die Bedingung dafür dar, sich für die Begegnung mit Christus zu öffnen und seiner Botschaft Glauben zu schenken. Umkehr und Glaube gehören zusammen, weshalb Jesus selbst die Umkehrpredigt in seine eigene Verkündigung aufnimmt, wenn auch im neuen Kontext der Reich-Gottes-Ansage,[148] zunehmend mit dessen Scheitern, aber dann auch wieder mit den Warnungen des Gerichts. Ohne Johannes ist Christus ebenso wenig zu denken, wie es ohne Umkehr keinen *fruchtbaren* Glauben gibt.

Was bei Johannes massiv aufscheint, verliert damit nicht völlig seine Valenz, sondern bleibt im veränderten Zusammenhang strukturbildend. „Von seiner Funktion her ist Johannes eschatologischer Bote vor dem Eintreffen des Kommenden … Seine Taufe … will vor dem Gericht retten, die Feuertaufe hingegen ist Gerichtsstrafe … Sinn und Zweck der Umkehr ist es, dem Unheilsstatus und damit dem Strafgericht zu entgehen."[149] Johannes kann nicht von Christus wegamputiert werden, weil er auf seine Weise personifiziert, was auch zur Botschaft Christi gehört: „Indem er das Kommen des Richters und des Gerichts ankündet und die Menschen zur Umkehr aufruft, bereitet er den Weg des erchomenos [des Kommenden, O. F.] vor."[150] Johannes pointiert die Gerichtsdimension, die bei Jesus zwar auch begegnet, aber bei ihm nicht nur als Aufruf zum letztmöglichen Verlassen des Unheilsstatus, sondern als Voraussetzung zum Empfang des Heiles. Beim Täufer ist das Gericht apodiktisch vorausgesetzt, garantiert aber nicht das Heil, sondern eröffnet nur eine neue *Aussicht* auf das Heil.[151] Damit ist das Gericht bei Johannes nur implizit soteriologisch, nämlich unter der Bedingung der Umkehr.[152] Die Werkgerechtigkeit[153] der Umkehr lässt die Rechtfertigung des sündigen Menschen, also die Gnade, die auch die fehlende Umkehr umfasst, nicht zu.

Deshalb gehört bei Johannes zusammen, was später wieder in Vergessenheit gerät: die Wasser- und die Feuertaufe.[154] Die scharfe Drohung zielt gerade nicht auf das „Feuer" ab, sondern will ein jetziges Verhalten, das das Feuer zu verhindern vermag. „Aus dem Grundtext ist unbestreitbar zu erkennen, dass Feuer- und Wassertaufe einander zugeordnet sind. Während die Feuertaufe zweifelsohne auf die Vernichtung zielt, sie also Mittel der Gerichtstaufe ist, scheint die Wassertaufe eine soteriologische Bedeutung in der Weise zu haben, als sie die Möglichkeit zur Rettung im Endgericht eröffnet, ohne allerdings eine Errettung zu garantieren. Ein solches Verständnis der Taufe würde auch den Täufer selbst in seiner bedingungslosen Gerichtsansage nicht mehr ernstnehmen und ihn letztlich als Künder des Heils verstehen."[155] Der Ruf zur Umkehr soll die Hörer und Hörerinnen zum Handeln oder Unterlassen bewegen.[156] Und dieses Handeln hat Bedingungscharakter für die Rettung.

Damit können das Auftreten des Johannes und seine Taufpraxis „als Prolepse des kommenden Gerichts gewertet werden. Wer durch die Wassertaufe gegangen ist, kann der Feuertaufe entgehen".[157] Dabei geht es „nicht um eine Vorwegnahme des Gerichts, wohl aber um einen dem Gerichtshandeln nachgebildeten Akt."[158] Man kann möglicherweise von einer Art „Mimesis" des künftigen Gerichts, also der Feuertaufe in der Wassertaufe sprechen, wobei die Hoffnung aufscheint, dass in dieser Vorwegnahme das zukünftige Feuer im gegenwärtigen Wasser erlischt.[159]

Zeitgeschichtlich steht Johannes am apokalyptischen Tiefpunkt einer geschichtlichen Entwicklung, die seit dem dritten vorchristlichen Jahrhundert immer wieder ein Zerbrechen heilsgeschichtlicher Kontinuitäten mit sich brachte und nun geradezu rasend „dem absoluten Tiefpunkt entgegensteuert und nur noch durch ein von Gott herbeigeführtes Ende in eine neue, bessere Zukunft geführt werden kann".[160] Rettung kommt nur noch vom souveränen Handeln Gottes.[161] Damit geht es bei Johannes um eine ganz spezifische „theologische Bewältigung politischer Extremsituationen", die als ausweglos erfahren wurden.[162] Die heilsgeschichtliche Kontinuität ist zerbrochen, der Unheilsstatus ist umfassend.

Es gibt auch in der Gegenwart analoge Gerichtspropheten wie Carl Amery (siehe unten Kap. D. 1), die in einer semi-apokalyptischen Weise unsere Gegenwart auf die Zukunft hin „hochrechnen" und eine Bewältigung der zukünftigen Katastrophe darin sehen, dass spätestens jetzt sich etwas vor allem in Sachen Fernsolidarität verändert. Die Strukturanalogie scheint offensichtlich. Auch hier kann man in der Gegenwart kaum mehr eine Heilskontinuität, also positive Entwicklungsdynamiken, wahrnehmen, die in eine bessere Zukunft reichen könnten. Und auch die geschichtliche Vergangenheit kann kaum als zurückgehende Kontinuität des Heils rekonstruiert werden, sondern vielmehr als dessen abgrundtiefes Zerbrechen, wofür vor allem der Name Auschwitz steht.[163]

Solidarität tut bitter not, und wer kann es dem Glauben übel nehmen, wenn er in dieser Situation neu und intensiv das Gericht in Erinnerung bringt, geradezu als Not-Wehr gegenüber der drohenden Zukunft und damit als Not-Drohung, die man in heilvolleren Zeiten nicht so drastisch gebrauchen muss. Derart verklammert das eschatologische Gericht Gegenwart, geschichtliche Zukunft und die Zukunft darüber hinaus.[164]

Dies gilt, wenn man in Dialektik dazu das andere auch hinzufügen kann: Im Gegensatz zu Johannes darf man bei Jesus Christus hoffen, dass auch dann, wenn innergeschichtlich kein Gericht zur Umkehr führt, wenn das Feuergericht darin stattfinden sollte, im letzten Gericht dennoch niemand verlorengeht. Was *letztlich* bleibt, ist der umfassend rettende Gott im Gericht, aber nicht außerhalb davon. Aber diese Hoffnung darf niemals den anderen dialektischen Pol verkleinern oder ausradieren, als wäre sowieso alles egal, als müsse die Welt ohnehin zugrunde gehen und als könne man sich genauso fatalistisch, wie man sich auf die universale Rettung verlassen kann, auch am Untergang der Welt beteiligen. An dieser Stelle ist Johannes der Täufer in Erinnerung zu bringen: Ein solches Verhalten wird auf jeden Fall nicht nur im Feuergericht der Geschichte, sondern auch im Feuergericht Gottes schier unendlich viel Schmerz und Reue bringen.

1.5 Christustaufe

Obgleich der Jesus der Evangelien Johannes den Täufer in dem Augenblick über alle anderen Propheten erhebt, als er die Nachricht seines Todes hört,[165] betont er gegenüber Johannes, ohne allerdings das Gericht zu annullieren, die andere Seite des eschatologischen Doppelbeschlusses (Feuer *und* Rettung). Ist bei Johannes das mögliche Heil nur „versteckt angedeutet"[166], so entbirgt Jesus die Heilsdimension und -konsequenz des Gerichts (auch im Sinne der darin ermöglichten Umkehr) in der geradezu verschwenderischen und unbedingten Weise einer für alle hereinbrechenden Gottesherrschaft.[167]

Die Feuertaufe, die Johannes anderen angedroht hat, hat sich an Jesus selbst vollzogen. Die Herrschaften der Erde haben die Gerichtspredigt nicht angenommen. An *ihnen* hat sich (noch) kein Feuergericht vollzogen. Nun gibt es zwei Möglichkeiten: Entweder greift der Prophet selbst zur richtenden Gewalt (etwa in der Form des Aufstandes und des Einsatzes der „Heerscharen") oder er wird seinerseits ungerecht gerichtet (die dritte Möglichkeit der Flucht kommt nicht zum Zug). Am Kreuz Jesu zeigt sich: Jesus zieht die Gewalt an sich, nicht aktiv, sondern passiv, lässt sie an sich heran, leidet sie selber aus. Und noch im Gipfelpunkt dieses ungerechten Gerichtes über ihn bringt er die zweite Dimension der eschatologischen Wirklichkeit zu Wort, wenn er sagt „Vater, vergib ihnen, denn sie wissen nicht was sie tun." (Lk 23,34) Das Opfer selbst nimmt es in die Hand, den Versöhnungsprozess mit den Tätern aufzunehmen.[168]

Wichtig ist dabei: Vergebung setzt die Analyse der Bösen voraus. Die Sünder und Sünderinnen werden unnachsichtig als solche bloßgestellt und als solche in die Dynamik der Versöhnung aufgenommen. Das Kreuz ist nicht nur die Offenbarung unerschöpflicher göttlicher Liebe, sondern auch der unvermittelbaren Differenz zwischen Leiderleiden und Leidzufügung.

Was in solcher Gottesherrschaft diesseitig geschieht, geschieht auch, wenn auch in letzter Überbietung, jenseitig. Jesus begegnet schon diesseitig den Menschen nicht mit der blanken Gerichtsankündigung und damit mit einem nackten Imperativ, sondern setzt davor Sündenvergebung und Heilung, damit sich die Menschen auf der Basis dieser Erfahrung der Gnade dem Selbstgericht aussetzen und ihr Leben verändern *können*. So wird es auch im letzten Gericht sein: Christus wird als der erscheinen, der von vornherein für alle Sündenvergebung und Heilung, also umfassende Versöhnung bereithält. Auf der Basis dieser bis in die elementarsten Phasen der Existenz erfahrbaren Gnade wird es hoffentlich keine Menschen geben können, die nicht das, was sie Menschen angetan haben, im eigenen, nunmehr durch Gottes ungeschützte Liebe geöffneten Herzen als abgrundtiefen Schmerz erfahren. Derart öffnen sie sich substantiell für die neue Zukunft und für die Begegnung mit denen, denen sie Leid zugefügt haben. Sie öffnen sich dafür, die bereitliegende Versöhnung durch sich selbst zu realisieren. Das Feuer des Täufers erfährt die entscheidende Transformation vom Strafgericht, das von der Liebe entfernt, zum Reueschmerz im Zentrum der Liebe. Dieser wie Feuer brennende Schmerz reicht bis in

Gottes unendliche Liebe hinein und geht tiefer als jede Strafe außerhalb dieser Liebe – und kann es ebendort, in der Liebe Gottes, den Opfern ermöglichen, in diese Versöhnung einzuschwingen.[169]

Diese Art von Versöhnung ist keine Vergebung ohne Verurteilung, denn Leid kann nicht vergeben werden, weil es nie ungeschehen gemacht werden kann. Und Entschuldigungen kann es schon gar nicht geben, sondern nur eine Resonanzerfahrung, die dem zugefügten Leid „gerecht" wird, aber nicht als Strafe, sondern als Heilung an der Wurzel des Übels, nämlich an der Empathie- und Lieblosigkeit. Gott selbst schenkt diese Heilung in der unerschöpflichen Erfahrung seiner Empathie und Liebe. Für diese „Feuererfahrung" steht nach wie vor die Feuerpredigt des Täufers.

1.6 Differenzvertiefende Versöhnung

Mit dem Glauben an einen (nicht „lieben", sondern) liebenden Gott schwächt sich nicht, sondern steigert sich die Kompromisslosigkeit hinsichtlich der trennscharfen Unterscheidung zwischen Opfer- und Täteranteilen in und zwischen den Menschen. Gottes Allmacht begibt sich in diesem Äon in die Rolle der Nach-Sichtigkeit, insofern sie das Geschehende geschehen lässt, obgleich alles gesehen und nicht übersehen wird. Diese Nachsichtigkeit darf also nicht als Wegsehen interpretiert werden. Oder besser: Wenn es um das Böse geht, gibt es überhaupt keine Nachgiebigkeit Gottes. Die Sünder und Sünderinnen werden unnachsichtig als solche bloßgestellt und *als solche* in die Dynamik der Versöhnung aufgenommen. Wie der gekommene Christus am Kreuz alle Gewalt als Leidtragender und „als" Schuldbeladener (vgl. 2 Kor 5,21) an sich zieht, so, und deswegen, wird der kommende Christus in Allmacht alle Gewalt an sich ziehen, um dem Leid und dem Bösen ein Ende zu setzen. Die Grenzziehung zwischen Leiderfahren und Leidzufügen ist kompromisslos aufrechtzuerhalten, auch und gerade wenn das Datum der Rechtfertigungstheologie gilt, dass auch die Schlimmsten niemals aus der Gnade herausfallen.[170] Dies geschieht aber nicht so, als ob nichts geschehen wäre.

Der Begriff des Gerichts kann also nicht ohne dualistische Vorstellungen zwischen Gut und Böse auskommen. Es braucht den Dualismus zwischen Opfer- und Täteranteilen, denn die entsprechenden Maßstäbe der Gerechtigkeit dürfen nicht zerfließen.[171] Gerade diese Differenz ermöglicht es, die Differenzierungen in und zwischen den Menschen ähnlich genau wahrzunehmen: „In Wirklichkeit sind im Grund alle ‚dazwischen'",[172] wechselnd auf der einen, dann auf der anderen Seite.

Aus dieser Perspektive sind dualistische Welteinteilungen immer heikel, wenn sie nicht im Dienst einer ganz bestimmten Entdualisierung stehen: der Entdualisierung zwischen innen und außen als gut und schlecht, der Entdualisierung der Diakonie, die sich universal verausgabt (und nicht die Hilfsbedürftigen in der Hilfe Würdige und weniger Würdige einteilt: in Mt 25,36 wird nicht danach gefragt, warum jemand gefangen ist), der Entdualisierung von Positiv-negativ-Wertungen bestimmten Ethnien und anderen Gruppierungen gegenüber, der Entdualisierung von Freund- und Feinddenken, der Entdualisierung zwischen Gläubigen und Ungläubigen, sofern die Letzteren Abwertungen und Sanktionen erfahren müssen, der Entdualisierung von Wahrheitsbesitzenden und Wahrheitsunfähigen usw.

Von daher ist nicht genug hochzuschätzen, dass das Zweite Vatikanum alte Schwarz-Weiß-Dualisierungen aufgelöst hat: Auch außerhalb der Kirche gibt es Gottesgegenwart, Wahrheit und Heil,[173] und die Kirche sieht sich nicht nur im Dienst daran, das alles in Vollform in sich selber zu repräsentieren, sondern auch dafür Sorge zu tragen, dass außerhalb ihrer selbst möglichst viel von dieser Wirklichkeit in anderen Religionen und Kulturen zum Vorschein kommen kann.

Indes: Gerade um solche Entdualisierungen zu begründen und zu motivieren, benötigen die Menschen eine Unterscheidungsfähigkeit, eine Kriteriologie zwischen destruktiver Dualisierung und der Universalisierung der Nächstenliebe und der Gerechtigkeit, die zu arteigenen scharfen, aber dann konstruktiven Dualisierungen führt. Es ist dies die elementare, durch die Urevidenz des Leidens einzuklagende Unterscheidung zwischen Leidenden und Leidzufügenden, wobei beide Rollen in der Geschichte zwischen Sieger und Unterlegenen sowohl *zwischen* wie auch *in* den Personen wechseln können. Das letzte Gericht beginnt mit einer radikalen Dualisierung, wie die Kunstwerke zum Weltenrichter zeigen. Diese Dualität ereignet sich in und zwischen den Personen und Kollektiven. Es wird aber auch Täter und Opfer geben, die dominant auf der jeweiligen Seite verbleiben.

Damit die gewaltproduzierenden und -legitimierenden dualistischen Welteinteilungen abgebrochen werden können, braucht es den kompromisslosen Dualismus zwischen Opferanteilen und Täteranteilen. Die vielfachen Verklebungen zwischen beiden in einer Person und in komplexen Situationen und Handlungen benötigen umso mehr den gerichtlichen

Dualismus, um beides gerecht gegenseitig profilieren zu können.[174] Das Gericht endet aber nicht mit diesem Dualismus, sondern überwindet ihn, ohne ihn zu schmälern, in der unerschöpflichen Versöhnungsmacht Gottes, aber absolut nicht billig und nicht die Erinnerung an die Leidensgeschichte schleifend, sondern umso schärfer aufdeckend und dem Feuer des aus dieser Liebe drängenden Reueschmerzes übergebend. Es gibt also eine Ethik des Guten im Gericht, das aber nicht bei der Gegenüberstellung von gut und bös bleibt, sondern den darin gegebenen Tun-Ergehen-Zusammenhang in eine unendliche Liebe Gottes hinein überholt, ohne diesen Gegensatz aufzulösen.[175]

Diese Vergewisserung entlässt aus sich eine intensive appellative Kraft, durchaus verbunden mit einer eindringlichen Warnung.[176] Im Sinne des eschatologischen Doppelbeschlusses von Gericht und Rettung (Versöhnung) sei also weniger von Drohung denn von eindringlicher Warnung die Rede.[177] Die Drohung rückt zu sehr in die Nähe jener alten dualistischen Verkündigung, in der die Gerichteten (oft besonders die „Ungläubigen") keine Chance auf Rettung haben. Dies allerdings wäre dann ein Dualismus, der die Neuschöpfung Gottes nicht universal genug sieht und damit letztlich die Universalität Gottes leugnet.

1.7 Gerichtet im Johannes-Evangelium

Dualistische Tendenzen sind insbesondere im Johannes-Evangelium festzustellen. Doch muss man hier genau zusehen. In seiner Arbeit über das Geheimnis der Verstockung Israels in Joh 12,35–50 hat Roman Kühschelm deutlich herausstellen können, dass sich Johannes der dualistischen Sinnstruktur bedient, um ein christologisches und zugleich eschatologisches Datum mit aller Brisanz zu profilieren.[178] So ist davon auszugehen, dass nach Johannes die Welt „im Kreuz Jesu bereits gerichtet ... sowie von dem in der Gemeinde sich realisierenden Heil geschieden ist: aufgrund der negativ-ungläubigen historischen Entscheidung gegenüber der in Christus stattgefundenen Offenbarung Gottes ... Für die joh Gemeinde ist *diese Krisis im Kreuzesgeschehen zur Vollendung* gekommen und insofern eine ‚objektive' Vorgegebenheit ..."[179] Dies heißt allerdings nicht, „daß damit das Offenbarungsgeschehen schon abgeschlossen wäre und die von dieser Krisis her lebende Gemeinde mit der Welt nichts mehr zu schaffen hätte. Vielmehr setzt sich die Offenbarung, durch den Parakleten vermittelt, als

Wirken des erhöhten Herrn in der nachösterlichen Verkündigung seiner Gemeinde gegenüber der Welt fort. Für Letztere ist damit neuerlich die Möglichkeit der Entscheidung/Krisis zwischen der Un-Wirklichkeit und Verlorenheit des Alten und der Wirklichkeit des Neuen, der Rettung und dem Heil in Christus gegeben ..."[180]

Die Aufgabe der Gemeinde liegt also darin, sich und die Welt aus dem Zustand des Gerichtetseins, damit aus der Finsternis in die Gemeinde und in das dort gegenwärtige Heil, also ins Licht hineinzuführen. Dieser Anruf gilt für alle Menschen und bezieht sich damit auf die im Kreuz bereits gerichtete Welt selbst.[181] Damit betont Johannes das „grundsätzliche Gerichtetsein der Welt wie auch die eschatologische Konfrontation der alten und neuen Wirklichkeit, angesichts derer jeweils neu die Entscheidung der Welt zwischen Verlorenheit und Rettung in der Stellungnahme zur Verkündigung der Gemeinde fallen muß".[182]

Bei dieser eschatologischen Sicht ihrer eigenen Existenz erfährt die Gemeinde auf der einen Seite Aufwertung, auf der anderen Seite aber auch die Aufforderung, sich in eine derartige Verkündigung der Welt gegenüber hineinzugeben. „Entscheidend ist also die Tatsache, daß es nach dem ‚objektiven' Offenbarungsereignis im Kreuz und der dabei erfolgten Scheidung eine weitergehende Dialektik von Glaube und Unglaube, Heil und Gericht und somit immer wieder neu die Möglichkeit der Krisis angesichts der Jesus Christus und das eschatologische Heilsgeschehen vergegenwärtigenden Verkündigung der Gemeinde gibt."[183] Von daher ergibt sich eine doppelte Dringlichkeit jetziger Entscheidung, einmal für die mit der Verkündigung konfrontierte Welt, dann aber auch für die Gemeinde selbst: „Sie sieht sich aufgerufen, ihrer fundamentalen Prägung von der Krisis des Christusereignisses her entsprechend zu leben oder sich dieser Bestimmung zu verweigern und in die Strukturen der bereits gerichteten Welt zurückzufallen."[184]

Die Gemeinde erinnert, dass Jesus einmal dieses Gericht weltweit realisieren wird. Zwischen Erinnerung und proleptischer Antizipation des endgültig zutage tretenden Gerichts ergibt sich eine Spannung und Dynamik, wie sie kaum mehr intensiver sein kann.

Es stellt sich hier für uns die Frage, wie eine solche Spannung heute pastoral erfahrbar sein kann, insofern das Noch-Nicht der Jetzt-Zeit von der Zukunft her zu einem Doch-Schon wird. Wobei hier, in Ergänzung zu Johannes, sicher der Begriff des Unglaubens sich nicht nur auf den Glauben im engeren Sinn des Wortes als zerstörte Transzendenzbeziehung bezieht, sondern auch im Gesamtbegriff des Glaubens auf zerstörte Menschenbeziehungen: als „verstocktes Verharren in den alten Strukturen der gerichteten und verlorenen Welt" überhaupt.[185]

Denn jener Verweigerungs- und Entfremdungszustand, der gerichtet ist und am Ende endgültig gerichtet wird, meint die Verweigerung gegenüber dem Gott, der ein Gott der Gnade und Gerechtigkeit ist und als solcher hinter den Opfern steht, aber gleichzeitig bereit ist, die Täter jetzt und im Gericht endgültig in seine Versöhnung aufzunehmen. Denn hier geht es nicht um einen metaphysischen Dualismus in alle Ewigkeit hinein, sondern um einen pragmatisch-funktionalen Dualismus, der vom künftigen Gericht her die Gegenwärtigen davor warnt, sich nicht bereits jetzt diesem Gericht auszusetzen.[186]

Einmal mehr zeigt sich hier, dass die Welt sich selbst verfällt, wenn sie das Heil ausschließlich in sich selbst sucht, wie etwa in halbierten „Erlösungen" wie in der Reinkarnation, nach dem Motto: Extra mundum nulla salus. Wobei gerade mit der westlichen Vorstellung der Reinkarnation ein Vorgang als Segen umgepolt wird, der in der Herkunftsreligion als Fluch gilt, nämlich als quantitative Verlängerung ohne Wandel und qualitative Veränderung. In einem solchen Vorstellungszusammenhang ist das Gerichtsmoment, das noch ursprünglich (im Hinduismus und Buddhismus) mit dem unterschiedlichen Wieder-in-der-Welt-geboren-Werden verbunden war, gänzlich verschwunden.[187]

Demgegenüber bestätigt Johannes: Die neue Welt, ist sie tatsächlich der Himmel mit einer neuen Qualität, ist nur über das Gericht zu erlangen, über eine radikale Veränderung von Mensch und Kultur, von Natur und Geschichte. Johannes liegt daran, dass die Gemeinde in der Bedrängnis weder ihre Identität noch ihren Mut verliert: „Wie Jesus – nach Aussage des Textes – neuerlich daran geht, mit prophetischer Eindringlichkeit die christologisch-soteriologische und eschatologische Essenz seiner gesamten Offenbarungsreden zu verkünden, so sieht sich auch die Gemeinde aufgerufen, nach Distanznahme von ihrer negativen Verkündigungssituation und deren vertiefter Reflexion auf symbolischer Ebene sich neuerlich in ihre Welt- und Verkündigungssituation zu integrieren und in gefestigter Überzeugung das Offenbarungswort weiterzutragen."[188] Jesu Offenbarungswort hat rekreative und kreative Gerichtsmächtigkeit.

1.8 Gott allein richtet

Dass die Welt gerichtet ist, führt also nicht zur Weltflucht, sondern zur gesteigerten Weltverantwortung, woraufhin das letzte Gericht noch aussteht. Die Gemeinde begibt sich in eine vorgreifende Gerichtsvorbereitung, gleichsam in eine Simulation, als ob dieses Gericht jetzt stattfinden würde. Dies führt zum Aufschrecken, denn darin wird der Gemeinde sowohl eine Identifikationsmöglichkeit angeboten wie auch gleichzeitig entzogen.[189]

Dazu kommt, dass es nicht die Menschen sind, die das Feuergericht selbst (mit Gewalt) in die Hand nehmen könnten oder dürften: „Richtet nicht, damit ihr nicht gerichtet werdet!" (Mt 7,1) Dieses Gericht, das die gegenwärtigen Machtverhältnisse derart exekutieren wird, dass sich die Machtverhältnisse total verändert haben werden, bleibt Gott selbst und dem vorbehalten, der mit Macht und Herrlichkeit kommt. Wichtig ist also, dass der Gemeinde selbst keine Richterfunktion über die Welt zukommt. „In der Zeit ihrer Verkündigung steht ihr nämlich keine Richterfunktion über die Welt zu; vielmehr hat sie – zugunsten der Welt – immer wieder die Möglichkeit der individuellen Entscheidung zu garantieren und auf Zukunft hin offenzuhalten."[190] Sie richtet nicht, sondern führt sich drastisch vor Augen, was gerichtet ist und zum letzten Gericht führt.[191] Subjekt des Gerichts ist Christus selbst, nicht die Gemeinde. Doch fällt der Gemeinde die Verweisverantwortung auf das Gericht zu, darauf also, diesen Zusammenhang immer wieder zu klären: zwischen Heil und Gericht in einem präsentisch-futurischen Eschatologieverhältnis.

Derart nimmt die Gemeinde in ihrer Verkündigung die eschatologische Konfrontation vorweg.[192] Dadurch geschieht eine eschatologische Substanziierung – nicht nur der Gottesbeziehung, sondern auch der entsprechenden Menschenbeziehung. Man trifft mit jeder Tat oder Untat zugleich eine eschatologische heilsdramatische Entscheidung.[193] So kommt es zu einer eschatologischen Horizontverschmelzung dessen, was hier geschieht, und dessen, was dort aufgerufen wird. Die erzählte Zeit des erfolgten und zukünftigen Gerichts findet damit Eingang in unsere zu besprechende Zeit der Pastoral und der Verkündigung. Der Gerichtsgedanke reicht damit als Verantwortung in die Gegenwart, als diesbezügliche „psychagogische Kraft".[194]

Die Kraft dazu gewinnen die Gläubigen aber nicht nur aus dieser Hoffnung auf die einmal zum Vorschein kommende endgültige Geschichtsmacht Gottes gegenüber den Gewalten der Erde, sondern auch daraus, dass Christus die Menschen jetzt bereits auf diesem Weg der Gewaltblockierung und Gewaltminderung begleitet. Wie er am Kreuz diesen Weg selber bis ans Ende ausgehalten hat, so hält er auch diesen Weg mit aus und trägt ihn mit. Denn genau das macht seine Glaubwürzigkeit aus: Er wird später seine Gewalt zugunsten der Gerechtigkeit und Barmherzigkeit einsetzen, weil er sich bereits jetzt nicht aus der Notwendigkeit von Barmherzigkeit und Gerechtigkeit und den entsprechenden Konsequenzen heraushält. Wenn Gott jetzt nicht eingreift, wenn er am Kreuz nicht eingegriffen hat, dann heißt das nicht, dass er nicht eingreifen kann. Warum er jetzt in der Form dessen eingreift, der die Gewalt aushält und als Liebe zurückspiegelt, bleibt verborgen.

So bringt das Johannesevangelium ein konfrontatives und provokatives Warnbild gegen die Verblendung und Verhärtung des Herzens. Es geht also nicht nur darum, Gottes Liebe präsentisch als Angenommensein zu erfahren, sondern sie in der angesprochenen Dynamik zugunsten der Ungeliebten auch als Gericht bei sich selbst ankommen zu lassen.[195] Kein distanziertes, sondern ein neues kreatives Verhältnis zur Wirklichkeit ist angesagt, mit einer zeitgemäßen Unzeitgemäßheit, in diesem Sinne mit einer eschatologischen Dimension, nämlich von der Zukunft her in die Zeit hinein konfrontierend.[196] So bleibt das Gericht ein „Irritationsfaktor, ein unruhestiftendes Ferment, ein kritisches Korrektiv gegenüber der ständigen Gefahr der Weltverfallenheit, des Sich-Arrangierens, des selbstgenügsamen Sich-Einrichtens oder gar Aufgehens in der Welt".[197] In dieser Dialektik von aktueller Weltbezogenheit und aus der Erinnerung an die eschatologische Zukunft eingeholter Weltdistanz vermag die Gemeinde ihre anspruchsvolle und spannungsgeladene Existenz durchzuhalten.[198] Der Gemeinde kommt demnach „keine vorgreifende Verurteilung zu, vielmehr hat sie die Situation der Welt auf Zukunft hin offenzuhalten und das endgültige Gericht in Gelassenheit Gott selbst bzw. dem offenbarendrichtenden Wort des Herrn anheimzustellen ..."[199]

So führen eigenartigerweise bei den beiden Johannes-Personen, bei Johannes dem Täufer wie auch beim Evangelisten Johannes, geschichtliche Negativerfahrungen zu einer vertieften Reflexion der Verkündigung und zu einer Radikalisierung der Botschaft hinsichtlich der eigenen Identität und Verantwortung.[200] Bei aller Vorsicht vor geschichtlichen Analogien sei zumindest assoziativ daran erinnert, dass sich auch die Gegenwart global gesehen in geschichtlichen Krisensituationen befindet, bei uns zwar noch nicht als direkte Bedrängnis erlebbar, aber indirekt in einer weltweiten Solidarisierungsverantwortung für die Völker und die Erde.

Im Kreuz geschieht beides, das Gericht und die Versöhnung: Die Welt ist gerichtet, sie ist aber in dem Wort Jesu, dass Gott verzeihen möge (Lk 23,34), zugleich versöhnt. Denn die Begründung, dass die Täter nicht wussten, was sie tun, gilt letztlich für alle: Wir wissen nicht, was an Elendem wir wirklich tun. Mit diesem im Kreuzesgeschehen selbst verankerten eschatologischen Doppelbeschluss beendet Goethe ahnungsvoll seinen ersten Teil im Faust: Ist gerichtet – ist gerettet!

1.9 Mit Nietzsche

Wo alles bei Gott sich durch Liebe beweist, scheint es unzeitgemäß, den Hass gegen alles Lieblose, Böse, Lebensgefährdende und Lebensverkleinernde, gegen alles Leidschaffende aufzurufen, einen Zorn, der unbeschwichtigt andauert durch die Epochen der Geschichte hindurch und sich an ihrem Ende als endgültiges Gericht entladen wird. Doch Unzeitgemäßes schlägt schnell um zum Zeitgemäßesten für gerade diese Zeit und „hoffentlich zu Gunsten einer kommenden Zeit", um eine Formulierung aus dem Vorwort Nietzsches zu seinen unzeitgemäßen Betrachtungen zu bemühen,[201] und ganz gegen Nietzsche darf ich dieses „hoffentlich zu Gunsten einer kommenden Zeit" hier im eschatologischen Sinn verstehen: also nicht nur für die diesseitige Geschichte, sondern auch darüber hinaus. Ich spreche nicht dem „lähmenden Glauben an eine bereits abwelkende Menschheit" das Wort, die insofern das Missverständnis der christlich-theologischen Vorstellung vom nahen Weltenende wäre.[202] Denn erstens soll der eschatologische Ausgriff auf die „letzten Dinge" nicht die uns zunächst ersten Dinge dieses Lebens verkleinern; und zweitens ist dabei ja gerade nicht beabsichtigt, dass die Menschen ihre eigene Geschichte zugrunde richten, sondern dass es Gottes Sohn selbst ist, der das Gericht und damit ein *nicht* zugrunde „richtendes" Gericht bringen wird. Durchaus sei in diesem Zusammenhang an das diesbezügliche Memento mori erinnert, allerdings in seiner konstruktiv-dynamisierenden Qualität und Potenz für das unverkleinerte Memento vivere.[203]

Dann gilt nicht Nietzsches Verdikt: „Eine Religion, die von allen Stunden eines Menschenlebens die Letzte für die Wichtigste hält, die einen Schluss des Erdenlebens überhaupt voraussagt und alle Lebenden verurteilt, im fünften Akte der Tragödie zu leben, regt gewiss die tiefsten und edelsten Kräfte auf, aber sie ist feindlich gegen alles Neu-Anpflanzen, Kühn-Versuchen,

Frei-Begehren; sie widerstrebt jedem Fluge ins Unbekannte, weil sie dort nicht liebt, nicht hofft."[204] Denn die Erinnerung des künftigen Gerichts wird gerade alles Edle, Tiefste, Kühne, Neue, Unbekannte mobilisieren, was dem Werden des Lebens dient, nämlich dass es allen zugutekommt. Wer sich Gottes Gericht der Geschichte aussetzt, kann der Geschichte gerade nicht den Rücken kehren, kann sich von ihr aber auch nicht den Rücken krümmen lassen, als gäbe es keine Hoffnung, weil die Geschichte fatalistisch zu lesen sei, sei es aus religiösen neuapokalyptischen Gründen, sei es, weil man sie objektiviert, historisiert und ihre Vorgänge zum Gesetz erhebt, nach dem Motto: „Alles objectiv nehmen, über nichts zürnen, nichts lieben, alles begreifen, wie macht das sanft und schmiegsam."[205]

Vielmehr suchen wir nach einer Triebquelle, die die blinde Macht der Fakten, die Tyrannei des Wirklichen empört und Neues dagegen setzt. Auf dem Weg vom „So ist es" zum „So soll es sein!" kämpfen wir dann in der Geschichte gegen die Geschichte.[206] Nicht als Idee stehen die letzten Dinge vor Augen, sondern als Dynamik, als interaktives Unternehmen mit der Zukunft, ganz im Sinne einer Zukunftswerkstatt, deren Ziel es bekanntlich ist, mit der Zukunft ein Gespräch aufzunehmen, um daraus für die Gegenwart Motivationen und Wegweisungen zu gewinnen.

Was die christliche Gerichtsvorstellung anstrebt, finde ich deshalb geradezu entfaltet in der *kritischen* Geschichtsbetrachtung, die Nietzsche anrät als eine, die „wiederum im Dienste des Lebens" steht. Der Mensch muss dazu „die Kraft haben und von Zeit zu Zeit anwenden, eine Vergangenheit zu zerbrechen und aufzulösen, um leben zu können: dies erreicht er dadurch, dass er sie vor Gericht zieht, peinlich inquiriert und endlich verurteilt; jede Vergangenheit ist es werth, verurteilt zu werden, – denn so steht es nun einmal mit den menschlichen Dingen: immer ist in ihnen menschliche Gewalt und Schwäche mächtig gewesen."[207] Dabei geht es nicht um ein Vergessen, sondern um eine Vernichtung des Vergessens durch Verurteilung: „dann soll es eben gerade klar werden, wie ungerecht die Existenz irgendeines Dinges, eines Privilegiums, einer Kaste, einer Dynastie zum Beispiel, ist, wie sehr dieses Ding den Untergang verdient".[208]

Auch dieser Gedanke, nun übertragen auf das eschatologische Gericht, korrigiert Nietzsches Missverständnis des christlichen Gerichtsgedankens: Gott selbst wird die Geschichte nicht vergessen, er wird verurteilen, was den Untergang längst verdient hat oder hätte, und dann spätestens und endgültig wird es auch untergehen. Auch diesbezüglich ist auszurufen: Fiat veritas – resurget vita (Wahrheit geschieht – Leben steht auf).[209] Mit absolut zutreffender Urteilskraft wird der Richter richten, also nicht als kalter dämonischer Fanatiker, sondern als Richter mit dem unbedingten Willen zu der nicht arithmetisch erfassbaren Wahrheit einer dem Leben dienenden Gerechtigkeit.[210] Er verfällt sicher nicht der trivialisierenden und banalisierenden Tendenz, „wenn das Vergangene überhaupt ohne harte Akzente und ohne den Ausdruck des Hasses erzählt wird."[211] Derartige Toleranz, die zum Richten zu kraftlos und zu „lieb" ist, wird es nicht geben.[212] Dementsprechend sind die Gerichtsbilder auch nicht zu ästhetisieren und metaphorisch aufzulösen, dem weichlichen Genuss verfügbar gemacht, wodurch das Mächtige und Wuchtige des Vorgangs verlorengeht, in einem Mangel an Pathos und in einer Verflachung der Motive.[213] „Dann wird Alles hervorgesucht, was überhaupt nicht aufregt, und das trockenste Wort ist gerade recht."[214]

Nur wenn Mt 25,31–46 tatsächlich in der Verkündigung der Kirche eingeholt wird, gewinnt auch das diesseitige „Leben für alle"[215] end-gültige Bedeutung. Damit wird nicht das Geheimnis des Eschatons, das Unverständliche durch etwas Verständliches ersetzt. Es bleibt Geheimnis, insbesondere in seiner letzten nicht fassbaren Entdualisierung, in der Versöhnung aller. Derart wird die höchste Kraft der Zukunft das Vergangene richten.[216] Denn nur wer die Zukunft baut, hat das Recht, die Vergangenheit zu richten: Was Nietzsche hier diesseitig postuliert, ist eschatologisch gegeben.[217] Aus dem künftigen Geschehen kann so *a futuri posteriori* eine neue gegenwärtige Geschichte entstehen.[218]

2. Nicht ohne Anklage

Es geht nicht nur darum, dass Gott in den Menschen einen Anhalt zur Läuterung findet, sondern auch darum, dass der Mensch in Gott selbst einen Anhalt dafür findet, dass er ihm in alle Ewigkeit vertrauen und sich anheimgeben kann.[219] Wobei beides vom Erlösungswerk Christi ermöglicht ist. Ersteres durch die Sühne Christ am Kreuz und die Rechtfertigung der sündigen Menschen, Letzteres durch die Menschwerdung selbst. Denn hier würde es nicht genügen, wenn Gott uns sagte, dass er uns schon immer geliebt hat, allerdings aus der Ferne des Himmels, sozusagen mit Fernbedienung. Nur dadurch wird Gott vertrauenswürdig, dass er auf Christus, den Sohn zeigen kann, der die ganze Menschheitsgeschichte mit ihrem

Leid und mit ihrer Schuld in seinen Kreuzesleib aufnimmt und derart die Anklage der Menschen gegen Gott anführt. Ohne das Kreuz ist Gott verloren! Denn vom Kreuz her ist es so, als würde uns, während wir noch am Schimpfen sind, jemand den Arm um die Schulter legen, mit uns klagen und tröstend auf uns einsprechen, und nicht mehr von uns weichen.

2.1 Gericht gegen Gott

Dass es Leiden und dass es Opfer in der Geschichte gibt, ist nicht nur eine Funktion der Täterinnen und Täter, sondern beruht überhaupt auf der kontaminierten Verfasstheit der Welt, nicht nur in dem von der Gewalt und der Grausamkeit verursachten Leid, sondern in all dem Schmerz, für den keine Menschen verantwortlich zu machen sind: für Katastrophen, Krankheit und Tod. Spätestens dafür, aber auch schon dafür, dass es überhaupt Sünde und Tod in der Welt gibt, ist Gott selbst zur Verantwortung zu ziehen, in Klage und Anklage. Christlicher Glaube besteht nun darin, dass im Eschaton zum Vorschein kommt, dass unsere Klage eine „erhörte Klage" sein wird.[220] Doch dafür muss diese Klage der durch Leiden und Sünde gebrochenen Menschen auch in das Jüngste Gericht hineingetragen werden: mit der großen Hoffnung, dass sich Gott dann tatsächlich auch selbst nicht unterhalb des Niveaus seines Mitleidens und Mittragens mit dem Leiden der Menschen rechtfertigen kann. So wird das eschatologische Geschehen zur endgültigen Offenbarung der geschichtlichen Solidarität Gottes mit dem Menschen. Erst als solchem kann ihm eine mögliche „Antwort" abgenommen werden.[221] Man darf sich gegen Gott empören. Er gibt oft den Empörern und auch Empörerinnen Recht, wie bereits den Töchtern Zelofhads (Num 27,1–11).[222]

Die unerschöpfliche Versöhnungskraft Gottes wäre also nicht zu Ende gedacht, würde sie nicht auch die Offensive der Menschen gegen Gott beinhalten. Letztlich ist Gott selbst dafür verantwortlich, dass nicht alle ein gutes Leben haben. In der christlichen Botschaft wird Gott die Allmacht zugesprochen, und sie wird auch nicht angesichts des Dilemmas abgesprochen:[223] Wenn Gott allmächtig und gut ist, könnte er das Böse und das Leid verhindern; da er es aber nicht tut, ist er entweder nicht allmächtig oder nicht gut. Im letzten Fall will er das Leid nicht verhindern und entpuppt sich dann als Satan, der allmächtig ist und als solcher alles geschaffen hat und ganz mit Absicht das Böse und das Leid mit hineingeschaffen hat, so dass alle Schöpfungen katastrophal zugrunde gehen und dieses Zugrundegehen zugleich auch ihr Schöpfungsziel ist. Will man daran festhalten, dass der allmächtige Gott zugleich ein guter Gott ist, dann muss es einen Grund, und zwar einen guten Grund für das Böse und das Leid geben. Aber kann es das geben?

In der Theologie hat man diesen guten Grund in der Freiheit der Menschen gefunden. Es muss kräftige Alternativen geben, zwischen denen sich Menschen entscheiden können, damit sie frei sind. Allerdings steht diese Freiheit unter dem Zwang, richtig zu entscheiden. Denn wer sich gegen das Gute und damit gegen den guten Gott entscheidet, fällt in die allerletzte Kombination von Bösem und Leid in die Hölle zurück. Für die Bösen also ist Gott der vernichtende, der katastrophale Gott. So bindet man den richtigen Gebrauch der Freiheit an einen ganz bestimmten Gehorsam, der die Freiheit reduziert. Mit der hintergründigen Drohung, dass die Ungehorsamen, also die Ungläubigen überhaupt, vom Heil Gottes wenig gestreift werden.

Es gibt darüber hinaus eine größere Freiheit der Liebe Gottes *in* der „visio dei", die für uns unvorstellbar ist, die wir aber ansatzhaft andenken und erhoffen dürfen. Jedenfalls mit dem Ergebnis, dass man die uns überlassene Freiheitsgeschichte eigentlich nicht mit der Freiheit begründen kann, sondern nur mit den darin „geschenkten" Problemen des Leidens und des Bösen. Denn in Gott gibt es eine viel größere Freiheit, nämlich in der Liebe, und es bleibt die Frage, warum er uns nicht von vorneherein diese Freiheit geschenkt hat – aus Gründen der *Freiheit* jedenfalls nicht! Man kann also eher sagen, Gott belastet die Schöpfung mit Ambivalenz und Risiko mittels einer begrenzten Freiheit.[224] So wird in der Klage die entsprechende Selbstkorrektur Gottes mit Recht eingefordert.[225]

Es gehört zur Anklage Gottes, ihm die Wahlfreiheit, nämlich die einen zu erwählen und die anderen nicht, die einen mit einem hellen, die anderen mit einem dunklen Leben zu versehen, streitig zu machen. Diese Wahlfreiheit erkenne ich nicht als Moment seiner Souveränität an, sondern rufe hier zur Selbstkorrektur dieses Gottes auf![226] Diese Anklage oder Infragestellung der Wahlfreiheit Gottes minimiert nicht sein Gottsein, sondern reißt es auf in die Unerschöpflichkeit einer Liebe, die nicht mehr auf diesen Dualismus angewiesen ist.[227] Es ist also nicht nötig, die Höllenstrafe deswegen aufrechtzuerhalten, um die Rechtfertigung Gottes zu sichern, nämlich dass er siegreich recht gehabt haben wird.[228] Gott will nicht rechthaben, sondern retten.

Das Freiheitsargument ist also viel zu dünn, als dass es ernsthaft zur Verteidigung Gottes aufgerufen werden könnte. Wenn es stimmen sollte, dann müsste man annehmen, dass der Himmel, wo es diese Alternative von Gut und Böse nicht mehr gibt, ein Ort der Unfreiheit wäre. Und wenn es im Himmel eine neue Freiheit eigener Art geben wird, warum hat Gott dann diesen Himmel nicht von vornherein geschaffen, in einer Schöpfung ohne Leid, ohne das Böse und ohne den Tod? Außerdem: Im Erlebensfall des Leidens reicht das Freiheitsargument nicht aus zu sagen: Ach, Gott lässt dies alles zu, weil ihm die Freiheit des Menschen wichtig ist. Das soll man einmal einem Menschen sagen, der akut gefoltert wird. Der Erklärungswert der Freiheit ist weit unterhalb des Niveaus dessen, was dieses Freiheitsexperiment Gottes mit den Menschen diese (und im Christentum auch Gott) kostet.

2.2 Keine Entschuldigungen

Überhaupt ist es schon für sich ein Problem, wenn die Menschen sich einbilden, Gott verteidigen zu müssen. In der biblischen Klage wird Gott nicht entschuldigt, sondern beschuldigt. Gott gegenüber steht vielmehr die Doxologie an, die Anerkennung als Gott, als Geheimnis über die Welt hinaus, selbst wenn es jene anklagende Doxologie ist, die Gott auch noch einmal in der Anklage durch den leidenden und auch den schuldigen Menschen Gott sein lässt, ihn größer sein lässt als das eigene Elend und die eigene Schuld,[229] und die ihn als solchen Größeren beansprucht und zur Rechtfertigung zieht.

Die Bibel kennt kaum unwidersprochene Kausalerklärungen für dieses Dilemma: Zwar gibt es die Vorstellung, dass erlittenes Leid mit vergangener Schuld (eigener oder der der Vorfahren) zu tun hat; aber diese Vorstellungen werden auch immer wieder aufgelöst und widerlegt, so dass man daraus keine generelle Einsicht machen kann. In der Bibel begegnet uns vielmehr das Bild des leidenden Gerechten, also gerade des Menschen, bei dem es in jeder Hinsicht unergründlich und unerklärbar ist, warum er leiden muss. Und dann bleibt nichts anderes, als Gott die Frage entgegenzuschleudern und die Anklage, dass er, der in seiner Allmacht für alles verantwortlich ist, Menschen so im Stich lässt, *und*, was das Übel anbelangt, selbst in Versuchung führt.

Das „Vaterunser" benennt diese allumfassende Verantwortung Gottes in seiner letzten Bitte: „Und führe uns nicht in Versuchung, sondern erlöse uns von dem Übel bzw. Bösen." Hier macht sich Gott verwechselbar mit dem Satan, der ebenfalls in Versuchung führt. Beide „Figuren" oszillieren.[230] Zwar verkündet Jesus in den Evangelien dominant den Gott der Liebe, zwar liegt Paulus viel an einer Gottesbeziehung, die zur Freiheit beruft, so dass insgesamt Gott als der geglaubt werden darf, der vom Bösen und vom Tod errettet und Freiheit und Liebe schenkt. Doch bleibt immer noch jener Rest durchaus benannt, dass von Gott auch die andere Seite zu gewärtigen ist. Es scheint mir von den Erfahrungen der Menschen her, die diese Seite „auszubaden" haben, theologisch angemessen, diese Seite auch im theologischen Diskurs aus ihrer Latenz ins Bewusstsein zu heben.

Gott schließt das Übel mit ein. Nur so ist die Universalität Gottes zu denken. Gott sieht nicht vom Übel weg, bezieht sich auf es – in diesem Sinn kann es nicht aus Gott herausfallen. Es ist gleichzeitig das Anliegen, nichts in Gott dualistisch (in dem Sinne, dass sich die beiden Pole Gut und Bös zueinander in „ewiger" Gleichmächtigkeit verhalten) oder ganz satanisch werden zu lassen.

Die Frage bleibt: Will und kann Gott von allem Übel erlösen? Allumfassend? Gott Vater muss es gewollt haben: das Böse und das Übel. Wenn die Menschen in ihren Projektionen so denken, dass er es nicht gewollt hat, sondern dass die Menschen an allem schuld sind, dann wird Gott verteidigt, indem die Sündenbockstrategie auf das Gottesverhalten verschoben und übertragen wird. Der Satan bzw. die Menschen, die ihm gehorchen, werden als Sündenbock in die Wüste, resp. in die Hölle getrieben, auf Nimmerwiedersehen. Als wären sie allein an allem Negativen schuld.

Die Bibel hat in vielen Passagen eine Ahnung davon, dass das so nicht geht: Gott selbst ist es, der in Not stürzt, der vernichtet und vernichten lässt, der in den Staub des Todes legt, der in Versuchung führt. So einfach ist es mit Gott nicht, dass er in ein Schwarz-Weiß- oder Rein-Unrein-Denken einteilbar wäre. Anstatt Gott einen solchen Unschuldswahn zu unterstellen, sollte – wenn schon Projektion – eine differenzierte Projektion stattfinden, die der ganzen Ambivalenz menschlicher Wirklichkeit, vor allem der je eigenen tatsächlichen Unschuld hinsichtlich immenser Leiderfahrung gerecht wird.

Das Böse geschieht durch die Menschen, aber dass es geschieht, ist ein Fatum, das von Gott über sie verhängt wurde.[231] Und dieses Fatum ist eine Macht. Zu dem bereits Schlimmen, das sich Menschen ohnehin schon trotz gesetzlicher Sanktionen antun, kommt hinzu, was geschieht, wenn die dünnen Zivilisationsdecken durch die kollektiv ausgerufene Lizenz zum Foltern und zum Töten zerreißen. Ist es erlaubt, dann explodiert unvorstellbare Grausamkeit, so viel an Bestialität, wie es selbst mit der Vernichtungsabsicht als solcher nicht mehr erklärbar ist: Nicht nur Töten, sondern Quälen, und zwar über jede Vernichtungsfunktion hinaus, wird zur barbarischen Lust. Dieser Überschuss an Bösem, der selbst noch einmal die abgrundtief böse Vernichtungsrationalität überbietet, ist in keiner Weise mehr rational erklärbar, sondern konstituiert das Grauen als das absolut negative Geheimnis des Menschen, aber auch Gottes. Da steckt noch etwas dahinter, was unerklärlich bleibt. Dieser Rest ist gerade die Fürchterlichkeit, vor der Denken und Sprechen kapitulieren, es sei denn um den Preis verharmlosender Verkürzung und restloser Therapeutisierung der Täter[232] (und Gottes). Das Böse ist so abgrundtief, dass es tatsächlich so etwas wie eine symbolische Substanz für seine „Benennbarkeit" benötigt. Das Böse gehört also nicht nur zum Drama menschlicher Freiheit,[233] als könne der Mensch immer souverän entscheiden, ob er böse sein will, sondern entwickelt in Strukturen und in der Seele eine Übermacht, der die Menschen schrecklich oft „unterliegen".[234]

Im Mittelalter gab es die Heiligenbeschimpfung an ihren Bildern und Plastiken, wenn sie nicht die Wünsche der Betenden erfüllt haben. Die darin aufbrechende Wut der enttäuschten Menschen kann nicht verdrängt werden, auch im Glauben nicht. Gott gegenüber ist die Gottesbeschimpfung eine Form der Doxologie, der letzten Anerkennung seiner Verantwortung, indem Gott wenigstens noch ernst genommen wird in seinem kontrafaktisch erlebten Anspruch, gut und Liebe zu sein. Darin liegt auch die Verweigerung, sich von einer besseren jenseitigen Zukunft im Diesseits vertrösten zu lassen, sollte das Jetzt-Ereignis nichts zählen.

Gott ist an allem schuld, in der Hinsicht, dass er für alles die Bedingung der Möglichkeit geschaffen hat. Es hilft überhaupt nichts, Gott entschuldigen zu wollen, und wir, die Geschöpfe, können dies schon gar nicht, vor allem auch deswegen, weil wir die Opfer dieser Bedingungen sind. Wer Gott entschuldigen will, stellt sich über ihn, nimmt ihn nicht ernst, nimmt ihn nicht ernst als den Gott, zu dessen Begriff es gehört, beides zu sein, gut und allmächtig. Wer Gott beschuldigt, stellt sich nicht über ihn, sondern kann nicht anders denn sich als Geschöpf zu beklagen. Der theologische Unschuldswahn, der durchaus nicht in allen Anteilen der Religionen gang und gäbe ist, wird weder der Ambivalenz der Schöpfung noch einem Gott, dem diese Schöpfung zugeschrieben wird, gerecht.

Es geht um das klassische Theodizee-Problem, aber nicht so, als gäbe es dafür eine Problemlösung. Überhaupt sei dieser Begriff gemieden, weil von einer Rechtfertigung Gottes angesichts des Bösen und des Leides nicht die Rede sein kann. Das akute Gegenteil steht an, nämlich die Entrechtfertigung Gottes, wenn man so will, eine Art negativer Theodizee. Das ist kein Teilproblem der Theologie, das behandelt und mit mehr oder weniger elaborierten Antworten erledigt werden kann. In diesem Sinn ist es kein „kategoriales" Thema, sondern eines, das alle Dimensionen des Gottesglaubens durchkreuzt, fast alles aushebelt und in Frage stellt. Die ganze Theologie kommt in die Melancholie. Nach Hippokrates versteht man darunter den Saft der schwarzen Galle, die sich mit dem Blut vermischt. So ergießt sich die Erfahrung des Leides und des Bösen nicht nur in die Adern des Lebens, sondern auch in die Adern der Gottesbeziehung.

2.3 Recht auf Überleben

Biblische Texte gehen davon aus, dass dieses Leben in der Beziehung zu Gott selbst Fragen offen lässt, die im Gericht geklärt werden müssen. Insbesondere die Fragen der leidenden Menschen, die in den Klagepsalmen beten: Warum hast du uns verlassen? Man kann zwar das Böse und das Leid als einen Aspekt der Unergründlichkeit Gottes anschauen, doch kann man nicht mit dieser Unergründlichkeit das Böse und das Leid begründen. Es bleibt zumindest ein ganz dunkles Geheimnis und absolut nicht nachvollziehbar für die Menschen.

In so mancher Erzählung von Heiligen und in vielen Geschichten von Christen und Christinnen kommt immer wieder die Vorstellung durch, wie sie der große Theologe Romano Guardini kurz vor seinem Tod gesagt haben soll: „Bevor Gott an mich Fragen stellt, will ich meine Fragen an ihn stellen." In der Tat, bevor es eine neue Welt geben kann, muss das Verhältnis zwischen Mensch und Gott geklärt sein. Warum hat es diese alte Welt gegeben? Warum hat er sie so geschaffen und so zugelassen? Warum mit so viel Grausamkeit und mit so viel Leid? Die klagenden und anklagenden Fragen sind ja bis zum Tod nicht beantwortet worden. Und so werden sie hineinragen in die richterliche Begegnung mit Gott. Die Frage Jesu am Kreuz: „Warum hast du mich verlassen und bis in den Tod hineingegeben?", diese Frage überlebt den Tod, wenn denn die Opfer ihren Tod überleben dürfen. Gott, wenn er denn ein Gott ist, den die Schöpfung etwas angeht, ist uns die Auferstehung schuldig! Christine Lavant hat dies eindrücklich eingeklagt: „… du bist mir das Auferstehen schuldig":[235] damit die unerhörten Klagen genauso gehört werden können wie der Dank für alles, was gut und wunderschön war, und damit Gott die eingeklagten und ersehnten Antworten geben und endlich mit der vollkommenen Schöpfung selbst antworten kann.

Von daher versteht man die Darstellung der Auferstehung der Toten an der Nürnberger Lorenzkirche, wo sich der Teufel auf den Grabstein kniet, um die Toten nicht herauszulassen. Denn gibt es eine Auferstehung der Toten, dann hat der Schöpfer noch etwas mit den Menschen vor, sowohl mit ihrer Vergangenheit wie auch mit ihrer Zukunft. Nur wer ewig tot bleibt, kann nicht als Auferstandener oder als Auferstandene in das Gericht hineingenommen und in dessen Dramatik verurteilt, versöhnt und gerettet werden.

Der Schrei der Ermordeten verbindet sich unbedingt mit ihrem Lebendigsein über den Tod hinaus.[236] „Die im Himmel lebendigen Märtyrer *schreien mit lauter Stimme*. … Es ist das Schreien aller Ermordeten in der Geschichte, der verzweifelte und drängende Schrei des Gebets der Ausgeschlossenen, wie er in den Psalmen häufig begegnet"[237] – und wie diesen Schrei Christus selbst im Gericht anführt. Ich stimme Joachim Valentin zu, dass der Schrei Jesu am Kreuz innerhalb der Trinitätstheologie gerade der Erweis einer ganz bestimmten Gottessohnschaft Jesu ist, und zwar gerade jener, in der auch das Scheitern des Gottesverhältnisses in die trinitarische Beziehung aufgenommen wird.[238] Gott selbst ist davon affiziert.

Die Menschen werden klagen und anklagen. Die Opfer, weil ihr Leben zerstört wurde, die Täter aber auch: warum Gott nicht verhindert hat, dass sie so waren und wurden, warum das Böse so mächtig über sie sein konnte. Nicht die Schuld der Täter soll verkleinert werden. Sie bleiben für das Schlimme verantwortlich. Aber dass es überhaupt eine Welt gibt, in der Menschen böse sein *können*, für diese Bedingung der Möglichkeit des Bösen sind nicht die Täter zur Verantwortung zu ziehen, sondern Gott selbst, der es zugelassen hat, dass ihm diese Schöpfung derartig aus den Händen geglitten ist. Die Bibel spricht immer wieder davon, dass Gott für beides verantwortlich ist, für das Gute und letztlich auch für das Böse, insofern er ihm in dieser Welt Raum gegeben und es nicht verhindert hat. Deswegen klagt Hiob, und Gott bestätigt ihn im Recht seiner Klage.

Es geht also nicht nur um die Ambivalenz des Menschen, sondern auch um die negative Dialektik in Gottes Handeln und in der Beziehung zu Gott, um die Ambivalenz der Gottesbilder, der Gottesbegegnung und -erfahrung selbst. Und hier bleibt ein Rest, der in Gott selbst zu ertragen ist, in seiner Fremdheit, Unergründlichkeit und Verborgenheit, sowohl im Leid, wie aber auch in Solidarität und Sündigkeit. Denn das Fatale in den einschlägigen biblischen Texten ist die Tatsache, dass selbst Gottes Eingreifen nie schattenlos ist. Wenn Gott zu Gunsten der Israeliten eingreift, ist dies auf Seiten der Ägypter als gewalttätige Zerstörung erfahrbar. Diesen bleibt Gott die Rettung noch schuldig, wenn er aus Liebe sich in dem Verhau der Geschichte für jemand oder für ein Volk einsetzt und gleichzeitig einem anderen Gewalt und Unrecht antut. Am Kreuz verzichtet Gott auf Gewalt innerhalb dieser Welt. Dies ist auch unser Weg. Am Ende, so hoffen wir, wird seine Liebe zu jener Gewalt führen, die universal eine neue Erde ohne Leid und Tod entstehen lässt, in der weder Gott noch die Menschen Unrecht zufügen wollen bzw. müssen.

Wenn man schon oft nicht verhindern kann, dass die eigene Solidarisierung die von ihr nicht angezielten Nöte benachteiligt, so kann man doch durch das Bewusstsein ihrer prinzipiellen Gleichwichtigkeit verhindern, dass sie gänzlich gleichgültig werden oder dass gar die Solidarisierung mit den einen als Verschärfung des Leidens der anderen erfahren wird. Wo die Solidarisierung für die einen auf Kosten der anderen geht, erfolgt durch positive Diskriminierung der einen die negative Diskriminierung der anderen. Die kirchliche Entwicklungshilfe weiß im Kontext ihrer immer notwendig begrenzten Hilfsprogramme von dieser Problematik der positiven und negativen Diskriminierung ein permanent dissonantes Lied zu singen.

In diesem Äon kommt man nie aus dem paulinischen Dilemma, Sünder und Sünderin zu bleiben, heraus: „Denn nicht das, was ich will, führe ich aus, sondern das, was ich hasse, tue ich … Ich elender Mensch, wer wird mich aus diesem Todesleib erlösen?" (Röm 7,15.24) Denn auch die Erfahrbarkeit der Gottesbeziehung als Gnade steht unter dem Risiko der Bewährung und kann als Leistung erfahren und als Druckmittel ausgeübt werden. Gerade hier mag die Spiritualität der Rechtfertigungstheologie aufhelfen, insofern Gottesliebe nicht davon abhängig ist, ob sie diesseitig erfahren oder nicht erfahren wird. Trotzdem kann sie in den Symbolen der Kirche gefeiert werden. Ein Glaube, der sich in dieser Paradoxie befindet und darin aushält, versinkt weder in der Leistung noch in der Beliebigkeit, sondern wird zu einem Neuen, das der menschlichen Existenz in ihrer Ambiguität und Zwiespältigkeit gerecht wird. Die biblische Botschaft gibt dafür die Lizenz der Klage aus, auch der Anklage Gottes, die bis in das Jüngste Gericht reicht.

2.4 Rettung des guten Gottes

Die Bedingung der Klage und Anklage Gottes ist ja gerade, dass der Mensch noch an einen guten Gott glaubt, denn sonst könnte er ihn nicht in dieser Form, nämlich dass Gott die Not wenden möge, ins Gebet nehmen. Im Klagegebet kommt also die Beziehung zum allmächtigen Gott, der auch noch gut ist, und zum guten Gott, der auch noch allmächtig ist, in die Krise und wird darin ausgehalten. Und heute fragt man sich, warum man denn diese Spannung noch aushalten sollte, warum man nicht einen solchen Gott, möge er existieren oder nicht, lieber verabschieden müsste. Und zwar um des Menschen Willen.

Die in Psalm 22 angesprochene Frage („Mein Gott, warum hast du mich verlassen?") bleibt also schmerzhaft offen und kann durch keine Erklärungsmätzchen in ihrer Radikalität eingeschränkt oder gar banalisiert werden. Lässt man sich überhaupt auf keine religiöse Hoffnung ein, dann ist diese Frage gar keine Frage, weil es keinen Adressaten gibt. Das Abwürgen der Warum-Frage durch scheintheologische Erklärungsversuche erscheint mir nicht viel besser als das atheistische Abwürgen dieser Frage. Wird hier die Evolution entschuldigt, so soll dort Gott entschuldigt werden. Beides wird dem, was Menschen erleiden und was Menschen an Solidarität bis zum Äußersten aufbringen, nicht gerecht.

Ein Teil der Religionen reagiert auf diese Problematik derart, dass sie das Problem über das Ende der Welt hinaus verlängern, nämlich in die Spaltung zwischen Himmel und Hölle. Dadurch wird Gottes angebliches Freiheitsprojekt mit der Vernichtung beziehungsweise mit dem ewigen Leid und der ewigen Bosheit eines je nach Religion größeren oder kleineren Teils der Menschheit verbunden. Für diese Menschengruppe wird Gott zum Satan. Wo allerdings in einer Religion die inhaltliche Abgrenzung gegenüber anderen Religionen gerade darin liegt, dass das Heil gegenüber allen, auch den ganz anderen Menschen und Religionen im Sinne der Unendlichkeitsdimension der Gottesvorstellung (einschließlich seiner Prädikate) zu entgrenzen ist, ist das Leid und das Böse mit dem „guten" Gott auszuhandeln. Genau dies ist die biblische Spur. Wo das Böse aus Gott exkludiert wird, muss es auch zwischenmenschlich sortiert und exkludiert werden. Wo Gott sauber gehalten wird, muss auch die eigene Religion reingehalten werden[239] – mit immer wieder ebenso von solchem Glauben legitimierten wie destruktiven Folgen für die Nichtdazugehörigen.

Die an gegenwärtigen Humanitätsstandards orientierte Prämisse dürfte indes sein, dass religiöse Offenbarungstexte keine menschliche Gewalt motivieren, legitimieren und verschärfen dürfen. Das Kriterium der Menschlichkeit, wie es im besten Selbstbewusstsein menschlicher Gesellschaften mit und ohne Aufklärung vorhanden ist, ist als jener theologische Ort anzusehen, an dem sich die Offenbarung zu bewähren hat. Das Kriterium der Menschenwürde bleibt also ein „Zeichen der Zeit", in dessen kritischem Horizont die christliche Botschaft und darin besonders die Bibel Autorität gewinnt oder aber an Bedeutung verliert.[240]

2.5 „Sühne" Gottes

Was wird der so angefragte Gott antworten? Wie wird er diese Welt und sich rechtfertigen? Jedenfalls kann er uns nicht mit einer Sinnantwort kommen, dass alles einen notwendigen Sinn gehabt habe. Was soll das nur für ein Sinn sein, dem so viel an Leid zu opfern war? Was soll das für eine Notwendigkeit sein, die die Not nicht gewendet hat? Nein, mit einer solchen Sinnantwort, mit der er selbst „aus dem Schneider" wäre und auch relativ unbeteiligt sein könnte (weil ja alles seinen Sinn hatte), kann er bei den leidenden Menschen keine Glaubwürdigkeit erringen. Es muss eine Antwort sein, die nicht unterhalb des Niveaus dessen ist, was in der Geschichte erlitten wurde.

Eigentlich ahnen wir in unserem Glauben schon, wie er antworten wird: Er wird auf seinen Sohn, auf Jesus von Nazaret deuten und sagen: „Ich war alle Stunden des Leidens bei euch." Gott hat sich nicht herausgehalten, sondern hat im menschgewordenen Gottessohn das Leiden der Menschen an sich herangelassen, auch das Leiden eines Menschen, der sich um der Barmherzigkeit und Gerechtigkeit willen der Gewalt der Menschen ausliefert, bis zum Folterschmerz und bis zum Tod am Kreuz. Und Gott wird im Gericht offenbaren, dass er nicht nur in Jesus das Leiden der Menschen erfahren hat, sondern dass er, wie Paulus in Röm 8,26 sagt, im Geist des Auferstandenen alle Leiden der Menschen mitgelitten hat. Angesichts des an Intensität und Tiefe unendlichen Leidens in der Geschichte kann es wohl nur ein allmächtiger Gott sein, der eine derart allumfassende Compassion (Mitleiden) aufzubringen vermochte.

Dies wird er uns noch vor jeder „Sinnantwort" offenbaren: dass er sich nicht herausgehalten hat, dass er nicht von außen zugeschaut hat, sondern dass er selbst in dem gleichen Maße das Leid der Menschen erlebt hat, wie diese es erlebt haben. Nur dadurch können die Opfer ihn als durch und durch glaubwürdig erfahren und ihn als den annehmen, der das Gericht gegen die Täter führen wird: nämlich nicht nur als der Anwalt der Opfer, sondern als durch und durch Mitbetroffener. An seiner Antwort wird bereits zu erfahren sein, dass Leid nur mit dem „aufgewogen" werden kann, was es selber ist, auch auf der Seite des Schöpfers und hier mit seinem substanziellen Mitleiden. Unterhalb dieses Niveaus kann es keine befriedigende Antwort Gottes auf die Klagen der Opfer geben.

Von daher ist der Tod Jesu Christi nicht nur als Gottes Sühne für die Menschen zu verstehen, sondern als Sühne Gottes selbst für diese Schöpfung, weil es in ihr so viel Böses und so viel Leid gibt, und weil er letztlich für alles verantwortlich ist.[241] In Christus macht er sich selbst zur Sünde (2 Kor 5,21), zum Schuldigen, zum Mittäter. So wird Gott am Ende auf seinen Sohn zeigen, wie damals in der Taufe Jesu im Jordan, und sagen: Dies ist mein geliebter Sohn, in dem ich mein eigenes Sühneleiden im Leiden der Menschen offenbare.

Aber: Gott geht weder in seinem Mitleiden noch in seinem Sühneleiden auf. Er steht auch dem Leid und dazu dem Bösen in Allmacht gegenüber! Sonst gäbe es weder eine Hoffnung auf das Gericht noch auf den Himmel.[242]

2.6 Verbrennungen

Selten hat mich ein Film so mitgenommen wie Denis Villeneuves Verfilmung von Wajdi Mouawads Theaterstück „Verbrennungen"[243], mit dem Filmtitel: „Die Frau die singt." Aus der vielschichtigen Geschichte möchte ich nur einen Erzählstrang genauer verfolgen. In einem christlich bewohnten Teil des Libanon bekommt die junge Frau Nawal Marwan ein Kind aus ihrer Liebesbeziehung mit ihrem muslimischen Freund, den die Brüder von Nawal vor ihren Augen erschossen haben. Nawals Großmutter kann den Ehrenmord an Nawal verhindern, sie hilft bei der Geburt und zeichnet das neugeborene Kind mit drei Einritzungen an der rechten Ferse. Sie muss Nawal das Baby wegnehmen, um es in ein Waisenhaus bringen zu lassen, damit im christlichen Dorf die „Schande" nicht sichtbar werde. Beim Abschied flüstert Nawal stellvertretend für den ermordeten Vater des

Kindes und für sich selbst in das Gesicht des Neugeborenen: „Was auch geschieht, ich werde Dich immer lieben."[244]

In den Wirren des Bürgerkriegs kommt Nawal in das Gefängnis der christlichen Milizen, nachdem sie einen ihrer Führer erschossen hatte, als Rache dafür, dass die christlichen Milizen die Insassen eines mit muslimischen Menschen besetzten Busses erschossen und verbrannt hatten. Im Gefängnis wird sie mehrmals von einem Folterspezialisten vergewaltigt. Sie bekommt Zwillinge, die im Gefängnis geboren werden. Nach dem Bürgerkrieg kann sie sich und die Zwillinge in ein neues Leben in Kanada retten. Kurz vor ihrem Tod hat sie die beiden jungen Erwachsenen Jeanne und Simon damit beauftragt, ihren Vater zu suchen und ihm zwei Briefe auszuhändigen. Sie wusste, dass er lebte, weil sie ihn im öffentlichen Schwimmbad an den Narben der rechten Ferse erkannt hatte. Auch er hatte in Kanada Zuflucht gefunden. Nawal weiß jetzt: Der Vergewaltiger ist nicht nur der Vater ihrer Zwillinge, sondern er ist auch ihr Sohn, das Kind also, dem sie ewige Liebe versprochen hat. In diesem Schock ist Nawal gestorben.

Die Zwillinge finden den Mann und übergeben ihm die beiden Briefe, die er liest. Einmal den Brief an den Vater: Es ist ein anklagender Brief mit dem Wunsch, dass die geschriebenen Worte in sein Henkerherz stoßen, wie der Stift jeden Buchstaben in das Blatt drückt.[245] Dann den Brief an den Sohn: Darin wiederholt sie ihr Versprechen vom Tag seiner Geburt: „Was auch geschieht, ich werde Dich immer lieben."[246] Hier spricht sie zum Sohn, nicht zum Henker. „Aber wo Liebe ist, kann Hass nicht sein."[247] Und sie unterschreibt diesen Brief mit: „Deine Mutter."

Nawal sichert zu, dass sie ihn als ihren Sohn immer noch und über alle Grenzen hinaus liebt. Derart zerbricht sie die Ursache der Bürgerkriege zwischen Christen und Muslimen, nämlich den Teufelskreis von Gewalt und Gegengewalt, von Zerstörung und Rache. Und sie tut das über die schlimmste Grenze hinweg, nämlich die der Folter. Die Leiblichkeit der Mutterliebe verkleinert nicht den leiblich zutiefst treffenden Schmerz der Vergewaltigung, sondern verschärft ihn *und* lässt ihn zugleich nicht das letzte Wort sein.

Eine solche Liebe ist identisch mit einer Verbrennung, die durch und durch geht. Nawal stirbt an dieser Verbrennung, als sie im Schwimmbad erkennt, wer ihr Peiniger ist. Aus diesem Schock heraus schreibt sie nicht nur den anklagenden Brief an den Vater, sondern den unendlich versöhnenden Brief an den Sohn. Und sie muss zwei getrennte Briefe schreiben, denn beides kann man nicht in einem Brief schreiben, so unermesslich gegensätzlich sind die Erinnerungen. Man kann sie nicht in einer „Synthese" zusammenbringen. Im zweiten Brief erscheint eine Liebe, die „alles" überbietet, die zugleich in ihrem Widerspruch zum ersten Brief unerträglich schmerzt, unaushaltbar bis in den Tod. Aber durch ihn hindurch bleibt diese unmögliche Liebe für die Zukunft dieser „Familie" und durch das Drama hindurch für die Zukunft derer, die sich im Bürgerkrieg töten und foltern, wirksam.

Im Gefängnis und über das Gefängnis hinaus bleibt Nawal in Erinnerung als „die Frau die singt", als ein Mensch, die sich in der Erniedrigung den Ausdruck einer anderen Wirklichkeit nicht verbieten lässt: eine scharfe Konfrontation zwischen der Erfahrung unsagbarer Erniedrigung, die jeden Gesang ersterben lässt, und den darin gleichwohl gesetzten Widerstand des Gesangs als Vergegenwärtigung einer anderen, hoffnungsvolleren Welt in der hoffnungslosen.

Das Drama ist erfunden und auch wieder nicht erfunden. Es ist zwar fiktiv, aber doch als vorgespielte Wirklichkeit, als darstellende Wirklichkeit zugleich vorstellbar, durchaus kontrafaktisch zu „normalen" gängigen Reaktionsweisen. Als solches Drama ist die Geschichte erfunden, aber dahinter stehen eigene und erzählte reale Erlebnisse des Autors aus den Bürgerkriegen, die hier „zusammengesetzt" werden. Einschließlich des Zeugnisses von Menschen, die Gewaltgrenzen überschreiten und sie durch Solidarität, Mitleid und Liebe unterlaufen. Reale Wirklichkeitssplitter werden so zu einer zusammenhängenden Geschichte komponiert. Eine Komposition, in der extrem Gutes und extrem Schlechtes zu einer eigenartigen „Coincidentia oppositorum" zusammenfallen.

Die Seltenheit des angesprochenen Zeugnisses, quer zu den blutigen Grenzen von Hass und Zerstörung in der fürchterlichen Dynamik eines Bürgerkrieges, wird im Drama zum zentralen Anlass und zu einem mächtigen Konzentrationsort, auf dem sich durch das Drama hindurch nun eine Aufmerksamkeit gegenüber Wirklichkeiten richtet, die sonst untergehen und vergessen werden.

Das Stück hat eine Botschaft, aber absolut unmoralisierend. Indem dies alles dargestellt wird, wird den Menschen gezeigt, dass Menschen dies alles tun *können*, dass sie tatsächlich dazu fähig sind: zum Schlimmsten, aber auch zum Besten! Und dass auch das Beste eine reale Möglichkeit gewinnt, dafür steht das Drama, in der Vorgabe seiner selbst, als Hoffnung, dass das im Drama zur Dominanz erhobene Seltene auch einmal dominante Wirklichkeit wird.

Eine Gottesspur?!

Wenn eine solche entgrenzende Liebe nicht nur denkbar, sondern auch im Drama spielbar ist, wenn man es also für möglich hält, dass Menschen so lieben können, um wie viel mehr dürfte man bis in die Unbegrenztheit der Unendlichkeit hinein eine solche Liebe in Gott glauben?

Wenn Menschen schon nicht daran glauben, dass den Menschen so etwas möglich ist, dann taugt auch die göttliche Überbietungskategorie nichts, weil eine solche entgrenzende Dynamik dann auch Gott nicht zugetraut wird. Es handelt sich um die Vorstellung, die Hans Urs von Balthasar einmal so ins Bild gebracht hat: Der gekreuzigte Christus geht am Karsamstag bis in den tiefsten Kreis der Hölle und überholt den schlimmsten Täter noch nach unten mit seiner von unten her umfangenden Liebe.

Der Film gibt eine zwischenmenschliche Ahnung von dem, was Menschen gegen allen Hass und gegen alle Gewalt möglich ist und darin und durch diese Ahnung hindurch auch eine Ahnung davon, wie unmöglich unbegrenzt Gottes Liebe sein mag. Wenn der christliche Glaube Gott als Liebe, als unendliche Liebe erhofft, müsste dann nicht Gottes Liebe die Menschenliebe überbieten und diese Liebe von Nawal, der Mutter, ins Unerschöpfliche Gottes selber hinein bewahrheiten? Zu einem neuen, durch den Schmerz gegangenen Glück, „zusammen zu sein", jenseits des Schweigens, jenseits des Todes?[248] Etwas nüchterner formuliert: Wenn Menschen schon eine Sehnsucht nach einem Gott haben, wenn sie schon nach Projektionen suchen, um ihm ein Profil zu geben, wenn sie schon von Offenbarungen reden, in denen er sich als lieb und barmherzig zeigt, dann sollten und dürften Erzählungen wie dieses Drama die nicht allgemeine, sondern konkrete anthropologische, (mit Karl Rahner) die transzendentale Basis für die Erahnung Gottes sein, insofern sich das Tranzendentale in einer bestimmten Geschichte spiegelt.

Eine Liebe, die die schlimmste Grenze überschreitet

Was der Autor jener Mutter zutraut, ist eine unermessliche Liebe über schärfste Grenzen hinweg, Grenzen, die ansonsten die Menschen zum Hass führen. Hier wird einem Menschen zugetraut, was viele Menschen, die an einen Gott, in welchen Religionen auch immer glauben, Gott nicht zutrauen: nämlich dass seine Liebe alle Blockaden durchbricht. Für Nawal gibt es (im Brief an den Vater) eine schmerzvolle und ungeminderte Anklage dieses Mannes, doch entlässt sie ihn (im Brief an den Sohn) nicht aus ihrer Liebe.

Dieses Drama überbietet im zwischenmenschlichen Bereich die zerstörerischen religiösen Innen-Außen-Grenzen zwischen „von Gott geliebt" und „von Gott nicht geliebt", zwischen Himmel und Hölle. Theologisch überbietet das Drama jede Art von göttlichem Liebesentzug, ohne die fürchterliche Anklage zu mindern.

Vielmehr findet sich dieser Mann, der Henker, auf einmal im Radius eines Geliebtseins, das ihn zum Schweigen bringt und ihn durch das Schweigen hindurch, so die Hoffnung des Dramas, für das auch ihn verbrennende Herz seiner Herkunft öffnet: „und da du aus Liebe geboren bist ...", wie Nawal in ihrem Brief an ihren Sohn schreibt.

Analog dazu hat Gott zu jedem Menschen bereits bei seiner Geburt gesagt: Was auch immer geschieht, ich werde dich ewig lieben! Nicht gleichgültig, aber über das hinaus, was du einmal Schlimmes sein und tun wirst. Man kann aus dieser Perspektive die Geburt jedes Menschen als den mütterlichen Akt Gottes wahrnehmen, einschließlich der von Nawal gegebenen Zusage der unendlichen mütterlichen Leben spendenden und Leben erhaltenden Liebe Gottes.

Man kann die Analogie aber nochmals wenden und auch auf den Menschen beziehen, auf die Gottesgeburt in ihm, in seinem Glauben, in der Religion, nämlich in der Doxologie, im Lobpreis Gottes, auch Gott gegenüber sagen und hoffen zu können: Ich, ein Mensch, dein Geschöpf, werde dich ewig lieben! Und ich hoffe, dass diese Ewigkeit alle Tode übersteigt, dass, wie es im Alten Testament formuliert wird, Gott selbst ein Interesse daran hat, dass wir ewig leben, um Gott ewig lieben und loben zu können (vgl. Jes 38,18–19).

Denn auch Gott werden wir zwei Briefe zurückgeben. Einen Brief mit all dem Unverständnis und dem Widerstand gegen das Elend und das Leid, das er in dieser Welt nicht verhindert hat, ja das er selber nach Auskunft der Bibel verursacht, und dann einen Brief mit dem Dank für all das Gute im Horizont der großen Hoffnung, die uns mit der Offenbarung geschenkt ist, dass einmal seine unendliche Liebe offenbar wird, die alles umfasst und alles überströmen wird.[249] So dass *wir* das Unverständliche und nicht Akzeptable nicht zum Grund dafür nehmen, Gott zu hassen, ihn abzulehnen oder ihn in unserer Erinnerung zu vernichten.

3. Ist es Liebe?

3.1 Protest gegen den Tod

Als der „stärkste Mann" der Spiele bei der Olympiade in Peking, Matthias Steiner, die Goldmedaille im Gewichtheben gewann, hielt er bei der Siegerehrung ein Foto seiner tödlich verunglückten Frau in der Hand und in die Kamera. Als er gefragt wurde, für wen er die Goldmedaille gewonnen habe, antwortete er unsentimental und schlicht: „Für meine Frau." Sie war ein Jahr vorher an den Folgen eines Verkehrsunfalls gestorben. Und er sagt dazu: „Sie ist immer bei mir. Ich denke schon, dass sie das heute irgendwie mitgekriegt hat."[250] Im Fernsehinterview bemerkte Steiner am Abend, dass er gar nicht so sehr an so etwas glaube, aber doch die Hoffnung habe, dass seine Frau irgendwie lebt, ihn begleitet und alles mitbekommt.

Es gibt nachgewiesenermaßen bei vielen Menschen, die sich als im religiösen Bereich „unmusikalisch" bezeichnen oder bezeichnen würden, doch so etwas wie den Glauben daran, dass Menschen, die man geliebt hat, mit ihrem Tod nicht einfach so verschwinden, sondern „irgendwie" noch gegenwärtig sind, bis dahin, dass man sie (zum Beispiel am Grab) ansprechen und mit ihnen reden kann. Ein Protest der Liebe gegen den Tod meldet sich hier an, ein Protest, der aber von vielen dann doch nicht weiterverfolgt wird. Die religiösen Vorstellungen, die mit den Religionen darüber hinaus gegeben sind, erscheinen vielen als zu „unmöglich" und fantastisch, als dass man sich darauf verlassen könnte.

Unter Menschen, die geliebt wurden und lieben können, denen also beider Art Liebe geschenkt ist, gibt es eine tiefe Erfahrung: nämlich dass der geliebte Mensch so geliebt wird, dass sein Dasein unbedingt ersehnt und erwünscht ist. Wer liebt, will, dass der geliebte Mensch *ist*, dass er da ist, dass er lebt, dass er vorhanden ist. Das Beste, was Menschen passieren kann, ist, dass sie von Geburt, ja von der Empfängnis an ersehnt sind und dass es ihr Sein gibt, weil sie ersehnt sind. Vielleicht hängen Sehnsucht und Sein doch mehr zusammen, als man zunächst annehmen mag. In vielen Gedichten und Erzählungen, in Prosa und Poesie, kommt beispielsweise dieses Verhältnis von Unendlichkeit und Liebe, von Liebe und Sein-haben-Wollen zum Ausdruck: „Es ist was es ist / sagt die Liebe", schreibt Erich Fried in dem Gedicht „Was es ist"[251], und bringt die brillante Einsicht auf den Punkt, dass die Liebe unbedingt das Sein der Geliebten wünscht und derart schützt, was ist.

Kann man dieses Ereignis auch über den Tod hinausdenken, auf eine Wirklichkeit jenseits des Seins? Dürfen die Menschen auch Ähnliches denken und hoffen, wenn es um das Dasein aller Menschen überhaupt und dieser Erde und des ganzen Universums geht? Was ist das Motiv, warum das alles *da* ist, warum es besteht, warum nicht nichts ist? „Ist es Liebe?" Diese Frage, die der Milchmann Tewje im bekannten Musical „Anatevka" mehrmals seiner Frau Golde stellt und die Golde nur aufgrund der Qualität ihres Zusammenlebens positiv beantworten kann, darf auch an Gott, den Schöpfer, gestellt werden.

Diese Frage richtet sich nicht nur darauf, ob es einen Gott gibt, der und die das alles erschaffen hat, sondern darauf, *warum* Gott das getan hat. Was ist sein Motiv? Will er sich ergötzen am Aufblühen und an der Zerstörung des Lebens, wie man im alten Rom die Gladiatoren gut genährt und gesund gemacht hat, damit sie sich blutig zerfleischen können? Ein solcher Gott wäre kein zusätzlicher Gewinn zum Atheismus: Denn ob ich an einen kalten Gott oder an ein kaltes Universum glaube, bleibt im Ergebnis gleich.

Und: Kann der Urgrund der Welt tatsächlich Liebe sein, wenn so viel Liebloses, so viel Zerstörung, so viel Grauen in dieser Welt erfahrbar ist? Wenn Gott, wie die Religionen sagen, Barmherzigkeit und Liebe ist, warum kann er dann einer unbarmherzigen Welt und einem kalten Universum einfach zuschauen? Auf der anderen Seite gibt es all das Gute in dieser Welt, die Liebe, die Solidarität, dass Menschen füreinander da sind, ja sogar vieles füreinander riskieren und sich hingeben können, sogar ihr Leben für andere.

Und: Wie schön ist diese Welt, die Tiere, die Pflanzen, die Farben. Wenn dahinter ein Wille ist, dann will dieser Wille die Welt prächtig haben, ganz zu schweigen von der unendlichen Schönheit des Universums, von dieser beeindruckenden Unendlichkeit und Unerschöpflichkeit. Die Schöpfung hat über das Funktionale hinaus unermessliche ästhetische Qualitäten. Dafür kann nur ein Gott Gespür haben, der ein Gespür hat. Die Ästhetik des Universums ist selber ein Aspekt, der gegen kalte Berechnung spricht. Denn Berechnung braucht keine Schönheit.

Verlasse ich mich auf diese Spuren, dann kann ein schaffender Gott nur ein guter und ein schöner Gott sein. Dann kann man gar nicht anders sagen, als dass das, was ist, aus Liebe ist. Und dann kann man auch sagen, kontrafaktisch, also auch gegen den Augenschein von Tod und Verfall, dass eine Liebe, die so das Sein will, dieses Sein – vor allem wenn es die

Liebe erwidern kann, und das geschieht stellvertretend durch die liebenden Menschen für das ganze Universum – nicht beendet haben will. Rose Ausländer formuliert diese paradoxe Hoffnung so:[252]

Gäbe es dich
Gott der Liebe
wir lebten noch heute
im Eden
Volk an Volk
du an du

Gäbe es dich nicht
o Liebesgott
wir wären nicht

nichts wäre.

Pablo Richard verdeutlicht anhand der Johannesapokalypse, dass die Hölle nicht ein ewiger Ort ewiger Qualen sei, sondern „die ewige *Vernichtung*. Es kann kein negatives *eschaton* geben. … Die Hölle ist die ewige Vernichtung."[253] Mag diese Auskunft vermittelbar sein für die atheistische Welt, weil sie nach dem Tod ohnehin nichts anderes erwartet, so gibt es schöpfungstheologisch doch ein beträchtliches Problem, denn Gott würde Menschen vernichten, die einmal aus Liebe geschaffen worden sind. Dies ist ja der Grundimpetus der Schöpfungstat Gottes. Wie kann aber eine unerschöpfliche Liebe, die immer zugleich unerschöpfliches Leben ist, den ewigen Tod von in ihrer Existenz ersehnten Menschen wollen? Auf diesem Hintergrund kann die Verewigung der Sünde in einer Hölle bzw. die Annihilation der „Gottlosen" nicht mehr ernsthaft in den Blick genommen werden.[254]

Es lässt sich beobachten: Kinder, die einen lieben Menschen verloren haben, können es nicht fassen und beginnen mit dem nunmehr Unsichtbaren zu sprechen, nehmen dessen Bild in die Hand und unterhalten sich mit ihm, gehen zum Grab und nehmen mit ihm Kontakt auf. Sie verwirklichen unmittelbar, was es heißt, dass Liebe sich nicht damit zufrieden geben kann, dass der geliebte Mensch nicht mehr lebt: Er ist zwar nicht mehr da, aber er ist woanders, von wo er hört und zuhört, Botschaften bereithält, und weiterhin liebt und geliebt werden kann.

Die Qualität der damit verbundenen Geschichten und Ereignisse reicht hinein in oder berührt zumindest die Membrane zum Jenseits und zur Ewigkeit. Es ist die Hoffnung, dass diese Liebe das Sein des Menschen im Tod nicht durchfallen lässt, sondern auffängt. Nur das Geliebte wird gerettet, und wenn die Liebe tatsächlich Gott ist, also grenzenlos und unendlich, ist alles geliebt und wird alles gerettet. Aber wie? Einfach so, als ob das Böse und das Leid nicht geschehen und erfahren wäre? Der Entzug von Liebe wäre, wenn diese Liebe mit dem unerschöpflichen Gott zu tun hat, kein göttlicher Weg, genauso wenig, wie wenn diese Liebe Lieblosigkeit übersehen würde. Die Ereignisse dürfen nicht verloren gehen. Sie kommen wieder zum Vorschein und werden in das Geliebtsein eingetragen, in den Schmerz bzw. in die Freude angesichts der je eigenen Vergangenheit. Der Unterschied liegt nicht im Geliebt- oder Nichtgeliebtsein, sondern darin, *wie unterschiedlich* diese Liebe erfahren wird.

Wer über diese radikale Ohnmacht hinausträumt, leistet sich, analog zur Droge, ein erweitertes Bewusstsein und Bilderprogramm. Der Glaube nutzt diese Fähigkeit mit der Unterstellung, die von ihm angebotenen Bilder seien eine wahrheits- und wirklichkeitshaltige Ahnung über die Todesgrenze hinaus. Solche Hoffnung hat nichts Jenseitiges im Griff, sie würde ja sonst Gott als Gott verlieren. Doch wird ein solcher Glaube im Diesseits zum Ereignis, zum Ereignis eines Geliebtseins, das keine Grenzen spürt. Es geht mir hier also nicht um eine objektivistische apokalyptische Zeitstruktur, der alles zu unterwerfen ist, mit einem zu den Lasten des Lebens noch zusätzlichen gnadenlosen Zeitdruck, sondern um den je gegenwärtig erfahrbaren oder vermissten Horizont einer grenzenlosen Liebe, wofür die Hoffnung über den Tod hinaus das wichtigste Ausdrucksereignis ist.

3.2 Liebesmotiv der Hoffnung?

Dieser Blick überholt die durchaus verständliche Verübelung des Himmels. So kann für Christoph Schlingensief der Himmel nur langweilig sein![255] Es wäre für ihn viel interessanter und spannender, in diesem Leben bleiben zu dürfen und es länger leben zu dürfen, als dass es durch die Krankheit brutal abgerissen wird. Es ist schon ein eigenartiger Tatbestand, dass wir von der Hölle eine Unmenge sinnlicher Bilder haben, vom Himmel aber fast keine Vorstellungen. Und wenn, dann sind sie mager, langweilig, lächerlich oder witzig.

Die Hoffnung über den Tod hinaus macht nur „Sinn", wenn sie sich auf eine andere, neue Welt, auf eine neue Schöpfung bezieht, in der in einer für uns unvorstellbaren Weise keine Angst mehr herrschen muss, dass geliebte Menschen Schmerzen erleiden und zugrunde gehen. Und im Horizont der unendlichen Liebe Gottes, die im Gericht erscheinen wird, gehören für alle alle Menschen zu den Geliebten. Deshalb ist es so entscheidend, dass sich die eschatologische Hoffnung nicht nur auf das individuelle Ende und auf die individuelle personale Rettung bezieht, sondern auf die gesamte Veränderung des Kosmos, der Welt und der ganzen Menschheit.[256]

Wodurch wird der Tod feindlich, ein Übel? Völlig zutreffend zitiert hier Johanna Rahner die „verblüffende Antwort" von Walter Simonis auf die Frage, warum das Sterbenmüssen zur Qual des Menschen werde: „Weil der Mensch liebt, weil er erfahren hat, was Liebe bedeutet."[257] Unabweisbar ist also „der Zusammenhang von Liebe und dem als feindlich erfahrenen Tod."[258] Dass dies selbstverständlich nicht den Umkehrschluss erlaubt, dass die Menschen, die nicht über den Tod hinaus hoffen können, nicht lieben würden oder könnten, muss hier nicht weiter verfolgt werden.

„Hier wird jenes furchtbare ‚Geheimnis' des Todes offensichtlich: dass nämlich der das Leben des Geliebten wollende, liebende Mensch doch nicht sehen kann, wie das in der Liebe ausgesprochene ‚Du wirst nicht sterben' (*Gabriel Marcel*) als solches möglich sein soll. Denn so sehr er es auch wollen mag, er selbst vermag dieses Versprechen nicht einzulösen."[259]

Das gilt auch für die vom Tod Bedrohten selbst: Als wir im Kollegium unserer Tübinger Fakultät zur Audienz bei Benedikt XVI., der an unserer Fakultät gelehrt hatte, flogen, wurde das Flugzeug über Rom von einem Blitz getroffen und es war zunächst nicht klar, ob nicht dabei die ganze Elektrik zerstört war. Die ersten Gedanken, die mir kamen, waren nicht die des eigenen Sterbens, sondern wen ich nun zurücklassen müsse, wer nun so oder so dadurch geschädigt und im Stich gelassen sein würde. Das Schlimme, wenn man stirbt, ist ja gar nicht, dass man selbst stirbt, sondern dass man dann gewaltigtig gezwungen wird, Menschen im Stich zu lassen, ihnen Schmerz und Schaden zuzufügen. Wir dürfen davon ausgehen, dass unsere Verstorbenen diesen Schmerz in ihren Wundmalen mit in die Auferstehung mitgenommen haben und dass sie dort, „verklärt" in Gott und Gottes Liebe, weiter für uns glühen, in ihrer Wegbegleitung und wahrscheinlich in vielen Momenten, wo sie uns auch jetzt und in Zukunft nicht im Stich lassen.

Für Sterbende ist der eigene Tod vor allem auch deswegen so schlimm, weil man damit so viele Menschen, die man liebt, zurücklassen muss und nicht mehr für sie sorgen kann. So mag ein beträchtlicher Trost für Sterbende sein, sagen und hören zu dürfen, dass mit dem Gestorbensein die bisherige Sorge um die Menschen, die man liebt und die für das eigene Leben wichtig sind und waren, nicht aufgegeben werden muss, sondern dass man sich in Gott weiterhin für die im Diesseits Lebenden als wirksam glauben darf. Hier zeigt sich die Auferstehung und Rettung als Hoffnung, über den Tod hinaus für die anderen, und von Gott her auch für die ganz anderen und in seiner Liebe Geliebten „da" sein zu dürfen.

Bis es die Transformation dieser Schöpfung in eine umfassende neue Schöpfung gibt, ist der „Himmel" als jene neue Schöpfung in Gott denkbar, in der es schon deswegen keine Langeweile gibt, weil gilt: „Wer mit dem Auferstandenen am Himmel teil hat, nimmt auch teil an dessen Solidarität mit den Leidenden der Geschichte. *Lumen gentium* Nr. 48 zufolge ist die Vollendung erst erreicht, wenn sich der Himmel gleichsam auf die Erde oder, besser gesagt auf den gesamten Kosmos ausgedehnt hat und die Schöpfung insgesamt einbezogen ist. Was ewiges Leben in einem verklärten Kosmos letztlich bedeuten wird, entzieht sich aber unserer Kenntnis."[260]

Auch Matthias Remenyi hat den Gedanken der Verbindung von Liebe und Sein mit Bezug auf Gabriel Marcel und Hannah Arendt unterstrichen:[261] Den Menschen lieben lässt ihn sagen: Du sollst nicht sterben; und ich will, dass du bist. Die Liebe spricht dem Tod des anderen die Existenzberechtigung ab, und erst dann und darin bezieht sie sich auf die eigene Auferstehung. Sterben und Auferstehen haben demnach zwei Dynamiken, die in den Tod hineingehen und die aus dem Tod herausführen: Sterben kann erfahren werden als radikale Öffnung für den andern, insofern darin die Selbsterhaltungs(sehn)sucht und die Öffnung für den anderen als Sterben des eigenen Lebenswillens (conatus essendi) an ihr Ende kommt. Und die Auferstehung ereignet sich zuerst für den anderen, ist zuerst für den anderen zu behaupten, und nur insofern für sich selbst, als dafür die anderen eintreten. Liebe ist die Anerkennung des Andersseins des anderen und die Hoffnung auf die Du-Erweckung. Indem andere bezüglich des eigenen Ich dieses Du sagen können, gibt es auch die Auferstehung des Ich.

Biblisch finde ich in diesem Zusammenhang den Gedanken wichtig, die Visio dei zuerst als Genitivus subjectivus zu lesen: nämlich dass es unsere Wirklichkeit ist und konstituieren wird, dass Gott mich und uns sieht.

„Die Begegnung mit der Liebe Gottes in Jesus Christus wird zum Gericht, weil sie den Menschen mit sich selber konfrontiert." Diese Erkenntnis „ist … richtende und gerichtete Selbsterkenntnis und damit auch ‚Transformation' des Menschen angesichts der liebenden Gerechtigkeit Gottes."[262]

Die Visio dei kann als ein „ewiges Jetzt" gedacht werden, in der die Zeit nicht einfach endlos weiterläuft, sondern in einer für uns unvorstellbaren Weise als lineare Zeit zum Stillstand kommt und gleichzeitig eine völlig neue, unausdenkbare[263] Zeitlichkeit konstituiert, denn Leiblichkeit ist ohne Zeitlichkeit kaum zu denken. Eben eine erfüllte Zeit, die immer noch irgendwie Zeit und nicht Stillstand, und damit von der anderen Seite her abgrundtiefe Langeweile wäre.

Es geht also darum, dass das Sein in der Zeit selbst Ewigkeitswert hat.[264] Es geht also um beides: um die Diskontinuität[265], um „das ganz andere der Auferstehung und des ewigen Lebens gegenüber der physikalischen Wirklichkeit, und andererseits (um) die Kontinuität des ewigen Lebens zur irdischen, leiblichen, materiellen, geschichtlichen Existenz."[266] In der Taufe geschieht, in performativer Antizipation, beides, die Unterbrechung der bisherigen Identität und die Neuschöpfung der Person durch Gottes Wirken.[267]

In der Dynamik der Schau Gottes, die niemals zu Ende geht und sich immer wieder neu steigert,[268] ist der Wert der Begrenzung, die für den Wert des durch den Tod begrenzten Lebens beansprucht wird, unendlich enthalten, weil jeder Augenblick zum künftigen als Begrenzung erfahren wird, die immer wieder entgrenzt wird. Im Himmel gibt es Begrenzung, jeder Augenblick hat zum anderen eine wertvolle Begrenzung, die, und das ist das Spannende, auch immer wieder entgrenzt wird in eine neue Begrenzung, die wieder entgrenzt wird. Diese Passagenhaftigkeit der neuen Schöpfung in eine immer je größere Liebe Gottes und damit auch der Menschen untereinander hinein kann niemals als Langeweile erfahren werden, insofern hiesige Spuren der Liebe ernst genommen werden.

3.3 Verweichlicht die Liebe?

Mit dem lieben Gott in der christlichen Botschaft verbindet sich allerdings ein drängender werdendes Unbehagen, das sich aus verschiedenen Beobachtungen und Provokationen heraus entwickelt. Ich erinnere an die These des Soziologen Michael Ebertz von der „Erosion der Gnadenanstalt" durch ein Aufweichen der religiösen Sanktionen, der Innen- und Außenabgrenzungen, verbunden mit einem Verlust an „Faszination der Kompromisslosigkeit",[269] insgesamt also durch eine Art von Verweichlichung des Gottesbildes.[270] Hat Gott gar nichts mit der spannenden Faszination der Gewalt zu tun, die viele von uns in entsprechenden Unterhaltungen, durchaus auf hohem Niveau, zu genießen wissen? Oder ist Gott ein weichspülender Gutgott, ebenso gütig wie zahnlos und langweilig?

Dagegen muss von der Option des Evangeliums her protestiert werden. Die Grenzziehung zwischen Täter und Opfer ist kompromisslos aufrechtzuerhalten, auch und gerade wenn das Datum der Rechtfertigungstheologie gilt, dass auch die Täter niemals aus der Gnade herausfallen. Dies geschieht aber nicht so, als ob nichts geschehen wäre. Vielmehr ereignet sich die Rechtfertigung an den Gottlosen, den Sündern und Sünderinnen, also an denen, die als Sünder und Sünderinnen deklariert und im Gericht markiert sind. Die eschatologische Dimensionierung dieses Zusammenhangs konzentriert sich in der Frage nach dem Verhältnis von letztem Gericht und letzter Versöhnung; die Letztere zu hoffen, ist uns nicht verboten. Aber niemals um den Preis des Gerichtes. Denn wenn Gott die Differenz zwischen Täter und Opfer unter dem Niveau, dass es dabei auf Leben und Tod ging und geht, behandeln und damit nicht ernstnehmen sollte, dann hätten wir auch kaum eine spezifisch theologische Rechtfertigung für radikal an den Opfern orientierte Optionen. Das Tor zu jedem faulen Kompromiss stünde weit offen.

Hier liegt eine ernst zu nehmende Irritation vor, die der Pastoral zu denken gibt: Ob sie vielleicht doch einen Trend mit unterstützt, getragen, oder gar selbst initiiert hat, der letztlich zur Banalisierung und Trivialisierung der Botschaft vom Evangelium führt, etwa nach dem vulgarisiert formulierten Motto: Wenn alle in den Himmel kommen, dann ist sowieso alles egal. Und die Täter und Opfer versöhnen sich, als ob nichts geschehen wäre? Wie unerträglich wäre diese Vorstellung!

Und: Kann Gott, wenn er so lieb ist, überhaupt mitreden mit den unlieben und gewalttätigen, mit den leidzufügenden oder mit den leiderleidenden Menschen? Hat er überhaupt etwas mit den Untiefen dieser Schöpfung zu tun? Erreicht er das Niveau menschlicher Tiefen- und Höhenerfahrungen? Die Bibel spricht hier eine andere Sprache. Sie bleibt nicht unterhalb der „Qualität" dessen, was Menschen tun und einander antun. Der menschgewordene Gottessohn steht bis zum Äußersten für diese Qualität. Und Gott, in allem verstrickt, verliert dabei die „Unschuld" platonischer Liebe.

Es handelt sich beim Himmel um die Neuschöpfung von Himmel und Erde, nicht um einen irgendwie davon abstrahierenden Himmel. Der Kern der Schöpfung, ihre Güte wird darin bis zur Vollkommenheit entfaltet, aber nicht rückwärts in die Restitution des Paradieses beziehungsweise eines guten endlichen Lebens bei gleichzeitiger Minimierung der bisherigen Schöpfungsrisiken mit Krankheit, Sünde, Heilsverlust und Tod.[271] Das Gericht selbst ist vielmehr Ausdruck der eschatologischen Lebensgabe und Liebesgabe eines schöpferischen Gottes, dessen Schöpfermacht auch und besonders die Neuschöpfung der zerstörten Leben umfasst. Dies macht deutlich, dass die Neuschöpfung abhängig ist von dem, was in der alten Schöpfung geschehen ist, jedenfalls in ihrer konkreten Durchführung, in ihrem Übergang. Dabei werden auch bisherige Opfer-Täter-Perspektiven möglicherweise konterkariert werden. Etwa in der Einsicht, dass nicht alles menschliche Sünde ist, was böse ist beziehungsweise Leid bringt, wie etwa viele Krankheiten und Naturkatastrophen. Hier ist dann eher an die Verantwortung und auch an ein biblisch durchaus begründbares „Tätersein" Gottes selbst zu denken.[272]

Es gibt kaum eine andere Passage in der Bibel, die menschliche Gerechtigkeit und Barmherzigkeit so programmatisch mit der göttlichen Gerechtigkeit des Jüngsten Gerichts verbindet, wie Mt 25,31–46. Hier werden die künftigen Gerichtsverhandlungen des kommenden Christus durch seine eigene Person mit dem Handeln der Menschen verbunden, wenn sie von Not und Ungerechtigkeit betroffenen Menschen begegnen: „Ich war krank, und du hast mich besucht." Dies ist keine metaphorische Aussage allein, sondern eine realpräsentische und fundamentale Verbindung von Christologie und Diakonie.[273]

Im Gericht spielen zunächst die nackten Tatsachen die entscheidende Rolle. Weder die Frage nach den Motiven noch die Frage nach dem Glauben scheinen hier relevant zu sein. Dass das Glaubenswissen hier wenig bedeutsam oder zumindest ambivalent erscheint, zeigt der Diskurs, den die Verurteilten in Mt 25 eröffnen: „Hätten wir gewusst …!" In ihrem eigenen Glauben haben sie es nicht gewusst. Und Andere tun diesen Dienst, ohne diesbezüglich etwas zu wissen, weder im Glauben noch außerhalb des Glaubens. Wissen allein hätte auch nichts genutzt, wenn es nicht zur Tat geführt hätte.

Völlig offen bleibt die Frage, warum Gott nicht gleich diese neue Schöpfung geschaffen hat, die Frage, ob die erste Schöpfung nur ein Experiment war, ob alle Beteiligten erst etwas dazulernen mussten? Auch Gott, nämlich wie eine bessere Schöpfung aussehen kann? Das einzige, was diesen Gottesglauben noch rechtfertigt über dieses „Rätsel" hinaus, ist jener Liebesbeweis, nämlich dass er sich aus dieser ersten Schöpfung nicht herausgehalten hat. Gott bereut selbst seine bisherige Schöpfung, sühnt für sie, trifft sich also im Gericht auch selbst.[274] Nur ein liebender, anteilnehmender und damit mitleidender Gott will helfen. Und nur ein allmächtiger Gott kann helfen. Wer sich kaltschnäuzig heraushält, will nicht helfen. Wer fähig ist zum Mitschmerz, will helfen.

3.4 Wenn-Dann-Entgrenzung

Die Bibel unterstellt Gott, er habe im Lauf der geschichtlichen Begegnung mit den Menschen gelernt (was selbstverständlich den Lernprozess der Menschen selbst widerspiegelt), dass er mit Gewalt und Postulaten nichts bei den Menschen erreichen kann und dass er in der Perspektive des leidenden Gottesknechtes bzw. des Jesus am Kreuz völlig auf jede Art von zwingender Herrschaft verzichtet, um so den Menschen etwas zu schenken, was sie zwischenmenschlich in dieser radikalen Weise nicht erfahren können, nämlich die Unbedingtheit seiner Liebe und damit die Ermöglichung, aus dieser Liebe heraus entsprechend miteinander umzugehen. Und das Problem ist zugleich: In den Bedingtheiten der Welt ist diese göttliche Unbedingtheit nie als solche erfahrbar, ist ihre Benennung eine Chiffre für beides, für ihre Negation im Jetzt unserer Zeit wie für ihr Erhofftsein im Jenseits dieser Zeit, und damit für eine abgrundtiefe Differenz. Unendliches ist als solches nie im Endlichen erfahrbar. Es gibt nur einen Weg dorthin, und das ist der Tod, dem schärfsten Ereignis der Negation von Leben und Hoffnung, soweit sie in unserer Macht waren.

Gottes Barmherzigkeit ist voraussetzungslos, aber darin nicht blind: Er sieht die Schattenseiten und spricht die Täter schuldig, schon aus Barmherzigkeit und Gerechtigkeit den Opfern gegenüber. Aber er zieht seine

Liebe nicht zurück. Die Menschen müssen vor Gott nichts vorspielen, nichts verdrängen und sich nicht in Selbstrechtfertigung stürzen. Sie müssen sich nicht wie Adam und Eva vor Gott verstecken, brauchen keine Angst vor Liebesentzug zu haben. Diese Liebe kann entsetzlich wehtun, kann schmerzlich „Leid tun", wenn man die eigenen Taten ihrer (am jüngsten Tag) unverhüllten Offenbarung aussetzt. Sie schmerzt Gott selbst in Christus angesichts des Bösen und des Leids der Menschen. Eine solche unerschöpfliche Barmherzigkeit ist keine billige Gnade, sondern kommt teuer zum Ausdruck am Holze des Kreuzes.

Am Kreuz hält die Welt den Atem an: Wird nun Gott die Welt, da sie seine Barmherzigkeit nicht angenommen hat, endgültig in den Abgrund stürzen lassen? Oder ist seine Barmherzigkeit gar so groß, dass sie auch diesen Abgrund des menschlichen Neins zu Gott überwindet? Hierin liegt die Heilsbedeutsamkeit, nämlich die entgrenzende Barmherzigkeitsbedeutung des Kreuzes: Noch vom Kreuz her betet Christus zum Vater, dass er den Gegnern vergeben möge (vgl. Lk 23,34). In der Nachfolge des leidenden Gottesknechtes in Jes 53 betet der leidende Gottessohn am Kreuz für die Gewalttäter und gibt so die erlittene Gewalt als auch diese umfassende doppelte Liebe zurück.[275]

So ist die Kreuzigung als Gewaltakt schärfste Negativität. Aber in diesem Gewaltgeschehen, das die Menschen verursachen, und das Gott Vater nicht verhindert, gibt es eine neue „gewaltige" Gottespräsenz, in dem Sinne, wie Georg Trakl (1887–1914) seinen „Verklärten Herbst" beginnt: „Gewaltig endet so das Jahr", nicht mit Gewalt natürlich, sondern „mit goldnem Wein und Frucht der Gärten". Das Wort Gewalt kommt hier von seiner Urbedeutung des Waltens, eines Waltens, das kraftvoll und leise zugleich ist, gut und wunderbar, Mut gebend und wegbegleitend. Theologisch geht es um den gewaltigen Eindruck des Verhältnisses von Gott und Empathie, das aus sich selbst heraus Mitleid mit den Opfern, Sühne für die Schuldigen und für sich selbst als von den Menschen Beschuldigten walten lässt. Es wäre hier ein schlimmes Missverständnis, von Gewalt *in* der Liebe zu sprechen, vielmehr geht es um die Macht der Liebe selbst, die Gewalt gewinnt.

Der Kreuzestod Christi ist nicht nur eine Konsequenz seines solidarischen Lebens, sondern offenbart die Universalität seiner Gnade, indem vom Kreuz her das Reich Gottes nicht nur, wie im bisherigen Leben Jesu, denen geschenkt wird, die das Reich Gottes annehmen, sondern nun auch denen, die es ablehnen. Im Scheitern scheitert das Erlösungswerk gerade nicht, sondern offenbart darin erst die äußerste Radikalität der unbedingten Liebe Gottes auch denen gegenüber, die ihn zum Scheitern bringen, den Tätern, den Sündern und Sünderinnen, und das sind immer wieder die Gläubigen selbst. Die Verweigerung des Heilshandelns Gottes macht den Heilsentschluss Gottes für alle Menschen nicht rückgängig. Ganz im Gegenteil: „Das eschatologische Handeln Gottes erweist sich vielmehr gerade im Tode seines Repräsentanten als wirksames Geschehen, in dem Gott den Tod seines eschatologischen Boten zum Akt der Sühne werden ließ."[276]

3.5 Christologisch ermöglichte Sühne

Christus hat uns den sinnlosen Schmerz außerhalb der Liebe, also die Hölle, abgenommen und es uns genau dadurch ermöglicht, aus dieser Liebe heraus den Schmerz für unsere Taten zu empfinden und so – ansatzhaft in diesseitigen Ereignissen wie unverhüllt im Jenseits – für Gottes neue Welt geöffnet zu werden: leidsensibel und barmherzigkeitsfähig. Das Einsehen des Menschen in die eigene Destruktivität ist identisch mit dem Schmerz, der Reue.[277] Christologisch gesehen ist es ein Einvernehmen mit dem Sühneleiden Christi selbst, dessen Sühne sich auch in den betreffenden Menschen ereignet bzw. darin Resonanz gewinnt.[278] Wie bei der Frage nach dem Verhältnis von Christi Stellvertretung und Stellvertretungsmöglichkeit der Menschen[279] ist auch hier gerade dadurch für die Menschen die Möglichkeit eröffnet, diese Sühne Christi in sich selber wirksam werden zu lassen, dafür die Gnade zu bekommen, sie je nach der eigenen Biografie miterleben und mitzuleiden zu dürfen.[280]

Hier ist Jürgen Moltmann aus meiner Perspektive zu widersprechen, wenn er schreibt: „Aber ‚Sühne' ist keine menschliche Möglichkeit, weil geschehenes Unrecht geschehen bleibt. Nur Gott selbst kann von der Schuldlast der Vergangenheit befreien und einen Neuanfang des Lebens setzen."[281] Richtig ist dabei, dass Sühne tatsächlich keine menschliche Möglichkeit wäre, wenn nicht Gott selbst in Christus für die Sünden der Menschheit gesühnt hätte. Nun hat er es aber getan und setzt damit die so in die Liebe Gottes Aufgenommenen in den Zustand, nun angesichts der eigenen konkreten Schuld (und nicht summarisch über alle hinweg), verwurzelt in der Sühne Christi, auch ihrerseits die entsprechende Sühne mitzuerleben. Die Gnade der Rechtfertigung ist die Bedingung dieser

Möglichkeit, nicht ihre Vernichtung. Es geht um die Sühne Christi, die auf Seiten derer, denen sie zukommt, auch existentiell als durch Christi Sühnetat ermöglichte, also gnadengeschenkte Schmerzerfahrung gedacht werden darf, in der die Erlösung Christi in ihrer exklusiven Stellvertretung für die Sünden der Menschen zugleich in responsorischer Form inklusiv erlebbar wird.

Eingebettet in die Stellvertretung Christi, die in Sühne und Für-Leiden geschieht, ist die Stellvertretung der Heiligen, aber auch schon der Menschen im Diesseits, insofern sie sich, getragen von der Stellvertretung Christi, in dieses Sühneleiden zugunsten der Sünder und Sünderinnen einsetzen.[282] Zum Gerichtsgeschehen gehört also auch die „ständige Sorge um alle", also nicht nur der Blick auf die eigene Geschichte und Identität, sondern die substantiell erlebte Sorge um die Rettung der Täter und um die Ermöglichung für die Opfer, sich für das Unmögliche, nämlich die Versöhnung, zu öffnen.[283]

Es gibt die Vorstellung, dass es im Gericht das Ziel sei, die Gegenwart nicht an die Vergangenheit zu binden und dadurch eine neue Zukunft zu erschließen.[284] Die Bindung an die Vergangenheit ist jedoch ebenso wenig abschließbar wie die Intensität des zugefügten Schmerzes, die sich gerade deshalb in die himmlische Zukunft öffnen kann. Ich wäre auch nicht zufrieden, wenn der Zwischenraum zwischen Tod und allgemeinem Gericht damit aufgefüllt würde, dass Menschen, deren Leben abgebrochen wurde, nun dieses leben können.[285] Dies wäre eine zu billige Kompensation des erlittenen Leidens.

Auch mit dem Satz, dass Gottes schöpferische Gerechtigkeit den Opfern Recht schafft und die Täter zurecht bringt, ist für mich noch zu wenig über Intensität und Profil des Gerichtes gesagt.[286] Gott wird es wirklich richten, aber, oder besser ohne „aber", er wird alles in der Intensität richten, wie es geschehen ist.[287] An anderer Stelle kommt Moltmann selber auf diese bleibende Bedeutung des irdischen Lebens für das künftige Leben zu sprechen: „Auch vergebene Schuld bleibt im Gedächtnis, aber sie belastet nicht mehr. Auch geheilte Wunden bleiben an den Narben, die sie hinterlassen, erkennbar, aber sie schmerzen nicht mehr."[288] Ich bin mir da nicht so sicher, ob nicht die Narben am verklärten Auferstandenen tatsächlich in Solidarität mit den Leidenden weiterhin in einer für uns unvorstellbar „anderen" Form schmerzen. Verklärung muss nicht die Vernichtung eines Schmerzes bedeuten, der zum „Glück" der Seligen gehört, weil er ihrer Identität in der Erinnerung wie in der Solidarität entspricht. Was auf der anderen Seite bedeutet, dass alles Gute, was wir getan haben, in der Freude des ewigen Lebens gegenwärtig bleiben darf.

Erst am Ende wird es ein „Einvernehmen" zwischen Mensch und Gott, zwischen den Menschen mit ihren unterschiedlichen Biografien geben, allerdings ein Einvernehmen, das in sich die Signatur der im Gericht durchlebten Widersprüche enthält, einschließlich des Einverständnisses, genau diesen Widersprüchen ihre ungebremste Geltung zukommen zu lassen.[289]

3.6 Würde des Vergangenen

Gottes Liebe ist nicht läppisch, als könnte alles von ihr *unterschiedslos* umfangen werden. Gottes Wirklichkeit umfasst das ganze Universum. Umfangen ist also alles von seiner Liebe, aber so, dass sie schärfste Widersprüche anmeldet zwischen Gut und Böse, zwischen Opfern und Tätern,[290] zwischen Tod und Leben. Um der Liebe Willen gibt es keine Kompromisse mit der Lieblosigkeit, mit der Unterdrückung und Zerstörung von Menschen. Wenn es eine neue Welt ohne den Bösen und ohne das Leid gibt, dann müssen die Todesmächte der gegenwärtigen Welt gestoppt werden, aber nicht einfach, als wäre nichts geschehen, sondern so, dass alles Leid und alle Zerstörung, dass alles Böse und alles Gewalttätige dieser Weltgeschichte dem Vergessen entrungen wird und in denen aufgesucht wird, die Entsprechendes erlitten beziehungsweise getan haben.

In die Unvorstellbarkeit dieser Gerichtsdynamik hinein können wir, bezogen auf den einzelnen Menschen, die nachvollziehbare Vorstellung entwickeln, die im Deutschen eben nicht im Begriff der Entschuldigung liegt, sondern in der eindrücklichen Formulierung des „Leidtuns": Es ist dies ein Vorgang, wo Tätern aufgeht, was sie getan haben, wo sie abgrundtief der Schmerz darüber ergreift, genauso abgrundtief und in der Intensität „unendlich", wie das Leiden, das sie zugefügt haben.

Dies geschieht im unerschöpflichen Raum der Versöhnung Gottes, in dem erst das Unmögliche möglich wird, nämlich die Versöhnung der Täter mit Gott und mit den Opfern, die nicht die Gerechtigkeit verletzt, weil sie die Täter elementar, durch ihre ganzen schmerzempfindlichen Phasen hindurch (seelisch und leiblich), restlos zum schutzlosen und radikal geöffneten Resonanzkörper dessen werden lässt, was sie getan oder versäumt haben. Ähnliches gilt selbstverständlich auch für das Gegenteil des Bösen, für die Menschen, die in Liebe und Solidarität gelebt haben: Sie dürfen sich dann in unendlicher Freude und Bestätigung angesichts der betreffenden Personen und angesichts der unendlichen Liebe Gottes als Resonanzkörper dessen erfahren, was sie an Liebe und Solidarität geschenkt haben.

Der Begriff des „Schmerzes" ist allerdings ein analoger, der dem, was geschehen wird, unähnlicher sein wird als ähnlich, aber er deutet gleichwohl die Richtung an, auf die hin wir hoffen dürfen. Für jedes bessere Bild müsste man dankbar sein, doch finde ich keines.

Darin, dass sich die Täter verletzen lassen, können die Opfer mit ihnen in eine Begegnung eintreten, die dem Niveau ihrer eigenen Verletzung entspricht. So erfahren sie authentisch, dass ihr Leiden nicht einfach ignoriert wird und dass sie dennoch dazu genötigt werden, sich zu versöhnen. Das Verzeihen läuft dann Gefahr, die Opfer zu verhöhnen.[291] Es ist buchstäblich not-wendig, dass sie nicht dadurch ein zweites Mal leiden müssen und zu Opfern gemacht werden, dass das ihnen zugefügte Leiden nichts „wert" ist und nicht einmal den Wert hat, bei den Tätern Reaktionen auszulösen, in denen auch sie diese Versöhnung enorm viel kostet.

Reinhold Schneider bringt die Worte:

„Die Gnade faßt, daß wir vom Abgrund wissen.
Und von der Liebe, die Euch retten mag."[292]

3.7 Im Überblick

Täter und Täterinnen, die ihrer Tat einsichtig geworden sind, sehnen sich nach Genugtuung und Versöhnung. Dass auch sie in ihrer Menschenwürde und alternativen Zukunftsfähigkeit anerkannt werden, und dass sie nicht selbst, wenn ihnen dies verweigert wird, zu Opfern entsprechender Strafgewalt werden, bündelt sich theologisch in der Frage nach der Versöhnung Gottes mit den Sündern und Sünderinnen. Rechtfertigungstheologisch ist ihnen in der eschatologischen Begegnung mit Christus Gottes Versöhnung geschenkt. Diese eschatologische Rechtfertigung wird auf der Seite der Täter eine ganz bestimmte Wirkung haben.

Ich rekonstruiere diese „Reaktion" der Täter im Horizont der unendlichen Versöhnungsgnade Gottes in der Chiffre des Reueleidens. Die Versöhnungsmacht Gottes befreit die Täter von der Verstockung und öffnet ihnen die Augen für das, was sie den Menschen (und Gott) angetan haben.

Sie ermöglicht ihnen das Sehen des Leidens im Horizont der unendlichen Liebe Gottes. Und dieses Sehen konstituiert in ihnen genau das, was die Forderung der Gerechtigkeit enthält, nämlich, dass sie durch die Gnade derart zum ungeschützten Resonanzboden dessen werden, was sie getan haben, dass sie in sich selber das Reueleiden in einer Intensität erfahren, wie sie es als Leiden verursacht oder nicht verhindert haben. Im Bereich der Menschenbeziehung wird es ihnen leidtun in der Qualität der Spiegelung des zugefügten Leidens. Im Bereich der Gottesbeziehung wird es ihnen leidtun im Bereich der Scham, die sie angesichts der mitleidenden Solidarität und der unendlichen Versöhnungsmacht Gottes erfahren. Denn nichts an zugefügtem Leiden kann einfach „geschenkt" werden. Leiden kann niemals unter dem Niveau seiner Genugtuung, weder auf Gottes noch auf des Menschen Seite, Erlösung erlangen. Deshalb kann es ohne das „Heil des Kreuzes" keine Erlösung geben. Das ist ja das Entscheidende, dass es nach dem Tod keinen destruktiven Schmerz mehr gibt und geben kann und damit auch keine „Hölle" nach bisherigen Vorstellungen. Nach dem Tod ist alles heilend, auch der Schmerz. Auch schon der diesseitige Schmerz aus Liebe und Reue reicht in das Gericht hinein als Vorgabe und Erleichterung des eschatologischen Schmerzes.[293]

Nimmt man die paulinische Rechtfertigungstheologie ernst, dann gilt sie tatsächlich für alle Menschen: Sie alle sind „simul justus et peccator", was für den gottlosesten genauso gilt wie für den gläubigen Menschen, was damit auch für den schlimmsten Täter genauso gilt wie für Menschen, die sich für Gerechtigkeit und gegen Gewalt eingesetzt haben. So „ungerecht" dies erscheinen mag, so sehr konstituiert sich darin die mit menschlichen Verrechnungskategorien nicht mehr einholbare Gerechtigkeit Gottes.

Und in Röm 11,32 schreibt Paulus sogar: „Gott hat alle beschlossen unter den Unglauben, auf dass er sich aller erbarme." Gott erbarmt sich also aller, derer die glauben, und auch derer, die weniger oder nicht an Christus glauben. „Wer immer sie sind, Gott liebt sie, Christus ist auch für sie gestorben und der Geist Gottes wirkt in ihrem Leben."[294] Der Referenzrahmen des Erbarmens Gottes, von dem Moltmann angesichts der Anders- und Nichtgläubigen spricht, ist die Grunderfahrung des Gerichts, nämlich die unblockierte Anschauung Gottes, die jede Art von Glauben oder Nichtglauben durch das Schauen ersetzt.[295]

Dennoch bleibt die Frage nach der Gerechtigkeit bestehen, allerdings nicht als Unterscheidungsmerkmal hinsichtlich der Rechtfertigungsgnade, sondern als Unterscheidungsmerkmal in der *Erfahrung dieser Gnade*. Aus

Gerechtigkeitsgründen wie aus kommunikationskonstitutiven Gründen wird es so etwas wie einen Respons in den gerechtfertigten Sündern und Sünderinnen geben: Bezüglich der Gerechtigkeit insofern, als sich eine an je größerer Schuld erfahrbare Rechtfertigungsgnade in den Empfängern als etwas niederschlägt, was sie zutiefst bezüglich ihrer Vergangenheit schmerzhaft ergreift. Mir ist kein anderer Begriff verfügbar, als dafür das Wort des Reueschmerzes zu gebrauchen. Die Rettung geschieht nicht durch die Leistung des Reueleidens, sondern das Reueleiden ist die Folge der Rettung. Das Reueleiden steht zur Rettung nicht im Wenn-Dann-Verhältnis.

„Die Läuterung des Menschen geschieht, indem er den Feuerbrand des ihn richtenden Gottes, sein Feuerwort, seinen Feuerblick auszuhalten gezwungen wird, bis in das Letzte hinein, bis der verborgenste Widerstand aus den Falten seines Daseins ausgebrannt ist. Die Reinigungsflamme ist das Existentielle am Gericht."296 Und: „Es wäre doch töricht zu meinen, der Sünder sei bloß aufgrund des stellvertretenden Leidens Christi ewigkeitsreif. Es wäre leichtfertig, die Wunder der göttlichen Gnade und Stellvertretung als eine Art Zaubermittel zu betrachten, die das ganze Gewicht der Existenz aufhöbe und überflüssig machte, die süßen Schrecken der Liebe, die bestanden sein will. … ‚Hart wie die Hölle ist Liebe', heißt es irgendwo im Hohenlied, wer weiß, vielleicht ist sie noch härter und zwingt auch höllische Verschlossenheit, sich zu öffnen, zu ergeben."297 Balthasar kippt hier das Verhältnis von Fegefeuer und Hölle und siedelt beides im Gericht selber an, in der „Begegnung mit dem lebendigen Gott", die in einer „notwendigen Hinsicht als die Reinigung, Läuterung, Ausglühung zu betrachten" ist.298 Das „Ungesühnte kann nicht auf immer ungesühnt bleiben, das ungerecht und unbegriffen Leidende kann nicht im Abgrund dieses Leidens versinken …"299 So verbindet Hans Urs von Balthasar in programmatischer Weise das Gericht mit der Erfahrung des (Feg-)Feuers.300 Dadurch wird deutlich, „dass geschehenes Böses nicht einfach ungeschehen zu machen ist, dass es Dinge gibt, die ich selbst weder ‚rechtfertigen', noch aus der Welt schaffen oder wiedergutmachen kann".301

Romano Guardini betont, dass der Zustand der Läuterung zugleich ein Vorgang der Sühne sei. Dabei kommt bei ihm eine interessante Spannung zum Vorschein: einmal die dogmatische Vorstellung, dass mit dem Tod alles abgeschlossen ist und dass damit auch alles entschieden ist, gegenüber der Vorstellung, dass es im Gericht eine zweite Chance, eine zusätzliche Möglichkeit der Entscheidung gibt, eine Entscheidung, die so im Horizont von unendlicher Liebe und Freiheit verwurzelt ist, dass sie sich noch post mortem dafür zu öffnen vermag. Man darf von einer spannungsreichen Dialektik beider Perspektiven ausgehen. Dass mit dem Tod alles abgeschlossen ist, dieser Gedanke hat tatsächlich eine erschreckende Plausibilität für sich, wie sie Max Horkheimer 1937 formuliert hat: „Das vergangene Unrecht ist geschehen und abgeschlossen. Die Erschlagenen sind wirklich erschlagen. ... Nimmt man die Unabgeschlossenheit ganz ernst, so muss man an das jüngste Gericht glauben."[302] Auf der einen Seite ist hier von der durch Tod und Ende der Geschichte aufgezwungenen Abgeschlossenheit die Rede, auf der anderen Seite wird hier das Jüngste Gericht als Ort der Unabgeschlossenheit dieser Geschichte aufgerufen, an das Horkheimer seinerseits nicht zu glauben vermag.

Die Abgeschlossenheit, die so katastrophal ist, benötigt ein Nachspiel im Jüngsten Gericht, und dieses Nachspiel kann sich nur auf das beziehen, was zum Tod bzw. bis zum Ende der Geschichte geschehen ist. Braucht man nun die Entscheidungshypothese,[303] um die Rettung der Menschen über den Tod hinaus und auch gegenüber ihren schlimmsten Taten denken zu können? Nicht unbedingt, wenn man mit Guardini in den Blick nimmt, was er in seinen Überlegungen über das Fegfeuer schreibt: Der Mensch „kann nichts mehr tun, antwortet die Kirche, aber er kann leiden."[304] Wenn ich nun diesen Satz zusammenlese mit einer eschatologischen Rechtfertigungstheologie und mit der Vorstellung, dass diese Rechtfertigung „mere passive" zugesprochen wird, und reduziere ich den Handlungsbegriff auf die Aktivität des Menschen, dann geht es in einem gewissen Sinn gar nicht um die Entscheidung des Menschen, sondern um das, was von Gott her an und in ihm und zwischen den Menschen aller Welten geschieht. Nämlich die Erfahrung eines Gottes, der mit dieser unerschöpflichen Gnade im Gericht auf die Menschen zugeht. Sie werden *überwältigt,* so sehr, dass sie sich *„passiv" öffnen,* dass sie geöffnet werden für die Unendlichkeit der Verbindung von Freiheit und Liebe und dass von daher eine Entscheidung in unserem thematischen Sinne als ihre eigene zusätzliche Tat gar nicht mehr notwendig ist. Aber dass diese Gnade in ihnen unterschiedliche Sühnereaktionen auslöst, erfahren sie ebenfalls als Gnade, als unverdiente und völlig unwahrscheinliche Gabe Gottes, die ihnen das alles „ohne ihr Zutun" schenkt, aber mit all dem, was sie hineinbewegt in die unendliche Dramatik des Gottesgeheimnisses.

Dies ist kein *bewusstloses* Überwältigtwerden durch Liebe, sondern die Erfahrung einer Liebe, in der sich zugleich die Erfahrung der Freiheitsgabe unendlich zeigt. Es ist die Erfahrung einer Freiheit, die unvergleichbar größer ist als die kleinkarierte Freiheit, zwischen Gut und Böse wählen zu müssen oder zu dürfen. Es ist also keine bewusstlose Affektivität, sondern eine Erfahrung, in der sich auch die Bewusstheit (einschließlich der Erinnerung) ins Unermessliche steigert. Darin ereignet sich zugleich die Anerkennung der Freiheit in der Liebe Gottes zu allen anderen Menschen.[305] Die Passivität der Gnade geht der Aktivität der menschlichen Liebesfähigkeit und Freiheit im Gericht voraus. So gibt es eine Dialektik und zugleich Verbindung von göttlichem Handeln im Gericht (mit der Eröffnung unendlicher Freiheit) und menschlicher Freiheit.[306]

C. Unerschöpfliche Gerechtigkeit

1. Barmherzigkeitsverwurzelt

1.1 Biblische Dynamik

Die Erzählungen der Bibel kann man als eine immer wieder anlaufende und nie aufgegebene Suche nach Gottvertrauen wahrnehmen. Die Menschen sehnen sich darin nicht nur nach der Allmacht Gottes, nicht nur danach, dass ein Gott Schöpfer der Welt ist, sondern danach, dass die Menschen diesem Gott wichtig sind, ja noch mehr, dass Gott selbst unser Vertrauen sucht und darum wirbt. Viele Bilder des Vertrauens auf Gott begegnen in der Bibel, wie zum Beispiel das Bild aus Jesaja, dass uns Gott in seine Hand geschrieben hat (vgl. Jes 49,16). Die Bibel spricht von der Leidens- und Reuefähigkeit Gottes, weil Gott liebt,[307] der Hebräerbrief davon, dass der Gottessohn mitleiden kann. In menschlicher Sprache, aber wie auch sonst, hat Gott also ein Herz, ein Herz für die Menschheit, ein Herz für die einzelnen Menschen, ein Herz für die Erde, ein Herz für das Universum. Mit Benedikt von Nursia: Wer in diesem Glauben wandelt, dem weitet sich das Herz.

Denn die eigentliche Frage liegt nicht darin, ob es einen göttlichen Schöpfer dieser Welt gibt, sondern darin, welche Beziehung er zu dieser Schöpfung hat. Die Religionen leben von der Sehnsucht, dass Gott kein Satan ist, keiner, der am Ende das Chaos über alles hereinbrechen lässt, so dass schließlich immer alles in Schutt und Asche fällt. Es ist die Sehnsucht danach, dass es nicht ein Gott ist, der grausam zuschaut, wie Georg Büchner in „Dantons Tod" fragen lässt: „Ist denn der Äther mit seinen Goldaugen eine Schüssel mit Goldkarpfen, die am Tisch der seligen Götter steht, und die seligen Götter lachen ewig, und die Fische sterben ewig, und die Götter erfreuen sich ewig am Farbenspiel des Todeskampfes?" Es ist die Sehnsucht danach, dass es nicht ein Gott ist, der grausam zuschaut, der ins Leben ruft, um es zu zerstören, sei es aus kalter Gleichgültigkeit, sei es aus heißer Lust am Leiden. Dann schon lieber das gottlose kalte Universum mit seiner diesbezüglich intentionslosen Evolution.

Viel wichtiger als die Frage, ob es einen Gott gibt, ist die Frage, wo er zu finden ist: im Hass oder in der Liebe, im Leben oder in der Vernichtung?

Und wenn er liebt, liebt er dann nur ein wenig, liebt er dann nur unter ganz bestimmten Bedingungen, gewissermaßen wenn wir brav sind? Gibt es ein Wenn-Dann, so dass sich die Welt angesichts Gottes spaltet in diejenigen, die mit dem vernichtenden Chaos zu rechnen haben, und diejenigen, die gerettet werden? Kann denn die Unendlichkeit des allmächtigen Geheimnisses Gottes gespalten sein, so dass eine Eigenschaft, nämlich die Liebe, an Unendlichkeit verliert, weil sie von der Vernichtung der anderen und Nichtdazugehörigen begrenzt wird? Oder ist nicht doch die heilige Unendlichkeit Gottes auch auf seine heilenden Eigenschaften zu beziehen, und wenn er die barmherzige Liebe ist, dann auch auf die Liebe, so dass sie unerschöpflich bedingungslos und alle Grenzen durchbrechend ist, mit dem Geschenk unendlichen Lebens, weil in Gott Leben und Liebe identisch sind?

Die Gläubigen der Bibel suchen aus ihren jeweiligen Erfahrungen, Problemen und Situationen heraus nach Antworten auf diese Fragen. Viele Texte kommen dabei ohne Wenn-Dann-Vorstellungen (noch) nicht aus. Aber sie werden inhaltlich überholt von anderen Texten, in denen sich das „Immer mehr", die immer größere Liebe Gottes zeigt, die alle Bedingungen unter- und überschreitet. Es sind Geschichten und Vorstellungen, in denen Gott seine Liebe niemals, jedenfalls niemals endgültig zurückzieht, nicht gleichgültig, aber doch weit über das hinausgehend, was die Menschen anstellen und wie sie selbst Gott untreu werden. Selbst wenn Israel abfällt, lässt Gott sein Volk nicht im Stich. Er will die Umkehr, aber letztlich ist die Umkehr nicht die Bedingung seiner Liebe, sondern seine nicht zurückgezogene Liebe ist die Ermöglichung der Umkehr. So wandelt sich das Wenn-Dann in der Gottesvorstellung in ein Ohne-Wenn-und-Aber.

Die Bibel bringt diese Lerngeschichte bezüglich der Liebe Gottes, die bestehende Grenzen und Bedingungen übersteigt, in der Vorstellung und im Bild von der Barmherzigkeit Gottes zum Ausdruck. Mitleid und Barmherzigkeit können allerdings etwas Willkürliches an sich haben. Ähnliches gilt für das Wort der Liebe und der Gnade. Paulus schätzt alle diese Worte für die Wirklichkeit Gottes den Menschen gegenüber, aber er gibt sich damit noch nicht zufrieden. Um das Missverständnis eines göttlichen Willküraktes gar nicht aufkommen zu lassen, rekonstruiert er Gottes Barmherzigkeit im Sprachspiel der Gerechtigkeit. Es ist nicht so, als ob Gott eigentlich gerecht wäre und bestrafen müsste, aber dann doch mit seiner Barmherzigkeit Kompromisse eingeht und Gnade vor Recht ergehen lässt. Vielmehr ist die Barmherzigkeit selbst ein Vollzug seiner Gerechtigkeit, also kein Willkür-, sondern ein Rechtsakt. Die Barmherzigkeit ist nicht die Ausnahme, sondern die Regel, von der es keine Ausnahmen gibt. So kann Paulus sagen: Gott rechtfertigt die Menschen als Gottlose, als Sünder und Sünderinnen, er spricht gerecht, obwohl sie unrecht tun, oder besser: weil sie von sich aus nicht gerecht sind. Übertragen auf die Gerichtswelt würde dies bedeuten: Da wird jemand verurteilt und nicht etwa begnadigt, sondern im Urteil selber und gleichzeitig damit gerecht gesprochen. Hier ergeht nicht Gnade vor Recht, sondern göttliches vor menschlichem Recht.

Mit dem Gerichtsakt der Rechtfertigung ist von Gott her garantiert: Gottes Barmherzigkeit ist weder Laune noch Herablassung, sondern ein Rechtstitel. Gott setzt sein Geschöpf ins Recht, auch sich selbst gegenüber. Was man Menschen gegenüber nie haben kann, haben sie Gott gegenüber: ein von ihm selbst verbrieftes Recht darauf, von ihm geliebt zu werden. Nicht weil sie sich dieses Recht genommen hätten, sondern weil Gott es ihnen zugesprochen hat, dürfen sie es beanspruchen. Hier geschieht so etwas wie eine nachträgliche Wurzelheilung, wie ein gerechter „Ausgleich" für die gefallene Schöpfung, in der die Menschen ohne Sünde nicht leben können, für die schlimmen Verhältnisses der Ungerechtigkeit, der Gewalt und des Todes, in denen sie nicht ohne Leid leben können. Weder als Sündige noch als Leidende werden die Menschen vor Gott rechtlos oder würdelos. Wenn sie sündig werden, verlieren sie nicht das Recht, von Gott geschützt zu werden. Und die Bedrängten bekommen auch dann das Recht, Gott im Leid anzurufen und anzuklagen, wenn sie selbst sündig sind. Denn niemals mehr können Sünde oder Aufbegehren zur Rechtfertigung dafür dienen, den Menschen Leid oder gar den Tod zuzufügen.

Wenn Gott die Menschen als Sünder und Sünderinnen in seine Anerkennung und Barmherzigkeit aufnimmt, kann das dann nicht auf Seiten der Menschen zur großen Versuchung führen: Wenn mich Gott derart liebt, dann kann ich ja tun, was ich will? Denn ich kann niemals aus der Barmherzigkeit Gottes herausfallen. In der Tat: Wer so spricht, hat den *Sinn* der Liebe Gottes durchaus verstanden, aber er hat sich nicht in ihre *Bedeutung* hineinbegeben, sonst könnte er so etwas nicht sagen. Er steht noch außerhalb, benutzt die Liebe Gottes als Instrument gegen ihn, anstatt aus ihr heraus zu leben. Gott kann nichts dagegen tun. Dies zeigt eindrucksvoll die Geschichte Jesu über den barmherzigen Vater und den verlorenen Sohn (vgl. Lk 15,11–32). Der Vater lässt den Sohn ziehen. Aber seine Liebe bleibt und geht mit ihm. Sie wartet auf seine Rückkehr.

So darf man hier insofern vom barmherzigen Vater sprechen, als er dem weggehenden Sohn dessen Recht erhält und sichert: dessen Recht auf Heimkehr, dessen Recht auf ein Leben zuhause, dessen Recht auf Rettung beim Vater, auf seine Anerkennung und Geborgenheit. Aus Gottes Wesen heraus gibt es nur einen Weg, die sündigen Menschen zu bekehren und zu retten, nämlich den, einer buchstäblich unendlichen Ausdauer in Liebe und Barmherzigkeit.

1.2 Starke Empathie

Mitleid, die affektive Basis der Barmherzigkeit, hat in etlichen Lebens- und Berufsbereichen keine allzu große Konjunktur. Wir leben in einer Gesellschaft, in der Mitleid höchst gefährdet und bitter notwendig ist. So ist Horst Eberhard Richter beizupflichten: „Das Mitleid ist leider zum Spottbegriff geworden. In Wirklichkeit ist es *die* lebenserhaltende Anlage überhaupt."[308] So ist Mitleid insbesondere bedroht durch die massenhafte Darstellung leidender Menschen in den Bildmedien und durch die damit verbundene massenhafte Abstumpfung der Mitleidsfähigkeit: Mit dem Abschalten der Medien erfolgt dann auch die Exkludierung des Wahrgenommenen aus dem eigenen Leben.

Umgekehrt sind diese Bilder aber auch fähig, Mitleid zu wecken (was die entsprechenden Spendenaufkommen auch signalisieren), aber wohl nur bei denen, die sich die Weichteile der eigenen Barmherzigkeit[309] im Alltagsleben nicht haben verhärten lassen. Dort ist man oft geneigt, Mitleid mit etwas Schwächlichem zu verbinden, auch mit Hilflosigkeit und mangelnder Sachlichkeit. Man darf sich vom Mitleid nicht überwältigen lassen, weil man sonst zu wenig auf das eigene Leben schaut und dann selber unter die Räder kommt. So muss man sich gegen Mitleid stark machen und schützen. Auch Betroffene selbst verbitten sich manchmal Mitleid, durchaus mit Recht, weil sie es als Herablassung erfahren.

Man muss auch wirklich genau hinschauen, um welches „Mitleid" es sich handelt. Von „Mitleidsfalle" ist die Rede, wenn man sich in das Mitleid für betroffene Menschen hineinziehen lässt und dann nicht unvoreingenommen genug hinzuschauen vermag. Das Mitleid allerdings hält dagegen: Wer kann schon neutral und unvoreingenommen bleiben, wenn Menschen leiden? Die Unesco-Werbung für „Kinder in Not" trifft diesen Zusammenhang präzis: „Wer fühlt, was er sieht, gibt, was er kann."

Mitleid ist nichts Schwächliches, sondern es benötigt viel Kraft und Mut, „schwach" zu werden und sich vor den Starken schwach zu machen, indem man sich derart um die Schwachen kümmert.

Auch in der Denkgeschichte ist man sich hinsichtlich des Mitleids nicht einig. Nach Gotthold Ephraim Lessing[310] und Arthur Schopenhauer[311] (gegen seinen Lehrer Immanuel Kant, für den das Mitleid gegenüber dem Sittengesetz von der Willkür abhängig, schwach und blind ist) macht es gerade den Menschen als ethisch verantwortliches Wesen aus, dass er mitleiden kann. Für Friedrich Nietzsche[312] dagegen vermindert das Mitleid geradezu die Qualität des Menschen, weil es den vernünftig-sachlichen Blick trübt, die Menschen abhängig macht und sie davon abhält, ihre eigene Kraft zu entwickeln und autonom zu leben.

Es sind tatsächlich unterschiedliche Weisen von Mitleid zu unterscheiden. Manches Mitleid ist lediglich ein Mitleid des Mitleidenden mit sich selber, wie etwa beim Angstmitleid, das sich vor allem daraus speist, dass man Angst davor hat, in das gleiche Leid wie der Andere hineinzugeraten. Es ist ein abwehrendes Mitleid, zum Teil auch aus einem schlechten Gewissen heraus, dass es einem selbst noch so gut geht. Im Mitleid für den anderen Menschen will man gewissermaßen eine Genugtuung leisten, damit man nicht selbst in diese Situation kommt. Das Mitleid wird dann zum Ausdruck des Selbstmitleids. Ein solches Mitleid kann schließlich zu einer tödlichen Waffe werden und gerade das unmöglich machen, was das hilfreiche Mitleid anzielt, nämlich das Leben und die Lebenswürde des anderen aufzubauen: wenn zum Beispiel pflegerische und ärztliche Helfer und Helferinnen die Schwerstbehinderungen anderer schon viel eher als diese selbst nicht mehr aushalten und ertragen können und von daher gefährlich versucht sind, sie vorzeitig abzuschaffen (von pharmakologischer Stilllegung über die pränatale Selektion bis hin zur Euthanasie). „Tödliches Mitleid" nennt Klaus Dörner diese Unerträglichkeit des Leidens.[313]

Stefan Zweig hat in seinem Roman „Ungeduld des Herzens" dieses „zweierlei Mitleid" in der ihm eigenen Sprachkraft getroffen.

„Es gibt eben zweierlei Mitleid. Das eine, das schwachmütige und sentimentale, das eigentlich nur Ungeduld des Herzens ist, sich möglichst schnell frei zu machen von der peinlichen Ergriffenheit vor einem fremden Unglück, jenes Mitleid, das gar nicht Mit-leiden ist, sondern nur instinktive Abwehr des fremden Leidens von der eigenen Seele. Und das andere, das einzig zählt – das unsentimentale, aber schöpferische

Mitleid, das weiß, was es will, und entschlossen ist, geduldig und mitduldend alles durchzustehen bis zum Letzten seiner Kraft und noch über dieses Letzte hinaus."[314]

Auf eine neue Kultur des schöpferischen und lebensstützenden Mitleidens zu achten, bedeutet nicht, dass man sich immer und überall mit einer radikalen Gefühlstiefe engagieren könnte. Wichtig ist allerdings, dass man in dieser Tiefe der eigenen Existenz verwundbar bleibt, dass die Weichteile nicht verhärten, so dass sie gar nicht mehr „herumdrehbar" sind durch das Leid von Menschen. Um die Offenheit für diese emotionale Tiefe geht es, ohne die Versteinerungen nicht durchbrochen werden können, ohne die niemand fähig wäre, um des leidenden Menschen willen Barmherzigkeit vor Recht ergehen zu lassen, ohne die alles kalt bliebe, auch der Glaube. Denn Mitleid ist emotionaler Grund der Barmherzigkeit und damit auch des Glaubens an einen barmherzigen Gott.

In den Erfahrungsgeschichten mit Gott, wie sie in der Bibel begegnen, begegnet ein gegenseitiges Bedingungsverhältnis von Barmherzigkeit und Gerechtigkeit, mit einer Tendenz zu ihrer immer festeren Integration[315]. Diese Integration ist auch für den zwischenmenschlichen Umgang zu reklamieren. Es gibt keine progressive menschenachtende Gerechtigkeit ohne das Motiv der Barmherzigkeit, das diejenigen aufzuspüren vermag, die noch zur je universaleren Gerechtigkeit „fehlen". Und umgekehrt: Es gibt keine progressive Barmherzigkeit ohne das Korrektiv der Gerechtigkeit, die auch die aufspürt, für die man (etwa wegen Anschauungsmangel) keine unmittelbare Barmherzigkeit spürt, die aber dennoch der Gerechtigkeit bedürfen. Allein in diesem Junktim wird verhindert, dass die Betroffenen Opfer der Willkür von Empathiefähigkeit oder Empathieverweigerung werden. So gibt es keine Gerechtigkeit ohne das die Gerechtigkeit entgrenzende Mitleid; und so gibt es kein Mitleid ohne die das Mitleid entgrenzende Gerechtigkeit.

1.3 Barmherzigkeit als Gerechtigkeit

Die Bibel bringt die Liebe Gottes in der Vorstellung und im Bild einer immer umfassenderen Barmherzigkeit, also der Gnade Gottes zum Ausdruck. Dafür gibt es eindrucksvolle Texte: Gott erbarmt sich auch dann noch, und gerade dann und darüber hinaus, wenn die Menschen schuldig geworden sind bzw. wenn sie an ihrem eigenen Leid selbst schuldig sind. Das Erbarmen konzentriert sich auf den leidenden Menschen als solchen, nicht abgesehen, aber auch nicht abhängig davon, ob er nun unschuldig oder schuldig leidet.³¹⁶

Überhaupt zeichnen sich die biblischen Texte durch eine intensive Wahrnehmung von menschlichem Leid aus, sei es zugefügt, sei es erfahren, sei es gesühnt, sei es als Sühne auferlegt und angenommen, sei es grundlos auferlegt und beklagt, sei es ein Fluch, sei es ein Weg zur Läuterung. Diese Aufzählung zeigt bereits, dass dem Leiden jeweils unterschiedliche Bedeutung gegeben wird, insofern die Leidsensibilität mit der Schuld- und Sündensensibilität verbunden wird. Es ist müßig, hierfür einzelne Bibelstellen anführen zu wollen.

Gott ist die personale Zentrale dieser Bewegungen, mit aller Macht ausgestattet und gleichwohl darin verstrickt und kräftig mitmischend auf der Seite seines Volkes und dann wieder gegen sein Volk selbst. Doch nicht aus Willkür. Das inhaltliche Kernmotiv seines Handelns hat Ruth Scoralick am Beispiel der Meerwundererzählung in Ex 13,17 – 14,31 verdeutlicht: Hier zeigt sich „ein den Schwachen zum Recht und zum Leben helfender, rettender und Heil schaffender Gott".³¹⁷ Voraussetzung dafür ist, dass Gott die Klagen seines Volkes hört und dass das gehörte Leid in ihm etwas wie Mitgefühl bewegt: „Ich habe das Elend meines Volkes in Ägypten gesehen und ihre laute Klage über ihre Antreiber habe ich gehört. Ich kenne sein Leid." (Ex 3,7) Schon dass JHWH hinschauen und hören *will,* setzt ein vorgängiges Mitgefühl voraus.

Viele Texte erzählen von diesem Mitgefühl Gottes, bis hin zur vom Mitleid bewegten Reue Gottes hinsichtlich des Leidens, das er selbst im Gericht über sein Volk verhängt hat (vgl. Hos 11,8–9). *Letztlich* siegt offensichtlich immer sein Mitleid, nicht nur, um es in der heutigen Sprache zu sagen, mit den Opfern, sondern auch mit den Tätern. So spricht Gott zu sich selber: „Es möge mir gefallen, dass mein Erbarmen meinen Zorn zurückhalte und mein Erbarmen meine Maße (des Rechts) überrolle und ich mich zu meinen Kindern gemäß dem Maß des Erbarmens verhalte".³¹⁸

In den Evangelien erscheint Jesus als ein Mensch, der anderen, die vom Übel betroffen sind, weder das Übel kausallogisch noch theo-logisch erklärt, sondern ihnen in der ungeschützten Beanspruchung seines leiblichen „Angerührtseins" begegnet. Das griechische Wort, das meist mit „Mitleid haben" übersetzt wird, verliert darin seine drastische Bedeutung, meint es doch, dass sich die Gedärme, dass sich alles im Bauch herumdreht, weil

man bis in die körperliche Tiefe hinein so erschüttert ist von dem, was andere Menschen an Leid und Schicksal trifft (vgl. Lk 15,20; Mt 9,36 f.).
Dieses Mitleid stoppt Jesus, „zwingt" ihn stehen zu bleiben, den Lauf der Dinge zu unterbrechen, innezuhalten und entsprechend zu handeln.[319] Nirgendwo wird bei ihm dieses Angerührtsein blockiert, durch keine Wenn-Dann-Bedingung, dass etwa jemand nur Mitleid verdiene, wenn er nicht selber an seiner Situation schuldig sei. Dieses Angerührtsein verwirklicht die Öffnung zum anderen im Leib selber, in dem das Nicht-Integrierbare tatsächlich als solches und darin als Schmerz erlebt wird. Das Angerührtsein bezieht sich von der Sensibilität für bestehendes Leiden her auch auf zukünftig drohendes Leiden der Menschen und will es durch entsprechende Gerechtigkeit verhindern. Ebenso prägt es auch den erinnernden Blick für die vergangenen Leiden und Opfer.
Barmherzigkeit schlägt auf die Schicht durch, die nicht mehr irgendwelchen Berechnungen oder anderen Interessen verfügbar gemacht werden kann. Es hat Durchbruchcharakter gegen alle Vorstellungen des Strafenwollens und der Rache, gegen alle Ideologien, Vorurteile, Konflikte und Feindschaften, und gegen sogenannte Gesetzmäßigkeiten und Prinzipien. Ein solches Mitleid ist nicht mehr hintergehbar, weil es unmittelbar auf Magen, Herz und Nieren durchschlägt und jeder Verhärtung widersteht, zum Beispiel indem man vorübergeht und Begründungen sucht, sich nicht treffen zu lassen. In der unmittelbaren Evidenz des Mit-Leidens spiegelt sich die unmittelbare Evidenz des Leidens selbst. Nicht umsonst heißt es „Mitleid", oder auch Mitschmerz, und beinhaltet damit auf der Seite der Reaktion auf das Leiden einen Bestandteil des Leidens selbst. Bei Jesus ist es übrigens kein Mitleid, das aus der Reue um eine Leidzufügung anderen gegenüber wächst, sondern sein Mitleid bezieht sich auf alles Leiden, wer immer es verursacht hat. Ansonsten ist bei den Menschen normalerweise ein doppeltes Mitleid gefragt: das Mitleid mit denen, denen man selbst Leid zugefügt hat, mit dem nichts entschuldigenden Wort: Es tut mir leid! Und überhaupt das Mitleid mit Menschen, die man leiden sieht.
Nicht von ungefähr bringt Emmanuel Lévinas in seiner Philosophie leibbezogene Begriffe wie den Begriff des *Antlitzes* als konkrete leibliche und darin unverwechselbare Erscheinungsform des ganz anderen Antlitzes im Vorgängigen des Seins. Und auch die ethische Verantwortung wird in dem leiblichen Vorgang des *Angerührtwerdens* verwurzelt, um genau darin das Leid des anderen (selbstverständlich auch seine Freude) erleben zu können.[320] In einem tatsächlichen, nicht oberflächlich-apotropäischen

Mitleid ereignet sich die Ausgesetztheit, die jeden Gedankenzugriff unterbricht und als nachträglich entlarvt, wenn dieser Gedanke zum Beispiel auf Kausalitäten zu sprechen kommen will, die das Mitleid bremsen.

Von daher erweist sich die Unterscheidung zwischen unschuldigem und schuldigem Leiden als eine zwar notwendige, aber auch zugleich gefährliche Unterscheidung. Notwendig, weil die Frage von Schuld und Unschuld immer eine elementar wichtige ist, weil das Leiden der Unschuldigen das Leiden in seiner abgrundtiefen Ungerechtigkeit, Unerklärbarkeit und Sinnlosigkeit offenbart, weil es dann absolut keine Spur von Erklärung und Sinn mehr gibt, warum der Mensch dem Elend und der Grausamkeit ausgeliefert ist. Schwierig ist der Begriff allerdings darin, dass er hintergründig unterstellt, es könne ein Leiden geben, das durch Schuld gerechtfertigt sei. Dies mag für in Freiheit angenommenes Sühneleiden gelten, nicht aber für ein von der Authentizität der Betroffenen nicht angenommenes und damit sie vergewaltigendes Leiden. Gefährlich ist bei dieser Vorstellung auch, dass sich Menschen erst einmal als unschuldig zu erweisen hätten, damit ihnen kein Leid zugefügt wird bzw. dass Opfer sich erst als insgesamt (auch noch moralisch) unschuldig zu erweisen hätten, damit sie diesen Würdetitel verdienen.

1.4 Substantielles Mitleid am Kreuz

Die kirchliche Tradition spricht vom Sühneleiden Christi für die sündigen Menschen. Die Vorstellung, dass hier der Vater den Sohn opfert, wäre ein problematisches Vater-Sohn-Verhältnis. Es geht vielmehr auch nach Anselm von Canterbury darum,[321] dass sich der Vater im Sohn als Liebe offenbart, die weder im Mitleid noch im Versöhnungsleiden ihre Kraft verliert. Und dass sich Gott diese Liebe unermesslich viel „kosten" lässt. Doch wie ist das zu verstehen?

Vielleicht hilft die menschliche Erfahrung, die Eltern manchmal nicht erspart bleibt: Sie erleben, wie ihre Söhne und Töchter nicht nur andere, sondern auch schlimme Wege gehen oder, ganz anders, dass es ihnen selber schlimm ergeht. Ihre Elternliebe verliert nicht an Intensität, aber sie wird jetzt anders: Sie wandelt sich von der Freude zum Schmerz darüber, dass ihre Kinder ungute Wege gehen oder Ungutes erfahren müssen. Von dieser Erfahrung her kann man das Kreuz als den Ausdruck des Schmerzes Gottes über die Leiden der Menschen *und* angesichts ihres Böseseins verstehen. Und damit als einen Ausdruck, dass Gottes Liebe nach beiden Richtungen nichts an unerschöpflicher Liebe verliert.

Christus stirbt *mit* den Menschen, die leiden, und *für* die Menschen, die Leid verursachen. Mit diesem „und" erfasst er – unvorstellbar, und oft für Menschen auch unverstehbar – die schlimmsten Gegensätze der Welt. Gott gibt seine Liebe nicht auf, sondern umfasst mit dem Versöhnungswort Christi, der von den Bösen gekreuzigt wird, auch die schuldige und sündige Menschheit. In diesem Leiden solidarisiert sich Gott zugleich mit allen Menschen, die leiden, und hält mit ihnen aus, was Menschen Menschen antun. Dieser doppelte, in sich bis zum Zerreißen gespannte Liebesschmerz treibt Gott zur Menschwerdung in Christus: Er ist die auch für Gott kostspielige Verleiblichung des Mitleidens mit den Menschen und seines Versöhnungsschmerzes mit den Menschen. Auch die Versöhnung wurzelt, menschlich gesehen, aber wie auch sonst, in Gottes Fähigkeit zum Mitgefühl für das Schlechtergehen vieler Menschen, wenn es keine Versöhnung gäbe. Gott liebt nicht „platonisch", seine Liebe ist kein Dekret, das von oben nach unten erlassen wird, sondern platzt aus einer unerschöpflichen Affektivität für die Schöpfung.

Insofern ist die Formulierung der Gottesbeleidigung[322] zu trivial, um den Charakter menschlicher Schuld als Sünde zu bestimmen. Es handelt sich hier nicht um eine feudale Majestätsbeleidigung (indem das Folterritual die Verletzung des Souveräns und seines politischen Körpers wiederherstellt[323]). Allerdings beinhaltet dieses Wort, wenn man es tiefer versteht, den Leidbegriff als etwas, was Gott zugefügt wird. Und in der Tat lässt sich Gott am Kreuz Leid zufügen, nämlich den Schmerz der nicht zurückgezogenen Liebe.

So bestimmt sich der Gerechtigkeitsvorgang nicht einfach an der Arithmetik der Taten bzw. moralischer Verfehlungen, sondern er gewinnt seine Substanz auf der Basis von zugefügtem bzw. erlittenem Leid. Schuld und Sünde werden also an die Kategorie der Leidsensibilität gebunden. Bei solcher Schuld geht es nicht primär darum, ob ein Gesetz übertreten wurde, sondern darum, ob Leid zugefügt oder erfahren wurde. Wo nicht Leid im Spiel ist, ist auch die Gesetzesübertretung von geringerer Bedeutung. Im Volksmund gibt es dieses Gerechtigkeitsempfinden oft auch als Legitimation von kleinen Gesetzes- oder Ordnungsübertretungen: Ich habe ja niemandem geschadet. Was hier in banalisierter Form an Gerechtigkeitsempfinden aufkommt, entspricht durchaus der eschatologischen Gerechtigkeitswahrheit. Diese Frage nach der Leidsubstanz ist auch oft nicht so leicht beantwortbar wie justiziable Übertretungskategorien. Für die Letzteren braucht man kein Ansehen der Person und kein Mitleid, wie die augenverbundene Justitia mit ihrem Schwert verdeutlicht. Um aber zugefügtes und erlittenes Leid einschätzen zu können, braucht man/frau Mitgefühl und die Fähigkeit des starken Mitleidens. Am Ende kann hier nur Gott selbst das letzte Wort haben.

Biblisch gesehen reut es Gott, dass es den Menschen böse ergeht.[324] Und Reue ist nicht nur ein Ausdruck von Mitgefühl, sondern auch von Mitverantwortung. Dass das Erbarmen Gottes selbst eine Forderung der Gerechtigkeit ist, kann man tatsächlich im Horizont der verweigerten Theodizee weiterdenken.[325] Denn gerade die biblischen Klagepsalmen zögern nicht, nicht nur die Menschen, sondern auch Gott für das Unglück und dafür, dass es böse Menschen gibt, verantwortlich zu machen und ihn entsprechend zu beschuldigen. Seine Barmherzigkeit gleicht also die Chancenungerechtigkeit in der Schöpfung aus, die mit einer unbarmherzigen Gerechtigkeit verewigt würden. Denn die Ungerechtigkeit ist immer schon vorhanden. Die Barmherzigkeit unterläuft die Ungerechtigkeit in den Ausgangsbedingungen von gutem bzw. schlechtem Leben und von Geliebtsein bzw. Nichtgeliebtsein, für deren Möglichkeitsbedingungen nicht nur die jeweiligen Menschen, sondern in ihrem Ursprung und in ihrer Fortdauer Gott selbst verantwortlich ist.

Wäre Gott im strafenden Tun-Ergehen-Schema gerecht, dann würde er die strukturelle Ungerechtigkeit der Welt zusätzlich bestätigen und zementieren. Gott würde die Menschen dafür leiden lassen, was er selbst (mit-)verursacht hat. Gott würde sich verhalten wie jene Täter, die ihre Taten nicht wahrhaben wollen und anderen in die Schuhe schieben. Der Mensch würde zum Sündenbock Gottes. Was der matthäische Jesus als etwas Böses bekämpft, nämlich ganz legal unbarmherzig zu sein und Unrecht zu tun,[326] wäre dann eine Spezialität Gottes selbst.

Die erste Gerechtigkeit, die im Sinne von Mt 25,31–46 Recht spricht, ist eine ebenso notwendige wie unzureichende, weil doch auch nur scheinbar gerechte, vielmehr auch ungerechte Gerechtigkeit. Deshalb ist sie mit einer sie durchbrechenden und hintergehenden Mitleid zu korrigieren, das seinerseits erst die volle, zweite Gerechtigkeit einlöst. Dies ist keine Therapeutisierung der Täter und keine Trivialisierung oder Verständlichmachung ihrer Taten, sondern eine verschärfte Sicht des Bösen und der Ungerechtigkeit in ihren zu differenzierenden asymmetrischen Herkünften und Verschuldungen.

Gott kann nur die Güte selbst sein, wenn er im Gericht weiter zurückgeht als nur zu den menschlichen Taten und sich in das Gericht mit einbeziehen lässt: hinsichtlich dessen, was *vor* und erst von daher *mit* den Menschen in der Schöpfung an Ambivalenz angelegt ist. Die biblischen Klagegebete haben also einen über den Tod und das Ende der Welt hinausgehenden eschatologischen Charakter: Warum hat Gott die Menschen in den Staub des Todes gelegt? (Vgl. Ps 22,16) Was von daher als Barmherzigkeit, als Mitgefühl Gottes mit seiner Schöpfung imaginiert wird, ist ein notwendiger Vollzug der Gerechtigkeit selbst, ist eine nachträgliche „Sanatio in radice", einer Heilung der Schöpfung in ihren Wurzeln. Das Magnifikat und viele Klagepsalmen verkörpern die Einklage dieser Sanatio im Gebet, im Konfliktgespräch mit Gott: dass Gott die ungleichen Ausgangsbedingungen „wieder" gerecht mache, indem er die Kleinen erhöhe, also mit den Benachteiligten Mitleid habe, und die Großen erniedrige (vgl. Lk 1,46–55). Es geht immer um Rettung der einen und Untergang der anderen, und das hört aber niemals auf, so dass die Untergegangenen in diese Dynamik hineingerettet werden, gegenüber denen, die ihren Untergang haben wollen.[327]

Gegen die Kultur der Amnesie vergangenen Leidens und des Wegschauens von gegenwärtigem Leiden ist mit einer anderen Kultur gegenzusteuern, nämlich in der unaufschiebbaren Klage der Leidenden gegen Gott (wie in den Klagepsalmen, bei Hiob und bei Jesus selbst am Kreuz und überhaupt in allen leidenden Menschen) wie auch in seinem Willen, dass die Menschen in Solidarität mit den Zerbrechlichen und Zerbrochenen leben. Gott steht im Menschensohn nicht mit dem Rücken zur Geschichte und unseren Geschichten, sondern, wie Paul Klees Angelus Novus als Engel der Geschichte bei Walter Benjamin in der Mitte seiner Geschichtsthesen[328], mit dem erschrockenen Gesicht zum Trümmerfeld der Geschichte und ständig durch die Geschichte vorwärtsgeschleudert bis in das Endzeitgeschehen hinein.

Im Gericht wird der Sturm der Geschichte abgestellt, der den Engel daran hindert, das Notwendige zu tun, nämlich zu retten. Der Engel der Geschichte beginnt nun die Zeit des großen Aufsammelns der Trümmer, die er mit dem Blick gegen den Sturm alle gesehen und sich genau gemerkt hat. Nun beginnt so etwas wie ein neuer Sturm, gegenläufig zu dem der Geschichte: Der Engel der Geschichte jagt nun in entgegengesetzter Richtung durch die Geschichte hindurch bis an ihren Anfang und wird, nichts, aber auch gar nichts übersehend, alles einsammeln. Das ist der messianische, der eschatologische Tag, der an allen Stellen in der Vergangenheit verweilt, die Toten erweckt und das Zerschlagene zusammenfügt. Wo Menschen die Umkehr zu dieser Sicht der Geschichte wagen, mag es ihnen gelingen, im Sturm der Geschichte im Vorgriff auf das Jüngste Gericht bereits jetzt Trümmer zu sehen und zusammenzufügen, Menschen zu retten und zu versöhnen. Geschieht derart jetzt schon Umkehr durch das zur Solidarität motivierende Mitleid, dann ist Benjamins Diktum erfahrbar: „Der jüngste Tag ist eine rückwärts gewandte Gegenwart."[329]

Den Jüngsten Tag kann man als ein Stoppen der Geschichte verstehen, in dem das Mitgefühl Gottes endgültig Macht gewinnt. Man fragt sich allerdings, warum Gott so lange zuschauen konnte und nicht schon viel eher, am besten schon von Anfang an das Leiden verhindert hat. Doch diese Frage bleibt auch in der Bibel ohne Antwort.

1.5 Barmherzigkeit im Gericht

So ist auch das Gericht als Auswirkung der Liebe Gottes selbst zu denken. Eine entscheidende Spur der Gesinnung Gottes ist hier die den Menschen aufgetragene Feindesliebe. In diesem Gebot spiegelt sich das Wesen Gottes: Noch unvergleichlich mehr liebt dann auch Gott die „Feinde", jene also, die Liebe vernichten und Hass und Zerstörung bringen, auch die schlimmsten Verbrecher, ohne Bedingung. In menschlicher Metapher: Er liebt sie mit einer schmerzenden Liebe, weil sie derart Schmerz zugefügt haben.

Dieser Schmerz zeigt, dass mit solcher Liebe nicht, und zwar absolut nicht, die Geliebten in ihrer Schuld und Sünde bestätigt werden, sondern genau das Gegenteil findet statt: In dieser Liebe erfährt Gott und erfahren die Sünderinnen und Sünder den abgrundtiefen Schmerz darüber, was sie anderen an Schmerz zugefügt haben. Und da sich dieser Schmerz in Gott ereignet, hat er Anteil an dessen unendlicher Qualität. Denn zugefügtes Leid ist nicht durch Vergebung aus der Welt zu schaffen. Man kann, ermöglicht durch die Vergebung, ihm und damit den Opfern nur auf einem ihm entsprechenden Niveau begegnen. Diese Gnadendynamik in die Liebe Gottes hinein wird von guten Menschen anders erlebbar sein als von bösen Menschen. Gott wird mit dieser unendlichen Liebe auf die schauen, die Gutes getan haben und dabei sich selbst riskiert haben, und er schaut auf sie mit unendlicher Freude, die sich in der Freude der Guten selig widerspiegelt. Die Menschen dürfen im Raum der Liebe Gottes Entsprechendes erfahren, was mit ihrer Vergangenheit zu tun hat. Denn was mit dem Thema des Mitleids zu besprechen ist, ist nur eine Seite, die andere Seite wäre eigens zu erörtern, nämlich: Die Freude der Guten, des Dankes für das Gute, für erlebte und geschenkte Liebe und Caritas ist genauso unerschöpflich wie die Tiefe des Reueschmerzes. Beides, Mitschmerz und Mitfreude verbindet der Begriff Mitgefühl.

Das „Entsprechen" meint nicht eine gleichgewichtige „ausgleichende" Gerechtigkeit. Es ist vielmehr eine Entsprechung, die der Gnadendynamik des unerschöpflichen Übermaßes an göttlicher Liebe entspricht, wo alle Vergleichbarkeit aufhört, wo das angesichts der Opfer des eigenen Handelns „nachträglich" geschenkte Mitleiden in eine für uns unvorstellbare Verbindung von Schmerz und Seligkeit hineingetrieben wird, die gar nicht aufhören will. Die verrückte österliche Vorstellung der „felix culpa", der „glücklichen Schuld", mag dafür eine Spur sein. Diese darf nicht als „ewiger" Psychoterror verstanden werden, sondern ist ein Vollzug der Seligkeit selbst, einer Seligkeit, die nie auf das Vergessen angewiesen ist. Es ist ein Segen, derart mit der eigenen Vergangenheit und den Betroffenen ins Gute zu kommen.

Die Erfahrung im Jüngsten Gericht, dass die Sünderinnen und Sünder ihr Geliebtsein erleben, verschärft die Gerechtigkeit dergestalt, dass der darin erfahrene Schmerz über das Getane in einer in der unerschöpflichen Liebe Gottes selbst unerschöpflichen Weise dem Leid „gerecht" wird, das sie zugefügt haben. In dieser Unterschiedlichkeit ereignet sich Gerechtigkeit im Horizont der unergründlichen Liebe Gottes. Letztere banalisiert und verkleinert nichts, kann dies gar nicht. Denn wenn sie diese mitfühlende Liebe ist, wird sie darin jede Lieblosigkeit in Erinnerung bringen und derart mit den Verursachern konfrontieren.

Nur in diesem Szenario, dessen Formulierung hier nur flach sein kann angesichts der mit dieser Rede unähnlichen, unvorstellbaren Verwirklichung dieses Gerichtes, kann man die Hoffnung aufbringen, dass die Opfer in dieser den Gegensatz zwischen Leiderleiden und Leidzufügen nie verkleinernden, sondern bis zum Äußersten aufreißenden Liebe Gottes zugleich mit Christus hineingenommen werden in die Kreuzesbitte Jesu um Gottes Vergebung für die Täter, so dass ihnen aus dieser unvorstellbar unendlichen Liebe Gottes heraus die Gnade für eine völlig unwahrscheinliche Versöhnung geschenkt wird.

In der endzeitlichen Erfahrung der umfassenden Liebe Gottes, die *alle* Menschen liebt, werden auch für die Menschen alle Menschen zu geliebten Menschen. Es hängt alles davon ab, dass sich die Täter in diese Begegnung hineinbegeben und dass sie sich nicht verweigern. Doch angesichts der größeren Freiheit in der unendlichen Liebe werden sie es wohl nicht tun. Und „tätige" Sünder bzw. Sünderinnen waren alle Menschen in unterschiedlichen Zusammenhängen und Ausformungen. „Das Ende des Lebens erscheint somit als gerichtliches Einvernehmen von Gegensätzen, also gleichzeitig als Durchlichtung von allem Verflochtenen und Verhüllten, als Beurteilung von Gutem und Bösem ..."[330]

Ähnliches gilt deshalb auch für das Gegenteil des Bösen, für die Menschen, die in Liebe und Solidarität gelebt haben: Sie dürfen sich dann in unendlicher Freude und Bestätigung angesichts der betreffenden Personen und angesichts der unendlichen Liebe Gottes als Resonanzkörper dessen erfahren, was sie an Liebe und Solidarität geschenkt haben. Das Gericht ist das Ereignis großer Freude- und Schmerzbewegungen der Menschen im Horizont der unerschöpflichen Liebe Gottes und angesichts ihres bisherigen Lebens: Freude und Schmerz, je nachdem, wie sie in diesem Leben mit der Liebe umgegangen sind.

Die Menschen sind im Gericht nicht ungefragte Gegenüber eines von oben nach unten erfolgenden Gerichts mit einer verordneten Strafe, sondern die „Strafe" ereignet sich in diesem Geschehen selbst als die nicht auferlegte, sondern in uns selbst angesichts der Opfer aufbrechende Schmerz- und Sühnebewegung. „Aber in dem Schmerz dieser Begegnung, in der uns das Unreine und Kranke unseres Daseins offenbar wird, ist Rettung."[331]

Dieser wie Feuer brennende „Schmerz" reicht bis in Gottes unendliche Liebe hinein und geht tiefer als jede Strafe außerhalb dieser Liebe – und kann ebendort, in der Liebe Gottes, den Opfern ermöglichen, in diese Versöhnung einzuschwingen.[332] Denn es gilt, „dass Freiheits-Strafe wie Lebens-Strafe bei Gott keinen Bestand haben werden."[333]

1.6 Gerechtigkeit in der Gnade

Im ökumenischen Zusammenhang und im Horizont der Rechtfertigungstheologie ist daran festzuhalten, dass dies nicht die Leistung und das Verdienst der Menschen selbst ist, sich in diesen Reueschmerz hineinzubegeben, sondern dass letzterer von Grund auf ermöglicht wurde durch die unendliche Versöhnungsmacht, durch die Gnade Gottes, die in der Auferstehung bereits beginnt und durch das Gericht hindurch trägt und rettet. Es handelt sich also, jenseits jeder „endzeitlichen Werkgerechtigkeit", um die endzeitliche Wirksamkeit jener unbedingten Rechtfertigungsgnade (also jener unerschöpflichen Liebe), die von den Menschen allerdings unterschiedlich, zwischen Freude und Leid, erfahren wird, je nach dem Leben, das sie hinter sich haben. Dies ist der Anteil der Gerechtigkeit im eschatologischen Gnadengeschehen, nicht als Bedingung, sondern als *Auswirkung* der Gnade. Die Alternative wäre, dass die unterschiedslos geschenkte Liebe Gottes keine Unterschiede machte, was das hiesige Leben für das Gericht egal sein ließe. So kann Benedikt XVI. schreiben: „Aber es ist ein seliger Schmerz, in dem die heilige Macht seiner Liebe uns brennend durchdringt, so dass wir endlich ganz wir selber und dadurch ganz Gottes werden. So wird auch das Ineinander von Gerechtigkeit und Gnade sichtbar."[334]

Mit Reinhold Schneider formuliert:[335]

> „… Ein läuternd Feuer
> Ist mehr als Untergang. In Dir verbrenne
> Die tiefen Wurzeln weltverzweigter Schuld!
> … wandle Dich, erkenne
> Die mächtige Gnade sühnender Geduld."

Indem ich diesen Gerechtigkeitsanteil in der Versöhnungsgnade formuliere, muss ich ihn auch schon wieder aus der Hand in die Unverfügbarkeit Gottes geben. Die Neuschöpfung im Gericht übersteigt alle unsere Vorstellungen, aber erst nachdem sie uns in der christlichen Botschaft gegeben wurden. Nur in dieser unauflösbaren Spannung gilt die Einsicht des Paulus, ohne die das Leiden nicht ernst genug genommen wird: „Ich bin überzeugt, dass die Leiden der gegenwärtigen Zeit nichts bedeuten im Vergleich zu der Herrlichkeit, die an uns offenbar werden soll." (Röm 8,18) In der Unbedingtheit Gottes werden zwar die menschlichen Bedingtheiten nicht gelöscht, aber unendlich überboten.

Die menschliche Sehnsucht nach ausgleichender Gerechtigkeit bis hin zum Schrei nach Gerechtigkeit wird nicht zuschanden, müssen sich aber nicht mit dem Ausgleich begnügen, sondern werden in eine Unerschöpflichkeit von Gottes Gerechtigkeit, die in ihrer Liebesdynamik niemals aufhört, aufgenommen, in solcher Unendlichkeit, dass sie auf keinen Ausgleich angewiesen ist und jeden Ausgleich überschwänglich und überbordend überbietet. Insofern ist die Gerechtigkeit unerschöpflich, als sie mit jeder Steigerung in der Barmherzigkeit mitgeht und diese zu ratifizieren vermag.

Völlig unnötig und deplatziert ist es deshalb, auch nur den Hauch eines Gedankens daran zu verlieren, mit dem Reueschmerz ein Anrecht auf Rettung verbinden zu können oder zu müssen. Er ist völlig selbstwertig, für nichts instrumentalisierbar, und begibt sich frei und absichtslos in die Hand Gottes. Auch das Gleichnis von den Arbeitern im Weinberg (Mt 20,1–16) verbietet es, die Vorstellung von der Gerechtigkeit in der eschatologischen Gnade als rechnerischen und kalkulierbaren Ausgleich anzunehmen. Die Gnade kann frei jeglichen Ausgleich übersteigen, so dass Täter aus der geschenkten Liebe heraus noch viel mehr oder aber auch viel weniger Reue leiden „wollen" oder „müssen", als was sie an Leid zugefügt haben.

Wir dürfen unsere Hoffnung auf beide Bilder hin ausstrecken, auf die Gerechtigkeit und auch die Barmherzigkeit, auf die Verurteilung der Täter und auf die Rettung der Opfer und, im Durchgang durch den in der unendlichen Versöhnung Gottes ermöglichten Reueschmerz, auch der Täter, von uns Sündern und Sünderinnen überhaupt. Für alle, die sich in das Gericht hineinbegeben, wird es zur Gnade. Und es werden alle sein, so sagt die christliche Lehre, die auferstehen und ins Gericht kommen. Nur für den, der sich ihm verweigert, der sich überhaupt nicht in den Gerichtsprozess hineinbegibt, würde es zum Fluch. Doch widerspricht diese Möglichkeit dem Dogma vom universalen Gericht.[336].

Der Theologe Hans Urs von Balthasar hat die Frage gestellt: Wenn Christus selbst am Karsamstag in den Abgrund der Hölle hineintritt und so tief geht, dass er mit seiner Solidarität auch den Verlorensten nochmals nach unten hin überholt, ob nicht dann doch auch der verlorenste Mensch sich angesichts einer solchen Liebe, die zugleich der tiefste Grund seiner Freiheit ist, tatsächlich erweichen ließe? Wir haben die Antwort auf diese Frage nicht im Griff. Aber die Frage bleibt hoffnungsvoll offen!

Auch die kirchliche Lehre hinsichtlich der Hölle (ohne dass die Kirche es jemals gewagt hätte, von auch nur einem Menschen positiv zu behaupten, das er in der Hölle wäre, im radikalen Gegensatz zu den vielen Heiligen im Himmel) verbietet es uns, so auf die Rettung aller Menschen zu schauen, als hätten wir diese Rettung und damit Gott selbst in seinem zukünftigen Handeln im Griff, oder als hätten wir im Griff, dass sich alle Menschen in das Gericht hineinbegeben. Gleichwohl ist es uns nicht verboten, die Hoffnung auch für die Verdammtesten noch aufrechtzuerhalten, als Hoffnung auf Basis der unendlichen Liebe und Versöhnung Gottes selbst.

Am Karsamstag steigt Christus hinab in den „als Gottes *Gericht* erfahrenen Tod".[337] Es ist die Erfahrung abgrundtiefer Gottverlassenheit genauso wie die Erfahrung abgrundtiefer Depression. Christus tritt in das finstere Reich ein, „um in Prozession alle zum Vater hin herauszuführen".[338] So kommt Jesus in die Hölle, um dem in Ohnmacht auf sich selbst Bezogenen „die Absolutheit seiner Einsamkeit streitig" zu machen.[339]

1.7 Satisfaktion als Gnade

Im Gericht geschieht etwas so ganz Unmögliches, was Menschen niemals selber herstellen könnten: Sie werden vom Tod auferweckt, und sie werden in unblockierter Weise der Liebe Gottes ansichtig, erleben also beides in unerschöpflicher Weise, nämlich Leben und Liebe.

Darin ereignet sich grundlos und bedingungslos die Vergebung Gottes für alle Menschen. Dieses Ereignis, so ist die Hoffnung, löst in allen Menschen jene Gerechtigkeit aus, die in ihrer unterschiedlichen Reaktion auf diese Vergebung liegt. Und diese unterschiedliche Reaktion vergegenwärtigt in dieser Liebe respondierend das eigene irdische Leben mit unterschiedlicher Freude und mit unterschiedlichem Schmerz. So geht es tatsächlich um eine Art von Satisfaktion, aber nicht um eine solche, die sich erst die Vergebung verdienen müsste, sondern um eine solche, die aus der Vergebung herauswächst. In diesem unvorstellbaren Drama werden die Menschen in die unbegrenzte Erfahrung der Gnade Gottes hineingenommen und gerade darin in Freiheit ermächtigt, diese Gnade anzunehmen.[340]

Höchste Freiheit setzt eben nicht voraus, dass „der Mensch in seiner Freiheit sich im Guten bewährt und damit in gewisser Weise sich seine Glückseligkeit in eigener Freiheit erworben hat"[341], sondern sie ist eine bedingungslose Gabe, die in sich selbst die unbegrenzte Wirklichkeit dessen entfaltet, was sie trägt, nämlich diese unerschöpfliche Gabe. Diese Freiheit ist unendlich mehr als ihre Einzwängung in die Dualität von Gut und Böse und als ihre Zerstörung durch das Böse. Deshalb kann Gott niemals um dieser verhunzten Freiheit willen das Böse zugelassen haben, wenn denn Freiheit sein Anliegen ist. Deshalb bleibt die Frage bis zum Gericht nicht beantwortet, warum Gott nicht von vornherein den Menschen den Himmel geschenkt hat, mit seiner unerschöpflichen Verbindung von Freiheit und Liebe, einer Verbindung, die im Diesseits so selten erfahrbar ist.

Gericht bedeutet, dass alle Menschen an diesem Transformationsgeschehen beteiligt sind, dass sie durch die Auferweckung zum Leben Aktivität erhalten, und darin jeweils wirksam werden entsprechend dem, was sie gewesen sind.

Die im Diesseits so oft ersehnte Gnade des Vergessendürfens wird darin von einer anderen Gnade überboten, die nicht auf Verdrängung aus ist, sondern (analog zu den Wunden des Auferstandenen) die erhaltenen Wunden und die zugefügten Wunden und darin auch die Reuewunden bis in die Ewigkeit hinein erinnert, allerdings in transformierender und transformierter Form, nämlich wie die Bibel sagt „verklärt" (vgl. Mt 17,2; 1 Kor 3,18). Der Reueschmerz wird in das Glück seiner Ermöglichung aus Gottes Liebe heraus hineintransformiert. Was außerhalb der Liebe Gottes in Bezug auf das Feuer der Hölle an Ewigkeit gedacht wurde, gilt nun innerhalb des Liebesbezugs als Feuer der Liebe und der Reue.

Das Gericht ist das eine Feuer, das ewige Feuer, das Gott selber ist, und das für Himmel, Fegfeuer und Hölle genügt.[342] Eine Versöhnung kann es in Ewigkeit nicht, also niemals geben, so sagen viele Betroffene: eben deswegen gibt es sie nur in der Unmöglichkeit der göttlichen Ewigkeit. Denn Leid hat in der Liebe Ewigkeitswert.

Auch die Opfer werden darin aktiv sein dürfen, nämlich insofern sie hineingenommen werden in das Christusgeschehen, in dem Christus sich vom Kreuz her nicht auf das Opfersein festlegen lässt, sondern als Menschensohn souverän um Vergebung bittet und als Gottessohn selbst Versöhnung schenkt. Denn es ist wichtig, weder in der diesseitigen Erinnerungskultur noch im eschatologischen Diskurs die Opfer auf ihre Opferrolle festzulegen. Vielmehr „geht (es) um ihre Hoffnungen, Sehnsüchte und Träume eines gelungenen Lebens",[343] um das Leben, das sie führen durften, bevor, vielleicht auch nachdem sie Opfer geworden sind, mit einer eigenen Identitätsqualität, der Freude am Leben, der Sehnsucht, auch der Schuld, der Solidarität und Versöhnung.

Nur eine unendlich verschwenderische Liebe ist fähig und hat die „Kapazität", die Menschen damit zu beschenken, in alle Zukunft mit den eigenen Erinnerungen leben zu können, ohne daran zu zerbrechen, ohne dass dabei die wahnsinnige Differenz, die in diesen Erinnerungen liegt, auch nur im geringsten geschmälert wird. Die „Glückseligkeit" besteht darin, nie aus der Liebe Gottes herausfallen zu können und mit einer Verwundbarkeit[344] beschenkt zu sein, die in dieser Dynamik in dem Maß einmal nicht mehr schmerzen wird, als die Opfer über das, was sie erlitten haben, keine

1.7 Satisfaktion als Gnade

schmerzlichen Erinnerungen mehr haben müssen. Im Sinne der aufreizend unmöglichen Vorstellung von Paulus (vgl. Röm 8,18), dass die Leiden dieser Welt dann doch angesichts der neuen Welt und des dortigen Glückes nicht ins Gewicht fallen (was wir uns *jetzt* nicht vorstellen können).

Gott spaltet den Schmerz der Schöpfung und das Ungute der Menschen nicht von sich ab. Mit diesem Gedanken nehme ich auf, was auch das Anliegen von Anselm von Canterbury war. Das Faszinierende ist, dass Anselm nicht daran denken konnte, dass Gott einfach so, nämlich umsonst, vergibt. Gratis schon, was die Menschen anbelangt, aber nicht umsonst, was Gottes Engagement selbst anbetrifft. Im damaligen sozialkulturell bedingten Satisfaktionskonzept wird in dessen Kategorien rekonstruiert, dass diese Liebe Gott selbst unendlich viel kostet, nämlich dass sein Sohn Sühne für die Sünden der Menschen leistet.[345]

Anselms *Anliegen* hat bleibende Bedeutung: Bis hinein in die Vorstellungsmöglichkeit, dass Gott in der Menschwerdung „die Satisfaktion für seine eigene Schöpfungstat" leistet, „indem er sich als Sohn das zumutete, was er allen Menschen zumutet: Ein Leben, das nicht nur voller Schönheit und Lust sein kann, sondern auch ungeheure Abgründe bereithält. Wenn man so will, sühnt Gott sein riskantes Schöpfungswerk, und er gibt zugleich Hoffnung auf Zukunft. Denn der in diesem Glauben offenbar gewordene Gott ist als unendliche Liebe und Treue offenbar geworden. Dass dieser Gott auch Zorn kennt, ist nicht zu verschweigen. Es ist der Zorn gegenüber Engherzigkeit, Lieblosigkeit und Gewalt, die ihm, der Liebe ist, nicht gleichgültig sein können, ja die ihn selbst schmerzen angesichts des Preises, den die Menschen dafür zu zahlen haben."[346]

Auch mir geht es um die „abgründige und unbegreifliche Güte Gottes, für die ein abrechnendes, strafendes Tun-Ergehen-Schema allein unangemessen wäre".[347] Im Vergleich mit Anselm ist mir die bei ihm zum Vorschein kommende unvorstellbare Dynamik wichtig, die darin liegt, dass der Gottessohn, der in keiner Weise den Tod verdient, aus freiem Willen sich hingibt und für die Sünden der Menschen stirbt. Damit gibt sich Gott in einer unerschöpflichen Weise als Gabe für die in Schuld verstrickten Menschen, zugleich als Gabe, die weit über das Geschuldete hinausgeht.[348] Denkt nun Anselm vor allem aus der Perspektive der Schuldsensibilität, so möchte ich, allerdings in ähnlicher Dynamik, aus der Perspektive der Leidsensibilität Analoges denken.

Denn mir geht es darum, dass hinter der Sündenfrage immer die Leidfrage steht, so dass Christus dadurch, dass er nach Anselm die Sünden und die Folgen der Sünden der Menschen auf sich nimmt – noch tiefer liegend das, was die Sünde an Destruktivem verursacht, nämlich Leid – das Leid der und über die Menschen auf sich nimmt und es am Kreuz zum Vorschein kommen lässt: seinen Schmerz aus Mitleid und seinen Schmerz, der aus der nicht zurückgezogenen Liebe zu den sündigen Menschen kommt.

Diese Verschwendungsökonomie Gottes den Menschen gegenüber wird insbesondere in der Eucharistie und dann in allen Sakramenten und in der Verkündigung des Wortes gefeiert, als Quelle von Kraft, sich soweit wie möglich auch diesseits in diese Verschwendung hineinzubegeben, in die alle Berechnung übersteigende Verschwendung des Mitleids und der Liebe.[349]

Gültig bleibt auch der Gedanke: Trotz der Schuldbezogenheit handelt es sich bei Anselm nicht um ein juridisches Verrechnungssystem mit Ausgleichscharakter, sondern um den Mehrwert einer unendlichen Gabe durch die Selbsthingabe Gottes, in deren Dynamik die ausgleichende Gerechtigkeit ihre Erfüllung findet und zugleich (bzw. immer mehr, wenn man es in zeitlicher Kategorie formulieren will) ihre Bedeutung verliert.[350] Anselm von Canterbury vertritt ein Gerechtigkeitsprinzip, worin die Barmherzigkeit Gottes gerade darin besteht, die Gerechtigkeit zu erfüllen, nämlich so viel satisfactio in Leiden und Sterben Christi zu verwirklichen, wie es Sünde und Verursachung von Leid gibt. Gott selber erfüllt die geforderte Gerechtigkeit durch seine Sühne. Dieses Gratis der Erlösungsgnade gibt es nicht gratis in dem Sinn, dass es Gott nichts kosten würde. Sie ist gratis, weil Gott weder über Leid noch über Sünde hinwegsieht.

Es gilt: Man trifft mit jeder Tat oder Untat zugleich eine eschatologische heilsdramatische Entscheidung.[351] So kommt es zu einer eschatologischen Horizontverschmelzung dessen, was hier geschieht, und dessen, was dort aufgerufen wird. Die erzählte Zeit des erfolgten und zukünftigen Gerichtes findet damit Eingang in unsere zu besprechende Zeit der Pastoral und der Verkündigung. Der endzeitliche Barmherzigkeitsgedanke reicht damit als entsprechende Verantwortung in die Gegenwart.

1.8 Einfühlungen

Die eschatologische Barmherzigkeit Gottes ermöglicht nochmals von einer anderen Seite her eine je größere Gerechtigkeit durch gesteigertes Einfühlungsvermögen. „Versteht" man Gott auch als die Summe aller denkbaren und nicht denkbaren Möglichkeiten – nicht nur alles in allem Wirklichen, sondern alles in allem Möglichen[352] –, dann darf für das Gericht folgende Spur wichtig sein: Wenn Gott in dieser Weise im Gericht auf uns zukommt, erfüllt sich die Gerechtigkeit nochmals in einer anderen, zusätzlichen Weise, nämlich nicht nur mit dem Gericht über die wirklichen Taten, sondern auch – in Spannung dazu – mit der Entwirklichung des gewordenen „Zufalls", insofern etwas anderes hätte wirklich werden können: durch andere Herkunft, Lebensumstände und Erfahrungen.

Es gab und gibt Menschen, die sich nicht nur mit den Leidenden solidarisieren, sondern auch in dem Sinn mit den Tätern, als sie, sensibel genug, von sich selber sagen: Sie hätten unter anderen, mit denen der Täter vergleichbaren Umständen möglicherweise ebenfalls Schlimmes bis Schlimmstes getan. Jedenfalls erschreckt sie die Vorstellung, dass sie nicht ganz sicher sein können, nicht entsprechend anfällig gewesen zu sein. So steht den Menschen ein Erschrecken vor den eigenen dunklen Möglichkeiten an, deren Verwirklichung ihnen aus bestimmten Gründen „erspart" blieb, weil es keine Umstände oder Versuchungen gegeben hat, die ihre Verwirklichung herausgerufen und aktiviert hätten.

Diese Entwirklichung trifft nicht die Tat. Denn was getan wurde, wurde getan und was nicht getan wurde, wurde nicht getan. Sie bedeutet auch keine Entschuldigung der Täter und Täterinnen, denn diese haben das Schlimme getan und die Opfer haben dies als entsetzliche Wirklichkeit tatsächlich erfahren. Es geht auch nicht um eine jener diesseitigen Entschuldigungen der Täter dadurch, dass man ihre „schlechte Kindheit" als Verstehensmotiv ins Feld führt. Es gibt Böses, das durch keine Umstände und durch nichts mehr „verstanden" werden kann. Wenn das deutlich genug gesagt ist, kann aber auch das andere gesagt sein: Im Jenseits des Gerichts wird die darin verwirklichte umfassende Gerechtigkeit jene Schuldanteile benennen, die nicht unmittelbar zu Lasten der Täter gehen, sondern bestimmten Umständen (Leben in großer Ungerechtigkeit oder in einer Umgebung, in der die Gewalt und das Töten von Menschen als „normaler" Weg für die Erreichung bestimmter Ziele gilt) zuzuschreiben sind. Hierfür sind wieder andere Menschen verantwortlich (und hier zeigt sich, wie sehr die erbsündliche Verfasstheit der Welt in einem Netz von Abhängigkeit im Bösen geschichtlich zum Vorschein kommt), hierfür ist aber auch in dem bereits angesprochenen Sinn Gott selbst verantwortlich, als er diese Welt in ihrer Verteilung der Ermöglichung, gut zu sein, so ungerecht lässt wie sie ist.

So wird, und hier setzt unsere Vorstellungskraft aus, im Gericht jene nicht gewordene Wirklichkeit zum Vorschein kommen, wie Menschen möglicherweise anders gehandelt hätten, wenn sie aus anderen Umständen gekommen wären (was aber tatsächlich nicht der Fall war). Im Gericht hat diese Möglichkeitssicht eine eigene Wirklichkeitsmacht, nämlich die des Einbezugs aller Faktoren und Schuldanteile anderer, die einen Täter zum Täter haben werden lassen bzw. einen anderen davor bewahrt haben.

Dieser Gedankengang weist aber noch in eine andere Richtung: Gerade wenn sich Menschen in die Solidarität und Barmherzigkeit, z. B. in einen harten Dienst an hilfsbedürftigen Menschen, die manchmal selbst gar nicht gut sind, sondern ziemlich böse sein können, hinein begeben, gelangen sie eben darin in die Gefahr gesteigerter Schuldfähigkeit. Die Betroffenen kennen diese Versuchungserfahrungen. Sich der Diakonie auszusetzen, bringt eine erhöhte Sündenanfälligkeit, zum Beispiel gegen aggressive Dauerkranke in der eigenen Wohnung. Wer mit schwierigen Menschen leben muss, kommt gesteigert in die Gefahr der Schuld bis hinein in die geheimsten Vernichtungswünsche. Sie machen es einem schwer, gut zu sein. Dieser Gedanke gilt nicht als Abwehr, nicht als Entschuldigung der Untaten, sondern soll die wirkliche Belastung in den Blick bringen, jenes aufreibende Dauergemisch von Mitleid und Aggression. Dann erst wird das erbsündliche Dilemma in seiner ganzen Tiefe ausgelotet, nämlich in jener Bereitschaft zum Bösen, der alle ausgeliefert sind. Die Möglichkeiten, sündig und Täter zu werden, hören in der Menschheitsgeschichte überhaupt niemals auf. Gerade in diesem Horizont darf man umso weniger die vergessen, die in widrigen Situationen gut bleiben bzw. werden. Sie aber wissen gerade dann, was dies kostet, so sehr, dass sie es umso mehr im Horizont Gottes als Gnade erfahren, so „stark" im Guten gewesen zu sein.

Andere Menschen haben es dagegen leicht, nämlich von ihrer behüteten Situation und von guten und vertrauenden Mitmenschen her, gut zu sein. Dies wird in die endzeitliche Beurteilung einfließen, allerdings ohne die Tatebene zu schmälern. Denn der Schmerz der Opfer wird nicht leichter dadurch, dass die Täter böse werden „mussten". Dennoch muss die angesprochene Möglichkeit um der Gerechtigkeit willen in den Blick kommen. Es ist auch eine Frage der Gerechtigkeit, dass die Guten nicht über die Täter triumphieren (genauso wenig, wie im Gericht die Täter über die Opfer triumphieren dürfen). Siegerbewusstsein der Guten ist nicht am Platze. Als möglich gewesene Täter werden sie für die Rettung der wirklichen Täter eintreten. Was bei ihnen Gnade vor der Tat war, soll den Tätern und Täterinnen als Gnade nach der Tat nicht vorenthalten werden.

Eine solche endzeitliche Sicht hat auch Auswirkungen auf gegenwärtige Haltungen: etwa in der Beziehung zur Vergangenheit, nämlich dass man sich nicht nur mit den Opfern der Geschichte identifiziert, sondern auch mit den Tätern und darin die erschreckende Möglichkeit zum gegenwärtig Bösen erkennt, wie man das Schlimmste zu tun selbst in Gefahr gewesen wäre und vielleicht schon wieder in Gefahr ist. Als wirkliche und mögliche Sünder und Sünderinnen blicken die Gläubigen auf die schlimmsten Täter, weil sie letztlich nicht wissen, ob sie diese nicht in anderen Situationen noch überholt hätten („hätten wir nicht auch …?") und weil sie deshalb nicht haben wollen, dass diese verdammt sein sollten.

Die letzte Verantwortlichkeit der Täter ist damit nicht zu verkleinern. Aber sie sind nicht allein in dieser Verantwortung. Kaum ein Kind wird später einmal Täter, das nicht auch Opfer gewesen ist. Da wir niemals allen Menschen gerecht werden, kommt dieses Niemals bei vielen Menschen als Missachtung und Verachtung an. So wissen wir letztlich nicht, wo wir durch Versäumungs- bzw. Unterlassungsschuld tatsächlich schuldig geworden sind.[353] Erst im Gericht wird dies offenbar werden. Es gibt daher keinen Selbstruhm selbstbewusster Gutheit, der immer mit dem Vergessen des wirklichen oder möglichen Unguten verbunden ist, bis in seine Verdrängung hinein. So ist die der Erinnerung nicht zugängliche oder entkommene Schuld aufzudecken, weil sie vielen tatsächlich geschadet hat. Jeder Mensch zieht durch die Geschichte auch eine dunkle Spur, lässt Schatten auf Geschichte und Geschichten fallen, wird am Ende eingeholt und auch in dieser Wirklichkeit geoffenbart.

Die Frage nach der Potenzialität, gewissermaßen der Potenzialitätstest, dessen Ausgang ungewiss ist, ist die Frage nach der gefühlten Fähigkeit, was ein Mensch in einer anderen Situation getan hätte. Diese Fähigkeit braucht ein eigenes Einfühlungsvermögen, ein eigenes Mitgefühl.

2. Lohntransformationen

2.1 (Er-)Warten

In der Fernsehsendung „Abenteuer Forschung" berichtet Harald Lesch von folgendem Experiment: Die ultimative Verlockung für Kinder, nämlich Schokolade, wurde Grundlage für einen psychologischen Test. Vierjährige werden vor die Wahl gestellt: entweder ein Stück Schokolade sofort, oder einen ganzen Riegel zu erhalten, aber nur, wenn sie zehn Minuten darauf warten. Für die meisten Kinder war dies ein klarer Fall: Sie nehmen das kleinere Stück, aber sofort. Manche, etwa ein Drittel, nehmen die Herausforderung an und wählen die größere, aber verzögerte Belohnung.

Jahrzehnte später ergab sich für die Forscher ein überraschender Zusammenhang. Sie befragten die nun erwachsenen Testteilnehmer und stellten fest: Wer als Kind auf die Süßigkeit warten konnte, hatte später eine höhere Bildung, einen besseren Job, weniger Übergewicht und Drogenprobleme, stabilere Ehen und mehr Freunde. Das einfache Experiment verrät Schlüsseleigenschaften, die eine gute Basis für ein entsprechendes Leben sind: Optimismus, also das Vertrauen, dass eine ungewisse Sache einen guten Ausgang haben wird. Und Phantasie. Den Wartekünstlern gelingt es, sich von der Versuchung abzulenken. Sie beschäftigen sich irgendwie oder stellen sich vor, der Schokoriegel sei gar nicht echt. Und schließlich: Stresstoleranz. Für die Kinder ist das lange Ausharren eine echte Krisensituation. Wer über Strategien verfügt, Stress gut zu verarbeiten, schafft die Tortur.

Genau das ist es, was die menschliche Kultur kennzeichnet: nämlich dass Menschen den biologischen Notwendigkeiten der Nahrung und der Sexualität, also des Überlebens des einzelnen Lebewesens bzw. der Gattung, gegenüber Abstand anmelden können. Das Verhältnis von Mensch und Umwelt ist nicht auf die unmittelbare Bedürfnisbefriedigung beschränkt, sondern kann sich dazu anders verhalten. So zeichnen den Hinduismus, Buddhismus, das Judentum, das Christentum und den Islam charakteristischerweise aus, um des Glaubens bzw. um der Nächstenliebe willen Verzicht und Hingabe zu verwirklichen.

Vermittelt wird diese Fähigkeit durch Erinnerung und Imagination, die das direkte Erleben zeitlich und räumlich aufschiebt: Dann geht es nicht nur um die jetzige Ernährung, sondern um die Ernährung in der Zukunft, nicht nur um sexuelle Betätigung im Augenblick, sondern in einer gestaltbaren partnerschaftlichen Zukunft. Diese Vorstellungskraft verwirklicht sich im Zeichen, in der Sprache, in der Kunst, in der Musik, in entsprechenden Erdichtungen und Phantasien, aber auch in entsprechenden Hoffnungen darauf, dass hinter dem Nichtsichtbaren, aber im Zeichen Vorstellbaren eine Wirklichkeit steht.

Diese menschliche Kulturfähigkeit aktivieren Religionen in besonderer Weise. Vieles, was hier angesprochen ist, hat auch mit dem Glauben zu tun: zum Beispiel die Phantasie und das Vertrauen, dass eine ungewisse Sache einen guten Ausgang haben wird, das Aushalten einer Wartezeit und der Verzicht auf jetzige Bedürfnisbefriedigung zugunsten einer zukünftigen und größeren. Religionen haben überhaupt die vorzügliche Wirkung, aus dieser Erdenzeit nicht eine Endzeit, sondern eine Wartezeit zu machen, nach der noch etwas Besseres aussteht. Die Frage ist allerdings, ob dieses Bessere letztlich für alle oder nur für eine erwählte Schar gilt.

Die sprachliche Operation solcher Phantasie kann folgendermaßen beobachtet werden: Ein Zeichen, wie zum Beispiel ein Wort, besteht aus dem Bezeichneten und dem Bezeichnenden: So wird ein bestimmtes Tier mit einem *bezeichnenden Wort*, zum Beispiel *Esel* bezeichnet. Dies ist der erste Zeichenzusammenhang, der sich auf reale Wirklichkeiten bezieht. Der zweite entsteht dadurch, dass das Endergebnis (Esel) des ersten Zeichensystems zum Ausgangspunkt eines zweiten wird, in dem es nicht mehr ein Tier, sondern einen Menschen kennzeichnet. Das widerspricht natürlich jeder empirischen, also tatsächlichen Erfahrung. Denn der Mensch ist kein Tier. Dazwischen liegt eine ganz bestimmte Operation, eine metaphorische (übertragende), in der ausgewählte Erfahrungsmerkmale aus dem ersten System (aus der Erfahrung, dass Esel störrisch und dumm sind) nun innerhalb der bestehenden Schimpfwortmythologie auf einen Menschen angewendet wird. Im Endergebnis haben wir ein Zeichen (Esel), das nun einen Menschen beschimpfen soll. Die mythische Operation, die dies ermöglicht, übernimmt bestimmte Merkmale des empirischen Esels (diese Empirie geht also nicht gänzlich verloren) und überträgt sie als abwertende Qualifikation auf einen Menschen. Nun ist mit dem Zeichen nicht mehr ein Tier, sondern ein Mensch gemeint. Und der wird nicht in seiner biologischen Verfasstheit, sondern in seiner Qualifikation gekennzeichnet.[354]

2.2 Biblische Lohnübertragung

Ähnliches geschieht in biblischen Texten mit dem Lohnbegriff: Im ersten Zeichensystem bezeichnet er das reale Geld, vielleicht auch einen Besitz. Im zweiten Bereich wird das Zeichenergebnis des ersten Bereiches (Lohn) zum Ausgangspunkt für eine neue „Welt": Er bezeichnet nun nicht mehr das diesseitige Geld, sondern die Schätze im jenseitigen Himmel. Das Lohnhafte geht mit dieser Transformation von der Empirie in die Phantasie des Glaubens nicht verloren: Sein Wert steigert sich in diesem Vorgang eher ins Unendliche. Aber das Bezugsfeld dieses Lohnes hat sich völlig verändert: Es sind die künftigen Schätze im Himmel. Auch im zweiten Bedeutungssystem geht es um einen Nutzen für das eigene Tun, für jenes Tun, das im ersten System keinen Nutzen oder gar Gefahr bringt. Der Wahrheitsanspruch trennt nicht den Nutzen von der Wahrheit, sondern den scheinbaren von einem anscheinenden Nutzen, insofern es wahr ist, dass der zweite Nutzen mehr wert ist als der erste.

Die Sehnsuchtsenergie wird dabei nicht gestoppt oder verdrängt, sondern umgewandelt und gesteigert. Das Evangelium achtet die menschliche Sehnsucht, wie die Kirche die Bedürfnisse der Menschen achten sollte.[355] Es handelt sich um eine Erfüllung der Sehnsucht auf einem anderen Niveau, in der Verschiebung auf eine andere Zeit und auf eine andere Welt, die jetzt entsprechenden Verzicht zur Folge hat und auch dazu befähigt und Kraft gibt. Die Triebenergie wird also umgeleitet vom Geldlohn auf den Gotteslohn, gewinnt darin eine unerschöpfliche Steigerung und wirkt sich von daher als Relativierung, also Neubewertung irdischer Lohnverhältnisse aus. So weit kann diese Relativierung gehen, dass sie auf irdische Lohnverhältnisse völlig verzichten kann. Dass solche Bibelstellen jahrhundertelang zur vertröstenden Ausbeutung gläubiger Menschen missbraucht wurden, belastet auch diese Gedanken mit hoher Ambivalenz. Hier geht es um die mögliche Spiritualität in einer freien Entscheidung von Menschen, die sich aus ihrem Innersten heraus solcher Hoffnung öffnen und von daher das Leben begreifen: „Warten-Können ist damit zuerst eine *Handlungskategorie* der liebenden Nachfolge."[356]

Der irdische Lohn würde umgekehrt zum Götzen, würde er letzte Bedeutung gewinnen, wohingegen der göttliche Lohn in sich die Dynamik enthält, alle Lohnvorstellungen in die Unendlichkeit der Versöhnung und Liebe Gottes hinein zu übersteigen. Diese Dynamik spiegelt sich in der Spiritualität des Glaubens dadurch, dass Gott seine Verheißungen nochmals ganz anders zu erfüllen vermag, als wir es uns vorstellen können, wie oft in der biblischen Prophetie. In der Fluchtlinie dieser Dynamik liegen dann jene glückseligen Augenblicke, in denen der Mensch nicht mehr auf Lohn angewiesen ist, auf Lohn verzichten kann, jedenfalls die Frage danach vollkommen in die Hand Gottes zurücklegt, weil nicht der Lohn, sondern diese Beziehung zum allmächtigen und unendlich gütigen Gott schon alles in sich enthält.[357]

Im Glaubensbereich gibt es also so etwas wie ein drittes Zeichensystem, in dem „Lohn" zum Ausgangspunkt einer weiteren Bedeutung wird, nämlich dass er sich in das Geheimnis Gottes hinein entäußert, wobei das „Entäußern" ein Loslassen in die Unendlichkeit der Versöhnung und Liebe Gottes hinein bedeutet. Auch hier wird die Sehnsucht danach, dass Gott das Leben der Menschen beurteilt, weiterhin aufgenommen, aber auch umgestaltet in eine Sphäre hinein, die ohne jede Berechnung bleibt.

Gott ist letztlich wertlos für Tauschgeschäfte, und zwar aus zwei Gründen: Erstens aus dem Übermaß an Liebe heraus, die möglicherweise aus jetziger Sicht als Ungerechtigkeit erscheint, was aber nichts anderes ist als ihre Dynamik, noch größer und noch mehr zu sein, als Menschen sich das erdenken und erbildern können. Und zweitens aus dem Übermaß an Versöhnung heraus, das zwar den Gerechtigkeitsaspekt so vollkommen verwirklicht, dass darin quantitatives Aufrechnen überholt wird. So ist Christen und Christinnen die Hoffnung geschenkt, dass die Sehnsucht nach Lohn, Gerechtigkeit und Barmherzigkeit „auf eine Quelle verweist – ein Quelle, die ihrerseits nicht einfach ein ‚Durstlöscher' ist, sondern letztlich noch mehr und anderes als nur das, was der Durst als Sehnsucht ausmalt".[358]

Paulo Suess plädiert im Zusammenhang des Terrors des Marktes und globaler Ungerechtigkeit für die Kulturfähigkeit der Aszese, die über die individuelle Sphäre hinausgeht. „Die Befreiung von Überfluss bewirkt Gelassenheit und hat eine soziale Funktion. Sie falsifiziert die Logik der Warengesellschaft. Aszese ist Protest gegen die eigene Erniedrigung als Verbraucher, die uns die Seele abfordert, und gegen die Ausbeutung, den Ausschluss und Hunger des Anderen. Das Grundmotiv von Aszese ist Solidarität und Partizipation." Suess macht dabei den konstruktiven Aspekt dieser Aszese für ein Leben stark, das *sein* lässt und nicht im Stich lässt: „Gelöste Gelassenheit als Aszese heißt nicht einfach etwas hergeben, sondern bedeutet für etwas frei sein (existieren) lassen. Solche Gelassenheit bedeutet nicht ein Sich-Abnötigen, sondern Befreiung und Reinigung.

Aus dieser Reinigung, die sich possessiven Praktiken der Akkumulation verweigert, erwachsen neue Energien."³⁵⁹

Suess verbindet eine solche Form der Aszese mit der Gratuität der Gnade Gottes. Diese Art von „Mission kann davon ausgehen, dass die Gläubigen aus Gnade erlöst sind, d. h. durch die Gabe, welche unsere nichtsymmetrische Gottesbeziehung ‚aufhebt' in jenen Neuen Bund, in dem wir in Knechtsgestalt dafür streiten, dass die Anderen und die Armen erhobenen Hauptes eben diese Knechtsgestalt verweigern können. Die Verwandlung der immer auch verpflichtenden Gabe in die positiv-asymmetrische Gratuität der Feindesliebe und freiwillig übernommener Knechtschaft – das ist der Weg des Christentums, auf dem seine inkarnatorische Solidarität sich verwandelt in gesellschaftskritische Relevanz."³⁶⁰

Über die Brisanz lässt Suess keine Zweifel: „Systemkonformität beschleunigt die Lokomotive des untragbaren Fortschritts. Diese Lokomotive fährt dem Abgrund entgegen. Ein entschleunigter Lebensstil, institutionelle Transparenz und prophetischer Protest könnten die Notbremse sein, die den Zug der Angepassten und Ausgeschlossenen gleichermaßen vor dem Sturz in den Abgrund bewahrt."³⁶¹ Eine solche Art von Mission ist tatsächlich indispensabel.³⁶²

Diese Art von Mission verdankt sich nicht nur dem auffordernden Sendungsauftrag Jesu Christi, sondern auch seinen dafür mitgegebenen Kräften, die nicht in der Sendung liegen, sondern ihr vorausgehend in der Gabe der unbedingten Liebe Gottes.³⁶³ In diesem Sinn sind „die spirituellen Impulse aus der Weltkirche in den Gemeinden zu stärken", sie sind überhaupt in jedem Bereich zu stärken.³⁶⁴ Diese innere Kraft kann auch anstecken und auf die Zusammenarbeit mit nichtkirchlichen und nichtchristlichen Organisationen ausstrahlen.³⁶⁵ Denn in jeder Form benötigt solidarische Arbeit eine Art von Spiritualität, wenn sie auch in vielen Sprachen möglich ist und darin dann auch zu Wort kommen und ausgetauscht werden darf.

Das ist schon zwischen den Menschen erfahrbar, wenn sie in Freundschaft und Liebe einander zugetan sind und zueinander sagen: „Für dich bin ich da, ohne „Wenn und Aber!", wenn sie also füreinander Verantwortung übernehmen, nicht weil es von außen gefordert wäre, sondern weil diese Verantwortung unmittelbar aus einer Beziehung herauswächst, die als Geschenk, als Gnade erlebt wird. So ist von elementarer Bedeutung, dass in der zwischenmenschlichen wie auch in der Gottesbeziehung etwas von dem erfahren wird, was Paulus die Rechtfertigung der Sünder und

Sünderinnen nennt, nämlich ihre unbedingte Aufnahme in die Liebe, in der die entsprechend notwendige Selbsterkenntnis (als Sünder und Sünderinnen) nicht in den Strudel der Selbstrechtfertigung führt, sondern in die Dynamik permanenter Umkehr und Genug-Tuung hinsichtlich dessen, was buchstäblich notwendig ist.

2.3 Dem Zugriff entzogen

Gott ist es nicht gleichgültig, wie die Menschen hier leben: Ausdruck dafür ist das ökonomische Bild vom göttlichen Lohn im Himmel für all das Gute, was im Diesseits getan wurde, und vor allem für all das Gute, das im Diesseits nicht belohnt wurde. Was hier angestrebt ist, ist eine „Ertragssteigerung" der Schätze im Himmel, die unter den beiden biblisch gegebenen Voraussetzungen durchaus legitim ist: Die erste Voraussetzung besteht darin, dass man damit nicht nur niemandem im ersten Bedeutungssystem schadet, sondern Nächstenliebe und Solidarität soweit wie möglich, oft bis zum Äußersten vorwärtstreibt.

Die zweite Bedingung besteht darin, dass mit dieser Hoffnung nicht rechnerisch kalkuliert wird, sondern dass sie auch noch einmal in das Geheimnis Gottes hinein abgegeben wird: Es gibt eine Gerechtigkeit, aber sie ist größer und wieder ganz anders, als wir sie uns jemals vorstellen können. Die Sehnsucht nach ausgleichender Gerechtigkeit wird gestillt werden, aber zugleich so, dass sie überhaupt nicht auf Ausgleich angewiesen ist. Diese Dialektik ist schlechterdings kaum vorstellbar, nimmt aber beides gleichermaßen ernst: Die menschliche Sehnsucht nach Lohn und Gerechtigkeit, und die Unverfügbarkeit Gottes auch und besonders in diesem Bereich.

Von Seiten Gottes ist mit Überraschungen zu rechnen. Es ereignet sich die Brechung der Quantität durch die Gabedynamik. Dies ist nicht sehr eingängig. Bei den Arbeitern im Weinberg handelt es sich klar um eine Durchbrechung der Gerechtigkeit: Denn wenn es einen gerechten Gegenwert für Geld und Lohn gibt, dann ist es Arbeit, und zwar an Schwere und Zeit in unterschiedlicher Weise belohnt. Mit reeller Arbeit ist das Geld mit einer realen Wirtschaftsleistung gedeckt. Es funktioniert dann weder als Zins noch als Geschenk, sondern als Tauschmittel.

Doch führt die Geschichte einen über die Arbeit hinausgehenden Tauschausgleich ein, nämlich das Leid, das die Tagelöhner damit haben, dass sie aufgrund vorhandener Ungerechtigkeitsverhältnisse nicht zur Arbeit abgeholt werden und ihre Familien am Abend nichts zu essen haben. Nicht nur Erleistetes, sondern *Erlittenes* ist „etwas wert". Das Warten der anderen auf Arbeit in der Hitze während des ganzen Tages ist eine „Arbeit" eigener Art (in der Angst um Arbeit und um die Möglichkeit, sich und die Seinen zu ernähren), die in die Lohngerechtigkeit des Weinbergbesitzers uneigennützig aufgenommen und, obgleich nicht seinem eigenen Weinberg zugutekommend, mitbelohnt wird. Dies ist nicht zuletzt auch eine interessante sozialpolitische Sicht dieser Situation.

Mitleid unterläuft die Gerechtigkeit, die auf der Basis der Ungerechtigkeit keine Gerechtigkeit ist. Sie hilft damit der Gerechtigkeit, der größeren Gerechtigkeit auf die Beine. So gleicht im Weinberggleichnis der Weinbergbesitzer die ungerechten sozialen Voraussetzungen (ob ein Tagelöhner rechtzeitig Arbeit bekommt oder nicht) im *seinem* System einer neuen „Lohngerechtigkeit" aus.[366] Beide haben Grund zur Freude, die der letzten Stunde ohnehin, aber auch die anderen könnten sich freuen, „dass es für sie mit rechten Dingen zugegangen ist. Und sie könnten sich auch eingeladen sehen zur Mitfreude mit den ihnen Gleichgestellten".[367] So gilt: „Es gibt eine über das Recht hinausgehende Gerechtigkeit, vom Recht intendiert, wenn anders Gerechtigkeit seine Norm ist, aber nicht von ihm realisiert wird. Ihr kann durch Güte und Barmherzigkeit aufgeholfen werden."[368]

Man wird sich also auf eine Dynamik einzulassen haben, die unsere eigenen Gerechtigkeitsvorstellungen zwar nicht zu Schanden werden lässt, aber in einer viel vollkommeneren Weise einlöst als wir es jetzt begreifen können. Für diese Dynamik steht diese Geschichte von den Lohnarbeitern im Weinberg! Gerade deshalb darf man damit „rechnen", dass Gottes Unberechenbarkeit nicht willkürlich ist, sondern sich in der Linie von im Lohn angefangener bis zu seiner endgültigen „Aufhebung" gekommener Gerechtigkeit bewegt.

So spielt der Tun-Ergehen-Zusammenhang in der Bibel in der Beziehung der Menschen wie auch der Menschen mit Gott eine wichtige Rolle. Aber die Beziehung mit Gott bleibt nie bei einem Wenn-Dann stehen, sondern übersteigt jedes Wenn-Dann mit der immer noch einmal größeren Barmherzigkeit und Gnade Gottes. Diese Offenheit aller Wenn-Danns in ihre unendliche Entgrenzung Gottes hinein setzt sie nicht außer Kraft, lässt sie aber auch nicht das letzte Wort sein. So zeigt sich im Jüngsten Gericht die Offenheit für das Faktische genauso wie die hermeneutische Perspektive seiner Beurteilung (um der Gerechtigkeit willen) *und* zugleich die Offenheit für das nicht verstehbare und nicht vollziehbare Geheimnis der Gnade, das die Hermeneutik milliardenfach überholt und ihr jede Planbarkeit entzieht. Die Ambiguität der Erfahrungswelt kommt in die Eindeutigkeit des Gerichts und darin gleichzeitig in eine neue, völlig andere Ambiguität unendlicher Liebe und Freiheit.

So ist es richtig, dass das Gericht in der Schau Gottes die Idee der ersten Gerechtigkeit hinfällig sein lässt, doch zugleich bleibt in einer bestimmten zweiten Form die Gerechtigkeit den Menschen eingezeichnet in den unterschiedlichen Narben ihrer von Gott geschenkten Sühne, aber auch in den Zeichen seiner Freude über sein Gutgewesensein.[369]

Es gibt innerhalb der Spiritualität, insbesondere im Gebetsleben der Anbetung und der Doxologie, im Lobpreis des unendlichen und geheimnisvollen Gottes, eine Dynamik, die die Symbolisierungen immer mehr verlässt und am Ende nur noch schweigend Gott anzubeten vermag, in seiner unendlichen Nichtbegrifflichkeit, in seinem Ganz-anders-Sein. Dies ermöglicht ein unabschließbares Kommen und Gehen[370] der vorläufig einholbaren und dann immer wieder neu fliehenden Benennbarkeit Gottes, bis zu der Erfahrung Gottes als reiner Gabe in seinem Angesicht am Ende der Zeiten. Zwar ist auch in der Religion die reine Gabe nicht möglich, immer ist Gabe, auch die letzte Hingabe mit einem, wenn auch leisesten, Wenn-Dann in der Hoffnung darüber hinaus verbunden,[371] aber ein schrittweises „immer mehr" in die Unendlichkeit der Gabe hinein kann in der Religion begonnen werden, ohne dass die lebensdienlichen Vorstufen dazu missachtet werden müssten.

Karl Rahner weiß um die schwindelerregende Dynamik, die mit der Ab-Gabe des Lohnes verbunden sein kann.[372] Hier bewegt er sich an der Kante zwischen Selbsthingabe und Selbstverlust, zwischen ewiger Seligkeit und ewigem Tod. Und manchmal bricht die Ahnung auf: Geht Rahner vielleicht sogar in seiner Spiritualität so weit, dass er mit der Unbegreiflichkeit Gottes sich selbst gegenüber letztlich auch die radikal selbstlose Offenheit mitdenkt, von Gott nicht mehr in ein neues Leben aufgenommen zu werden? Ist dies, spirituell gesehen, der letzte Liebesakt, von Gott auch diesbezüglich nichts zu erwarten, auf dem Hintergrund der Offenbarung seiner Nähe aber alles zu erhoffen? Könnte dies sogar denkbar sein auf dem Hintergrund jener Hoffnung, mit der Rahner den tiefsten Abgrund Gottes als unendliche Liebe glaubt: Ist es vielleicht die radikalste selbstlose Liebe, sich in dieser Liebe beendet zu wissen? Wer so denkt, ist mit Rahner gegen Rahner zu weit gegangen, denn das, was er in Bezug auf die Visio beatifica und über den Himmel schreibt, kann mit diesen dunklen Gedanken nicht in Übereinstimmung gebracht werden. Im Himmel bleibt das Unbegreifliche, er schenkt den unmittelbaren Blick auf das Geheimnis Gottes, in der ewigen Dynamik, dieses Geheimnis als abgrundtiefe, nie endende Liebe zu erfahren.[373]

Der religiöse Fundamentalismus kennt diese *dritte* Bedeutungsstufe, diese Dynamik, die alle Bedeutung und alles Rechnen am Ende an Gott abgibt, kaum. Zwar gibt es auch hier ein Gotteslob, aber es ist das Lob des Gottes, der so handelt, wie es sich die Menschen vorstellen. Die Kontrollierbarkeit der Beziehung wird zum Krampf und lässt der Vertrautheit und der Offenheit (Gott, Menschen und der Zukunft gegenüber) keine Chance mehr. Die Angst vor „Heilsverlust" zersetzt die Erfahrung des Heils, wenn sie um sich selbst kreist und sich nicht ins Vertrauen hinaus befreien lässt. Gott wird dann selbst Opfer der Heilsangst, und ihm wird die Unerschöpflichkeit an Zuneigung und Anerkennung den Menschen gegenüber nicht mehr zugetraut, sondern paradoxerweise begrenzt: in der zwanghaften, durch den Menschen selbst zu bewältigenden Sicherstellung des gegenwärtigen und zukünftigen göttlichen Handelns.

Wer derart in unfehlbarer Weise von Gottes Willen und des Menschen Sollen zu reden weiß, dem fließt Macht von Seiten derer zu, die mit ähnlichen Problemen zu kämpfen haben. Unter der Hand entpuppt sich das Bescheidwissen darüber, was Gott und die Welt zusammenhält, als Herrschaftswissen, das entsprechend zu trennen weiß zwischen richtig und falsch, gut und schlecht, zwischen Dazugehörigen und Draußenstehenden. Das „Chaos" der Unwägbarkeiten und Frag-Würdigkeiten ist gründlich eingedämmt: durch überweltliche und weltliche Ordnungskräfte, die alles schwarz auf weiß beweisen und die Welt weiß auf schwarz einteilen helfen. Was für eine Versuchung angesichts der anwachsenden Komplexität und Mobilität des menschlichen Lebens in allen Bereichen, nämlich wenigstens *eine* Plattform zu haben, wo alles ebenso einfach wie zweifelsfrei „klar" ist.

2.4 Und die Opfer?

Noch schwieriger als die Frage danach, wie die Täter zur Versöhnung gelangen, ist die Frage danach, wie dies den Opfern möglich sein wird. Denn die Versöhnung selber ist, wie die Begegnungen zwischen Opfern und Tätern zum Beispiel in den Versöhnungsprozessen in Südafrika gezeigt haben, auch für die Opfer selbst ein schmerzlicher Prozess. Müssen also die Opfer auch im Gericht „leiden"? Noch zu dem, was sie schon erlitten haben? Wäre gerade dies nicht ungerecht?

Diese Fragen sind die schwierigsten, die in den endzeitlichen Tag hineinreichen. Und doch gibt es Spuren im menschlichen Leben, in den Geschichten der Heiligen und der Bibel, die darauf hoffen lassen, dass es den Opfern nicht nur geschenkt werden wird, sondern dass es ihr eigenes tiefstes Anliegen ist, versöhnt in den Himmel zu gelangen. Es sind Spuren, die mit Feingefühl und im Verzicht darauf, damit „Antworten" in der Hand zu haben, zu lesen sind.

Die heilige Theresia von Ávila stellt im „Buch des Leidens" (Kapitel 32) die Frage: „Sehen wir jemanden … in großen Bedrängnissen oder großen Leiden, so werden wir anscheinend naturhaft von Mitleid gepackt, und sind seine Schmerzen heftig, so empfinden wir sie höchst lebendig. Aber eine Seele in alle Ewigkeit zur Folter aller Folter verurteilt zu sehen: Wer könnte so etwas ertragen?" Und: „Um nur eine einzige (Seele) … vor so unerträglichen Qualen zu bewahren, hätte ich sicherlich mit Freuden vielfachen Tod erlitten …" Was hier geschieht, kann man nicht einfach nur so denken und sagen, sondern nur annähernd „erspüren", wenn und insofern der gläubige Mensch mit dem in den Abgrund steigenden Christus mitleidend mit in dieses Dunkle geht.

Werden also die Opfer zur Versöhnung ja sagen können? Wir dürfen hoffen: Vom Kreuz her darf jene Spur verfolgt werden, dass es auch in der Sehnsucht der Opfer liegt, nicht auf den Status der „Opfer" festgenagelt zu bleiben, und auch, nicht andere zu ewigen Opfern zu machen. Diese Befreiung vom Opfersein kann aber nicht als Leistung gefordert werden, vielmehr darf daran gedacht werden, dass Christus die Opfer in sein eigenes Opfersein am Kreuz aufnimmt und ihnen genau an diesem Ort das ermöglicht, was er selbst von dort aus getan hat, nämlich den Tätern zu vergeben. So werden sie nicht allein gelassen, sondern sind getragen von der in Christus am Kreuz für alle Welt zum Vorschein kommenden Versöhnung, die jetzt alle Macht hat, so dass sie an der Seite des Gottessohnes und in ihm von der göttlichen Versöhnungsmacht unterfangen sind. Ja noch mehr: Mit Christus, der vom Kreuz her für die Täter betet, beten sie selbst, vom Gebet Christi getragen, für die Verurteilten.

So sei die oben zitierte Frage der heiligen Theresia nach der Rettung derer, die in der „Hölle" sind, in den Himmel hinein verlagert, nämlich in die Frage danach, ob denn die Seligen das Bewusstsein aushalten können, dass Menschen sich ewig selbst zerstören.

2.5 Verschmelzung im Liebeslicht?

Die Widersprüchlichkeit zu den „Letzten Dingen", wie sie im alltäglichen Meinungsbild der Menschen zum Vorschein kommt, begegnet auch im Bereich der Naturwissenschaften. Es war eine besonders wertvolle Erfahrung eines Symposiums zwischen Fachleuten aus Theologie und Naturwissenschaft, gegenüber den in der publizistischen und medialen Repräsentanz oft aufdringlichen Widerlegungen solcher Vorstellungen mit angeblich wissenschaftlicher Beweiskraft Naturwissenschafter kennenzulernen, die diesbezüglich viel vorsichtiger nachdenken und damit auch zu anderen Ergebnissen kommen. Die Einsichten aus der Naturwissenschaft habe ich als faszinierende Ermöglichungen jener Prozesse erfahren, die in das hineinreichen, was theologisch Auferstehung heißt. Letztere geht zwar in diesen Prozessen nicht auf, diese zeigen aber Denkmöglichkeiten, die die theologischen Diskurse neu zu formatieren vermögen. Immerhin zeigen sie von der naturwissenschaftlichen Seite her die Denkbarkeit von Vorgängen, die in den öffentlichen Diskursen oft gerade im Namen der Naturwissenschaft abgelehnt werden.[374]

Wenn der Physiker Markolf Niemz davon spricht, dass derjenige Mensch, der an die eigene Auferstehung glaubt, sich selbst ungeheuer und damit zu wichtig nimmt, und wenn er sagt, dass nicht die Erhaltung des Ichs, sondern die Liebe und die Erkenntnis die oberste Priorität sei, dass die Auferstehung gerade das Loslassen vom Ich sei, dann träfe dies zu, wenn man die Erhaltung des Ich nur als Selbstliebe verstünde.[375] Sieht man aber die Liebe als jene Kraft an, die nicht darauf verzichten kann, dass der *andere* Mensch, dass der geliebte Mensch sich nicht auflöst, sondern in seiner personalen Erkennbarkeit gerettet wird, dass es also ein Du gibt, dann kann diese von einem Ich ausgehende Liebe nicht als Egoismus missverstanden werden.

2.5 Verschmelzung im Liebeslicht?

Das Ich ist nicht (nur) Illusion und Isolation, ist nicht nur eine fiktive Repräsentanz von verbalisierbaren Wechselwirkungen, sondern, bei aller Verbundenheit, eine erkennbare eigene Wirklichkeit. Und zwar um der Liebe Willen.[376] Man kann nicht sagen, dass die Liebe wertvoller als das Ich sei, wenn dabei das Ich gnadenlos gelöscht wird. Aber die Frage bleibt interessant: Wie gibt es ein nichtegoistisches ewiges Leben des Ich in ewiger Liebe? Wo die Liebe wichtiger ist als das Ich, ohne dass das Ich gelöscht wird? Die Divinisierung des Lichts bzw. die Verselbständigung der Lichtmetapher als kosmischen Schmelztiegel der Liebe provoziert weiteres Nachdenken sowohl in der Naturwissenschaft wie auch im philosophischen und religiösen Bereich.

Psalm 108 zeigt die theologische Richtung, hier von der Seite Gottes her gedacht: Das Ich des betenden Menschen verschwindet nicht, indem es im Gotteslob aufginge und mit ihm verschmelze. Es ist vielmehr notwendig, dass dieses Ich lebt, um Gott das Loblied zu singen, um also dafür da zu sein, dass dieser geliebte Gott (so das erste Gebot) im Gotteslob existiert.

Dies gilt auch eschatologisch. Es geht nicht um die Auferstehung des Individuums um jeden Preis, sondern es geht um die Auferstehung einer neuen Schöpfung, in der sich die Menschen im Horizont einer unerschöpflichen Liebe, nämlich der Liebe Gottes, nicht selbst aufgeben müssen, sondern für sich selbst und füreinander gerettet sind. Liebe ist die Ermöglichung von Sein, Liebe will nicht nur das eigene Sein, sondern auch das Sein der anderen. Anders wäre auch von Gott her Schöpfung nicht zu denken.

Wie man sagen kann, dass die Vollkommenheit Leben ausschließt, weil Leben nie etwas Vollkommenes sein könne, und wie man trotzdem annehmen kann, dass eine solche leblose und darin kalte Nichtvollkommenheit Liebe sein könne, stürzt den Begriff der Liebe völlig um und lässt ihn keinen Kontakt mehr haben mit den Erfahrungswerten von Ich und Du, von affektiver Getroffen- und Getragenheit.[377]

Es geht nicht um das Überleben des bürgerlichen Ichs im Jenseits, nicht um das Überleben dieses kolonialistischen Ichs und Überichs, nicht um das Ich, das sich definiert von der Kategorie „Ich habe" (mich oder die anderen), sondern um jenes Ich, das sich in der Kategorie „Ich bin" sucht.[378] Es geht also um ein Ich, dessen Kontinuität ich nicht selber machen muss und die ich auch nicht habe, sondern ein Ich, das ich geschenkt bekomme, wo ich mich darauf verlassen darf, es zu erhalten, ja wo ich mich auf andere verlasse, um es zu erhalten.

Die Frage nach der künftigen Personalität in der neuen Schöpfung kann Personalität nicht als etwas in sich Abgeschlossenes verstehen, schon gar nicht im Zusammenhang verschiedener kultureller bis bürgerlicher Verstehensweisen von Personalität. Letztere imaginiert hier eher so etwas wie ein Gesicht, das sich in eine nie abschließende Dynamik hinein verändert, in eine Dynamik, die davon getragen ist, wie Liebe erfahren und gegeben wird. In einer Unabgegoltenheit, die das Personale nie zur Abgeltung bringt.

Umso mehr ist auch die Personalität Gottes nicht bürgerlich egoistisch, sondern *ganz anders* zu denken und damit nicht zu denken; aber gerade darin deutet sich eine Richtung an, die Gott nicht als bewusstloses, herzloses, leidunempfindliches Lichtwesen annimmt, sondern nochmals darüber hinaus näher sein lässt, größer sein lässt, ähnlicher und unähnlicher jener geschöpflichen Erfahrung, die die Menschen Personalität nennen.

Hier wäre Bauberger ernst zu nehmen: einmal das Ernstnehmen des wirklichen Todes, und dann die Einsicht: „Das Person-Sein ist im theologischen Sinn nicht substantiell zu denken, sondern so, dass die eigene Existenz in jedem Augenblick neu durch Gottes Schöpferkraft ins Dasein kommt. Die eigene Existenz hat also keinen festen Grund, sondern sie beruht auf der Liebe Gottes, auf dem Ja Gottes, als einer dynamischen Kraft. Christlicher Glaube ist ein Vertrauen in diese Kraft, nicht in eine Substanz der Seele. Insofern entspringt das Problem der Identität der Person vielleicht aus einer gar nicht christlichen Ego-Verhaftung, aus einem falschen Ideal des Selbst, das sich vom göttlichen Grund abkoppelt." Allerdings will ich nicht so weit gehen wie Bauberger, nämlich dass es wichtiger sei, dass die Schöpfung Gottes immer neu weitergehe und „dass dieser Tanz weitergeht, als dass das eigene Ich bewahrt bleibt". Allenfalls in die Richtung, dass nie das eigene Ich bewahrt bleibt, sondern immer das Ich, das mir neu aus der Liebe Gottes heraus geschenkt und empfangen wird.[379]

Diese Eschato-ethische Dimension hat Josef Wohlmuth eindrücklich herausgestellt,[380] nämlich dass, wie Wohlmuth im Anschluss an Lévinas formuliert, in der drängenden Herausforderung des Anderen für Intention gar keine Zeit bleibt. Sein nacktes Gegenüber wird zur Erfahrung einer unentrinnbaren Vorgegebenheit. So ist die Verantwortung *letztlich* „älter als eine freie Entscheidung, aus der ein konkretes Engagement entspringt."[381] Im Sinne von Lévinas darf man also Ich und Intentionalität nicht in eins setzen. Intentionslosigkeit der Liebe meint nicht Ichlosigkeit der Liebe, sondern die Hingabe des Ich für das andere Ich. Im Gericht bewahrheiten sich vor allem die Begegnungen mit den nicht ausgesuchten Anderen und es bewahrheitet sich ihre Rettung. Der Tod der anderen ist wichtiger und schmerzlicher als der eigene Tod. Damit ist auch das Leben der anderen wichtiger als das eigene Leben. Auch der eigene Tod wird zuerst aus der Perspektive der anderen gesehen, die diesen Tod als Lebende erleiden und betrauern. Der theologische Kern findet sich in der erfahrbaren Behauptung Gottes im Raum universaler Solidarität und darin auf der Seite der gefährdeten sozialen und personalen Identitäten sowie auf der Seite der zerstörten Identitäten und ihrer Rettung über den Tod hinaus.[382]

Die innertrinitarischen Prozesse[383] werden zum Bild für diese Hoffnung, dass Liebe Zukunft hat, dass die Liebe Gottes Zukunft hat: in der je neuen Hervorbringung des Ichs durch die Liebe Gottes. Die Unterscheidungen zwischen Ich und Du sowie Ich und Wir sind unhintergehbar, denn es gibt keine Liebe, wenn diese Unterschiede vergangen sind, wie im Sozialverhalten jede integralistische Inklusion letztlich Gewalt und Integrationsmord[384] sind. So geht es darum, den Wert des Ich zu bewahren, aber nicht kontinuitätsbezogen, sondern in diesem Bruch, der nicht zuletzt auch mit dem Begriff des Gerichts markiert ist. Nämlich in der Negation des Negativen und in der Errettung des Lebens, der Liebe und des Guten und des Versöhnten.

Der Glaube setzt *darauf* Vertrauen. Die Kirchen haben *diesem* Glauben und Vertrauen zu dienen, sei es im christlichen Bereich, sei es in der Selbstentdeckung dieser Dimension andersgläubiger Menschen in ihren Religionen.

2.6 Radikale Neuschöpfung

Wer den Tod verkleinert, verkleinert die radikale Differenz zwischen Diesseits und Jenseits, zwischen Gott und Welt und schmälert letztlich die allen Tod und alle Differenz überbrückende Allmacht Gottes. Es war eine enorme Inkulturationsleistung der frühen Vätertheologie, den Glauben an die Auferstehung mit der in der griechisch-platonischen Tradition gegebenen Vorstellung von einer unsterblichen Seele zu verbinden.[385] Es ist allerdings die Frage, ob dieses Vorstellungsmodell für alle Folgezeiten gilt oder ob sich jede Zeit von Neuem auf die biblische Vorlage vom Ganztod des Menschen bezieht, um diese Vorstellung mit der je eigenen Gegenwart und ihren Voraussetzungen in Verbindung zu bringen. Dabei muss man nicht übersehen, was die griechisch-platonische Tradition in ihrem Anliegen ausdrücken wollte, nämlich dass es eine personale Kontinuität zwischen Diesseits und Jenseits gibt, die ja auch die Voraussetzung dafür ist, dass die Auferstandenen für das, was sie in diesem Leben getan und unterlassen haben, ins Gericht geführt werden.

Im Zusammenhang aktueller, auch naturwissenschaftlich grundierter Anthropologie gibt es heute allerdings eine gesteigerte Möglichkeit, wieder dichter an die biblische Anthropologie anzuknüpfen: nämlich angesichts der Unmöglichkeit, etwas Geistiges jenseits seiner leiblichen Ermöglichung zu denken. Ohne die neurologischen Voraussetzungen im Gehirn gäbe es keinen Gedanken.[386] Aber auch und vor allem angesichts der Opfer der Geschichte, wofür in der Moderne vor allem Auschwitz steht, kann der Tod nicht radikal genug gedacht werden, jedenfalls nicht so, als wäre er doch nicht so schlimm, weil ja noch „etwas" überlebte. Und auch der Tod Jesu entpuppte sich als Schmierentheater, wenn er nicht absolut gedacht wäre. Auch das paulinische „Sein in Christus" beinhaltet ja gerade jene Tauftheologie, in der die Getauften auf Christi Tod getauft sind und durch dessen Radikalität hindurch mit ihm zur Auferstehung gelangen.[387] Der ganze Mensch ist sterblich, einschließlich seiner Seele. „Wer behauptet, dass der Tod nur den Leib betreffe, nimmt die Wirklichkeit des Todes nicht ernst. ... Nein, der Tod trifft den ganzen Menschen, seine gesamte Existenz."[388]

Es gibt nichts an ihm, was seinen eigenen Tod überleben könnte. Deswegen ist die Auferstehung in das Gericht und in die neue Welt hinein eine umfassende Neuschöpfung des Menschen, die zugleich seine im Diesseits gewordene Individualität in neuer Form rettet.

Gottes Treue gegenüber den Menschen ist stärker als der Tod und benötigt kein Kontinuum zwischen dem Leben vor und nach dem Tod. In der Auferstehung wird der Mensch mit seiner bisherigen Biografie in Gottes Liebe hinein neu geschaffen.[389]

Doch reichen jene Vorstellungen, die das, was den Tod übersteht, Gott selber zuschreiben, während alles andere stirbt, dann doch wieder ganz nahe an die Vorstellung, dass der ganze Mensch stirbt, außer dem, worin er von Gott getragen ist. „In uns ist etwas, das übersteht, und es stammt aus der Kraft der hypostatischen Einigung. Unsere Liebe reichte ihr zur Verwandlung nicht hin, wäre sie nicht durchglüht von einem inneren göttlichen Feuer, das nicht wir sind, das aus jener Tiefe aufglüht, in der wir Gottes sind und Gott uns innerlicher ist als wir uns selber."[390]

Um die „Subjektkontinuität zwischen vor- und nachtodlicher Existenzform" braucht man sich jedenfalls keine Sorgen zu machen, wenn der Glaube an die Schöpfungsmacht Gottes sich nicht nur auf die Schöpfung des Diesseits, sondern auf die Neuschöpfung des Jenseits bezieht und Gott zutraut, diese „Identität" in der Auferstehung neu zu erschaffen und derart zu garantieren.[391] Auch die Frage nach der zeitlichen Zwischenexistenz zwischen individuellem und allgemeinem Gericht ist ein „Scheinproblem"[392] und muss nicht über eine ontologische Subjektkontinuität der Seele rekonstruiert werden, sondern kann auch anders gedacht sein: nämlich dass es eine durch Gott ermöglichte Verbindung von Gegenwart und vollendeter Zukunft gibt, insofern in ihm alle Zeiten „zusammenfallen". Wenn ich diese Auslösung der Zeit in Gott in den Blick nehme, vertrete ich zugleich die gegenseitige Notwendigkeit von individuellem und allgemeinem oder besser: gemeinsamem Gericht. Denn das individuelle Gericht kann sich nur in der universalen Begegnungsdramatik des universalen Gerichts ereignen und darin deren soziale Auswirkungen bzw. Heilungen und Sanierungen erleben.[393]

Bereits Martin Luther hatte für diesen Zusammenhang formuliert, dass man hier die Zeit „aus dem Sinn tun und wissen (müsse), dass in jener Welt nicht Zeit noch Stunde sind, sondern alles ein ewiger Augenblick".[394] So dass wir daran glauben dürfen, dass unsere Verstorbenen „jetzt" schon in der neuen Welt leben. Dafür steht die katholische Heiligenverehrung. Es geht hier also nicht um die Ausfällung der Zeit, sondern um die in Gott ermöglichte Verbindung mit einer anderen Zeit und einem anderen Ort, der zwar in der Zukunft liegt, der uns jetzt aber in Gott gegenwärtig ist.[395]

Wenn man die Seele nicht als menschliche Unsterblichkeitsmacht in das Jenseits hinein interpretiert, dann kann auch die evangelische Einsicht Raum gewinnen, dass wir uns im Tod ganz genommen und durch Gottes Schöpfungsmacht ganz, das heißt auch in einer ganz neuen Weise, wiedergegeben werden. Die Seele ist kein Organ menschlicher Unzerstörbarkeit, sondern drückt die Geöffnetheit des Menschen auf Gott hin aus, die Sehnsucht über den Tod hinaus, zugleich mit dem Verzicht darauf, weder im Leben noch im Tod „ewig" wie Gott sein zu wollen, sondern alles und die letzte Rettung von ihm zu erhoffen. Die Fähigkeit des Menschen, die mit der Seele benannt wird, nämlich über den Tod hinauszudrängen, bedeutet nicht, dass sie über den Tod hinaus mitgebracht wird.

Dies schließt nicht aus, dass es auch heute Kulturen und Vorstellungswelten gibt, in denen die griechisch-platonische Vorstellung inkulturationsfähiger ist als eine andere. So gelten meine Überlegungen hier nicht generalistisch, sondern im Sinne jener praktischen Hermeneutik, in der sich die Offenbarung als Begegnungsgeschehen zwischen biblischer und kirchlicher Botschaft auf der einen und jetzt lebenden Menschen auf der anderen Seite ereignet. Wichtig ist in jedem Fall, dass die Hoffnung über den Tod hinaus trotz ihrer kontrafaktischen Qualität ansprechbar ist. Damit sind wir bei jener pluralen praktischen Hermeneutik, in der Paulus seine eschatologischen Einsichten bis zu ihrer Widersprüchlichkeit adressatenbezogen zum Ausdruck bringt. Von der situativen Bedeutung für die Empfänger und Empfängerinnen her entwickelt und begründet er auch jeweils seine Gedanken über die Rettung über den Tod hinaus.[396]

Überzeugend ist von daher, dass das Transformationsmodell der Auferstehung, anders als das Restitutionsmodell, ohne das leere Grab auskommen kann. Letzteres ist keine notwendige, nur eine hinreichende Voraussetzung. Oder anders: Über den Tod hinaus gibt es keine numerische, sondern eine genanaloge Identität.[397] Denn in der neuen Verleiblichung der Auferstehung ereignet sich eine Neuschöpfung in einer neuen Materialität, die den Staub des bisherigen Körpers nicht benötigt.[398] Die Stofflichkeit der neuen Welt ist von neuer „Natur", vielleicht analog zur Feinstofflichkeit im physikalischen Energiebereich, vielleicht so zu verstehen, wie sich behinderte Menschen im Traum als *körperlich* unversehrt erleben. Und: Es gibt keine Seele, die vom Körper losgelöst existieren könnte, also keine Anima separata. Gleichwohl gilt der Satz, dass die Anima die forma corporis ist, aber immer in Verbindung mit einer durchaus dynamischen Materialität des Körpers. Denn wir tauschen permanent Teile des Körpers aus, ohne die Identität zu verlieren.

Nach Thomas Schärtl ist das Leben nach dem Tod eine Neuformation des leiblichen Lebens auf einer anderen Schiene der Leiblichkeit.[399] Und zwar einer Leiblichkeit mit transparenten Eigenschaften. Eine transparente Eigenschaft ist beispielsweise der Schmerz, der nicht ohne Wissen dessen stattfindet, der bzw. die ihn fühlt, während das, was die Leber tut, nicht transparent ist, weil ich es nicht spüre. So ist der Körperbegriff gekennzeichnet durch intransparente biologische Eigenschaften, während der Leibbegriff durch transparente Erfahrungen gekennzeichnet ist. Es gibt also dann keine Leiblichkeit mehr, die ein „Es" beinhaltete, sondern nur noch jene Leiblichkeit, die in Bezug auf das Ich transparent ist. Auferstehung kann aus dieser Perspektive als Weichenstellung in diese neue (die Schrift spricht von verklärter) Leiblichkeit hinein aufgefasst werden, als von außen kommende Weichenstellung Gottes in den Kosmos hinein – oder als bereits angelegter innerer kosmischer Prozess selbst? Oder stimmt diese Alternative überhaupt nicht? Denn auch die völlige Neuschöpfung setzt sich die alte Schöpfung voraus. Noch in ihrer Vernichtung, in ihrem totalen Tod, noch in solcher Negation prägt sie das Kommende. Dafür steht ja das Gericht. Diese Kontinuität ist aber reines Geschenk der Neuschöpfung aus den toten Ruinen der alten Welt.

D. Die Zeit, die bleibt[400]

1 Verantwortung der Menschen

1.1 „Dein ist die Macht"

Unter dem Eindruck der letzten Jahre des Naziregimes, seiner entsetzlichen Verbrechen und Gräueltaten und der Vernichtung von Millionen von Menschen hat Reinhold Schneider jene Sonette geschrieben, die kurz nach Kriegsende unter dem Titel „Apokalypse" erschienen sind. Er war einer der ersten, der für die Menschen, vor allem für die jüngeren, nach 1945 das Unheil dieser Vergangenheit aus seiner Radikalität heraus zu deuten versuchte, damit die Menschen danach überhaupt noch weiterleben und eine Hoffnung entwickeln konnten, die sich der Vergangenheit genauso stellte und diese Erinnerung nicht verdrängte, wie sie sich aus dieser Erinnerung selbst heraus nach vorwärts tastete.

Diese strenge Verbindung zwischen Vergangenheit und Gegenwart fand Schneider im christlichen Motiv des Gerichtes als Offenbarung dessen, was geschehen ist, was zu sühnen und zu verantworten ist und wie anders die Zukunft auszuschauen hat. So bezieht er sich in diesen Sonetten auf die Apokalypse des Johannes und reagiert auf verschiedene Stellen mit seinen Gedichten. Damit holt er das letzte Gericht, das Jüngste Gericht also, in diese Gegenwart hinein, vollzieht es jetzt als Gericht der vergangenen und der zukünftigen Geschichte. Vorwegnahme des künftigen Gerichts in die eigene Gegenwart: Das ist Umkehr, Buße und Versöhnung, ist die Ausrichtung der Gegenwart und der Zukunft an dem, was kommen wird, wenn der Messias kommt.[401] Der Sprachraum des Gerichts bestimmt das Artikulationsniveau des Gewissens, in dem die Verantwortung für die Welt in das eigene Leben hineingenommen wird, in der Annahme des Untergangs als Sühne für Vergangenes und in der entsprechenden Veränderung der Zukunft.

So bezieht sich ein Sonett auf Offb 17,8, wo das zerstörerische Tier, das aufsteigt, am Ende, wenn der Richter kommt, ins Verderben geht:

> „Dein ist die Macht. Des Tieres Macht ist tot,
> Ob seiner Kronen blutumrauchter Schein
> Das stille Werk der Jahre überdeckt.

Wir fragen nicht. Uns fordert Dein Gebot.
Wir tragen in die tiefste Nacht hinein
Dein mächtig Wort, das Tote auferweckt."[402]

Reinhold Schneider stirbt 1958 mit knapp 55 Jahren, am Ostersonntag, nachdem er am Ostersamstag so unglücklich stürzte, dass er nicht mehr zu retten war. Heute ist er ein ziemlich vergessener Dichter, als hätte er nur jenen etwas zu sagen gehabt, die damals gelebt haben. Damit sind die jetzt Lebenden aber selber dabei, etwas zu verdrängen: nämlich die Erschütterung darüber, was in dieser Zeit geschieht, und zwar auf der ganzen Welt, an Völkermord, an Hunger, an Ausschluss von Menschen aus Lebensmöglichkeiten, an Zerstörung der Lebensressourcen.

Auch heute könnte Reinhold Schneider formulieren:

„Darum sollen die Wüsten dieser Zeit und die verwüsteten Seelen, die Trümmer und Gräber, die Schreckensnächte und vom Tod überschatteten Tage, das Leid der Vertriebenen und Misshandelten, sollen aller Frevel und alle Fehle unvertilgbar vor unseren Augen stehen, unserer Seele gegenwärtig sein: sie in ihrer Gesamtheit sind das Gewicht, das wir tragen, die Aufgabe, die wir bewältigen sollen."[403]

Unsere Generation wäre für die Zukunft gut beraten, wenn die Botschaft des Gerichts auch in ihren Ohren dröhnen würde:

„Für mich spielt alles Geschichtliche unter einem Gewitterhimmel, und die furchtbaren Worte, die im Evangelium von den Letzten Dingen dieser Welt gesagt sind, dröhnen mir in den Ohren."[404]

Vielleicht wird es Zeit, die „Trümmerliteratur" nach 1945 auch als „Sanitätsdienst" an unserer Gegenwart und Zukunft zu lesen, um, wo immer es möglich ist, die Trümmer der Zerstörung zu verhindern.

„Du kommst, mein Gott. Im Fieberträume nennt
Die Erde Dich. Die Kreuze alle weisen
Entflammt zum Kreuz empor, das Du verheißen,
Dem Tag zum Zeichen, der kein Ende kennt.

Durch Wolken bricht Dein glühend Element
Mit Schwertesträgern, die wie Adler kreisen;
Du wirst der Mächtigen Türme niederreißen
Und jede Mauer, die von Dir noch trennt.

Wir sind umzingelt, und wir werden fallen
In Deine Macht. Im schrecklichsten Gericht
Schenk' uns der Liebe innigste Gewalt!

Schon schmettern Reiche hin wie morsche Hallen,
Und die noch thronen, *sehn* Dein Angesicht.
Wir aber bitten: „Komm! O komme bald."[405]

Was mit Reinhold Schneider in der nachkriegsliterarischen Rezeption gegenüber der Vergangenheit an Auseinandersetzung möglich war, könnte gegenwärtig zur Basis der Auseinandersetzung mit der Gefahr einer möglichen Zukunft (die vielerorts schon Gegenwart ist) werden. Das Gericht gibt Unterscheidungsmöglichkeiten zwischen Hoffnung und Hoffnung. Menschliche Hoffnung wird zwar immer als etwas Gutes angesehen. Aber das stimmt nicht. Wenn Mächtige Hoffnung darauf setzen, ihre Herrschaft zu erweitern, wenn Verantwortliche in wirtschaftlichen Konzernen die Hoffnung haben, in rücksichtsloser Weise Profit machen zu können, ohne die Konsequenzen sehen zu wollen, dass Millionen von Menschen deshalb unter die Armuts- und Elendsgrenze gedrückt werden. Reinhold Schneider hat diesen radikalen Widerspruch zwischen den Hoffnungen des Weltreichs und des Gottesreichs wie kaum ein anderer erlebt und benannt:

„und der Bekenner hatte den Mut,
im schroffsten Widerspruch zu den Vorstellungen
und Hoffnungen seiner Zeitgenossen
diese Macht als eine teuflische zu benennen."[406]

In seinem wahrscheinlich letzten Sonett (1951) schreibt Reinhold Schneider auch in unser Stammbuch:

„Dort, wo die Brücke einstürzt, eile hin!
Zur Flamme werde, die dein Werk verbrennt!

Ob dich das Volk verleumdet und verkennt:
Tu's doch! Das Zeichen selber ist Gewinn."[407]

1.2 Künftiges Entsetzen über uns?

Zuerst eine für mich sehr eindrückliche Erfahrung: Mein Hauptseminar fand im Winter-Semester 1998/99 zum Thema „Umgang und Beziehung mit den Toten" statt. In diesem Zusammenhang haben wir verschiedene Gedenkstätten in Tübingen besucht: Die Gedenkstätte der Universität für die Toten insbesondere des Ersten Weltkrieges, das Gräberfeld X im alten Tübinger Friedhof, wo die Toten der Anatomie begraben sind, die im Nationalsozialismus zu Hunderten aus den KZ's, aus den Euthanasieprogrammen, von Hinrichtungsstätten und aus den Gefängnissen kamen. Erst vor wenigen Jahren wurden dort die letzten Präparate von Leichen aus dieser Zeit (mit denen man noch bis dahin im Lehrbetrieb gearbeitet hatte) bestattet.

Uns ist im Gespräch aufgegangen, wie sehr jede Epoche in unserem Land Opfer produziert hat, am allerschlimmsten im Naziregime. Und uns ist klargeworden, dass wir diese Vergangenheit heute – Gott sei Dank – aus der Perspektive der Opfer wahrnehmen und beurteilen, dass wir uns aber in eigenartiger Weise aus dieser Erinnerung heraushalten, weil sie ja auf die Vergangenheit bezogen ist, in der wir selbst nicht vorkommen.

Das alles wendet sich aber mit einem Schlag, als eine Teilnehmerin die Erinnerung von der Vergangenheit in die Zukunft treibt, indem sie unsere Nachkommen danach fragt, was sie denn in Bezug auf uns erinnern werden. Was werden die Menschen nach uns von uns selbst für ein Gedächtnis haben? Und mit Erschrecken kam uns die harte Analyse dieser zukünftigen Erinnerung, wenn sie – was wir ja hoffen – auch aus der Perspektive der Opfer urteilen, „richten", wird. Und das hoffen wir wirklich, denn wäre dies nicht der Fall, dann wäre die Zukunft, nicht zuletzt auf der Grundlage unserer Gegenwart, endgültig der Barbarei zum Opfer gefallen.

Aber nehmen wir einmal an, dass die künftig Gedenkenden diese Hermeneutik von unten einnehmen werden. Wird dann nicht nur das eigene Land oder Europa als Bezugsrahmen des Urteils gewählt, sondern die ganze Erde, dann wird die Erinnerung wohl heißen: Die damals haben in Europa auf Kosten von Millionen von Menschen in anderen Ländern gelebt und haben zu wenig oder gar nichts dagegen getan. Entsetzten wir uns noch kurz vorher über die technisch perfekte Kaltblütigkeit der Mordmaschinerien im Naziregime, so erspürten wir nun das Entsetzen, das unsere Nachkommen haben werden: über die kaltblütigen universalkapitalistischen und neoliberalistischen Todesmaschinerien, die ungerührt und unaufhaltsam über die Schicksale von Millionen von Menschen in Hunger und Elend, in grausamen lokalen Kriegen und Ungerechtigkeit und schließlich über den Genozid ganzer Völker hinwegwalzen, von den ökologischen Katastrophen ganz zu schweigen.

Ein in diesem Sinn zum Erschrecken führendes Buch hat Carl Amery vorgelegt: Hitler als Vorläufer, Auschwitz – der Beginn des 21. Jahrhunderts.[408] Erste Verdächtigungen diesem Titel gegenüber, dass hier einmal mehr Auschwitz instrumentalisiert werde, verflüchtigen sich ziemlich schnell. Denn der Autor behauptet nicht, dass die Ermordung der Juden das gleiche sei, was jetzt weltweit der neoliberalistische Freihandel verursacht. Es geht nicht um das Wie des Vergleichs, sondern um die Dimensionierung eines Vorgangs, in dem die Grundideologie von Auschwitz in eine globalisierte Größenordnung hinein weitergetrieben wird. Denn hinter allem steckt die Hitlerformel: „Es reicht nicht für alle." Aus dieser Perspektive befürchtet Amery, dass Auschwitz eine primitive Vorwegnahme einer möglichen Option des nächsten Jahrhunderts sein könnte: in sozialdarwinistischen Ideologien, die weltweit für Konsum, Produktion und weltweite Vernetzung nicht benötigtes Leben aussortieren, so sehr, dass die Aussortierten nicht einmal den Wert einer versklavten Arbeitskraft haben.[409]

Entsprechende heterogene Leitideen oder „Gegenhorizonte", seien sie religiöser oder politischer Art, können, wenn sie nicht realitätsfern und pluralitätsfeindlich sind, nach Hartmut Rosa wichtige „transzendente Verankerungen" sein, wo Menschen ihr Standbein finden, um von da aus ihr Leben, auch in Resonanz zu diesen Horizonten, soweit wie möglich gestalten zu können.[410] Wenn sie nicht fundamentalistisch sind, gehören auch die Religionen zu solchen „kulturellen Widerstandsressourcen". Und solche Vorstellungen haben immer eine irgendwie, wenn oft auch nur implizite eschatologische Struktur, weil sie einen Horizont eröffnen, der noch nicht wahrgenommen bzw. noch nicht zureichend verwirklicht ist. Dabei trifft Rosa etwas ganz Wesentliches, wenn er solche Resonanzen auf die Basis von Berührtsein stellt, von Mitgefühl, von Mitfreude und von Mitleid, bis hinein in die Spiegelungsresonanzen in den Nervenzellen.[411]

Ich habe Bedenken dagegen, Drohszenarien für die Zukunft, die sich (im Horizont bestimmter Wertvorstellungen, wie auch im Horizont christlicher Eschatologie) aus Gegebenheiten der Gegenwart ergeben bzw. ergeben können, vorschnell als alarmistisch abzuservieren. Denn dieser Vorwurf kann leicht zu einer Beruhigungsstrategie verkommen, die es verhindert, noch rechtzeitig etwas zu tun bzw. zu verhindern. Viele aus meiner Generation können nicht auf die Frage verzichten: Hätte man Anfang der dreißiger Jahre im späteren Nazi-Deutschland noch manches verhindern können, wenn man die Zeichen der damaligen Gegenwart alarmistischer ausgelegt hätte? Und dies hat gar nichts damit zu tun, vergangenen Menschen Schuld vorzuwerfen, sondern damit, in dieser Grundproblematik die eigene Grundproblematik zu erkennen: einmal das Problem, dass man damals möglicherweise genauso gehandelt hätte, und zum anderen, was das für die Gegenwart bedeutet, damit man nicht in das gleiche, dann allerdings sehr schuldhafte Versäumnis verfällt, nämlich nicht rechtzeitig gewarnt zu haben.[412]

Wenn Adorno sagt, dass es kein richtiges Leben im falschen gibt, dann ist dieser Satz sicher falsch, es sei denn, man versteht ihn eschatologisch. Der Himmel wird hoffentlich einmal der Ort sein, wo es richtiges Leben in richtigem Leben gibt. Dies ist eine Hoffnung, die in die Gegenwart hineinreicht, auch säkular: eine Leitidee, die es verhindert, das Falsche durch das Richtige nicht zu attackieren und resignativ in Ruhe zu lassen. Man käme ja dann doch wieder bei den romantischen Inseln heraus. Gerade bei Walter Benjamin beinhaltet das messianische Denken jene negative Dialektik, die kompromisslos unterscheidet und trennt zwischen denen, die die Tradition konformistisch zur Unterdrückung der Menschen beanspruchen, und denen, die sie zugunsten der Menschen unterbrechen.[413]

Wird also das Urteil lauten: Da haben unsere Vorfahren sich über die Vergangenheit entsetzt und merkten dabei nicht, dass sie das lokale Grauen der Vergangenheit längst globalisiert haben? Es war unter uns zu spüren: Dieses Entsetzen unserer Nachkommen hat uns zutiefst über uns selbst erschreckt. Ist es vielleicht ein solches Erschrecken, das überhaupt nottut, und zwar derart, dass es in die Glieder fährt? Ist dies ein vergessener Weg zur Bekehrung, auch und gerade in unseren Gemeinden das Erschrecken zu verbreiten: über uns selbst und über die Gegenwarts- und Zukunftskonsequenzen dessen, was wir passiv und aktiv verursachen?

Derart war wohl immer die prophetische Verkündigung, indem sie Gottes Entsetzen in die Erinnerung der Menschen brachte, nicht selten die Verbindung mit dem Gericht, mit dem Urteil also, das er über sie fällt. Gibt es diese prophetische Verkündigung heute und hierzulande? Oder aber haben wir Gott etwas zu weich und lasch gemacht in Glaube, Verkündigung und Sakramentenkatechese? Mit der Hölle wurde oft auch das Gericht gestrichen. Auch wenn ich daran glaube, dass die unendliche Versöhnungsmacht am Ende alle Menschen umfassen wird, die Opfer und die Täter, dann doch niemals um den Preis einer himmlischen Gleichmacherei. Ein Himmel, der seine Erinnerungen und sein Gedächtnis an diese unsere Welt und unsere Existenz darin verloren hätte, würde noch im Nachhinein die elementare Differenz zwischen Opfern und Tätern mit einer dumpfen Vergessenssoße verkleistern.

1.3 Protest gegen Angst

Im christlichen Glauben und aus der Sicht der Menschen, die sich nach Gerechtigkeit sehnen, gibt es keine Möglichkeit, auf die Gerichtsverkündigung zu verzichten. Gleichzeitig ist es sicher nicht einfach, so vom Jüngsten Gericht zu sprechen, dass nicht bei den Hörern und Hörerinnen wieder alte Vorstellungen von Hölle und Angst auftauchen. Gotthard Fuchs hat von der christlichen Kunst gesprochen, „sich recht ängstigen zu lernen".[414] So geht es in der neuen Verkündigung des Gerichts gewissermaßen um eine Therapie an jenen unrechten und zerstörerischen Ängsten, die weniger der Hoffnung auf Gott als der Herrschaft durch Menschen gedient haben. Eigentlich geht es gar nicht um Gottesangst, sondern um jenen Furchtanteil in der Gottesbeziehung, die in der Ehrfurcht vor dem geheimnisvollen, allmächtigen und unbegreiflichen und koextensiv mit seiner Unendlichkeit zugleich kompromisslos liebenden Gott zu Hause ist. Es ist ein Respekt, der im Vertrauen auf Gottes unerschöpfliche Möglichkeiten wurzelt, und Vertrauen ist das wirksamste Mittel gegen überbordende Ängste.

Anneliese Lissner erzählt von einer solchen „Therapie":

„Meine Schwiegermutter besuchte Sonntags immer die ‚Frühmesse'. Gern fragten wir Langschläfer sie bei ihrer Heimkehr, worüber der Pastor denn gepredigt habe. Also worüber heute? ‚Über die Hölle!' – Was hat er gesagt? ‚Ich habe nicht zugehört. Da komme ich ja nicht hin.' Wir haben herzlich gelacht!"[415]

Die Hölle, wie sie der Pastor versteht, geht die Schwiegermutter nichts an. Dass man über diese gesunde Abwehr herzlich lachen kann, hat etwas Befreiendes. Dass die Verkündigung des Jüngsten Gerichts gerade in der Ehrfurcht vor Gott selbst etwas Befreiendes hat, so dass auch Anneliese Lissners Schwiegermutter eine solche Verkündigung mit ihrem Leben verbinden könnte, genau darin läge die Lösung einer zukünftigen Rede vom Jüngsten Gericht, die nichts verstecken und verdrängen muss und sogleich alles auf eine unerschöpfliche Hoffnung hin zu öffnen vermag.

Im Anschluss an Hans Blumenberg spricht Gotthard Fuchs[416] vom Gerichtsverlust als einem empfindlichen Schaden in gegenwärtigen Zivilisationen. Mit dem Abhandenkommen des Glaubens an Gottes Gericht explodieren die gegenseitigen Verurteilungen genauso wie die Abwehr dieser Verurteilungen durch die „Kunst, es nicht gewesen zu sein", mit permanenten Entschuldigungen und Selbstrechtfertigungen, die wiederum bei der Beschuldigung der anderen landet und so den Teufelskreis der Verurteilungen wieder von der anderen Seite her schließt. Dass fast alle Konflikte nur noch über Rechtsanwalt und Gericht angegangen werden, ist ein erschreckender Ausdruck dieser Gerichtsmanie, der permanenten Angst zu kurz zu kommen, und der verlorenen Fähigkeit, Gott zumindest das *letzte* Gericht und das letzte Wort zu überlassen.

Die christliche Verkündigung vom letzten Gericht, das dem Gott vorbehalten bleibt, der in Christus selbst verurteilt wurde, und der vom Kreuz her noch die Täter in seine Versöhnung aufnimmt (vgl. Lk 23,34), ist also nicht nur von elementarer befreiender Bedeutung für die Einzelnen, sondern auch von heilender Kraft gegenüber den Selbstüberforderungen und Zerstörungsanteilen einer Gesellschaft. Ganz zu schweigen von den das Leben verdunkelnden Depressionen, die von verdrängten Schuldgefühlen herrühren, ob sie auf wirklich eigener oder egozentrisch angeeigneter Schuld gründen. Die Sehnsucht nach Schuldvergebung übersteigt oft die Möglichkeiten der Therapie, Schuld im Gespräch zu benennen und zu „bearbeiten".

Ihre Taten werden auf Täterinnen und Täter zurückfallen (vgl. Joël 4,7), indem sie ihnen buchstäblich *leid*tun: im alles anderen als billigen, nämlich abgründigen eigenen Schmerz über die Schmerzen, die sie zugefügt haben, nicht destruktiv vernichtend, sondern das Destruktive von der anderen Seite her, nämlich im Horizont der richterlichen Gottesbegegnung mit dem eigenen Leiden ausbrennend: im Horizont der Liebe Gottes, der den Sündern und Sünderinnen die Möglichkeit eröffnet, diese Reue zu empfinden und mit-leidende Wiedergutmachung zu leisten, und im Horizont der Versöhnung Gottes, in dem erst das Unmögliche möglich wird, nämlich diese Versöhnung zwischen Täter und Opfer, die nicht die Gerechtigkeit verletzt, weil die Täter elementar existenziell, durch ihre ganzen schmerzempfindlichen Fasern hindurch (seelisch und leiblich) selbst restlos zum schutzlosen und radikal geöffneten Resonanzboden dessen werden, was sie getan oder versäumt haben.

Nichts wird ihnen im vergleichgültigenden Vergessen geschenkt, weder im „Augenblick" der Gegenüberstellung noch in der „Ewigkeit" des „Himmels". Wie die Leidenden (analog zu den Wundmalen des Auferstandenen) ihre Wunden haben, die aber in der „Verklärung" nicht mehr schmerzen, sondern ewig leuchten, so tragen die Täter die Stigmata ihrer Taten eintätowiert, als durch die Versöhnung gegangene Wundmale des nachgeholten Mitleidschmerzes, an dessen tiefstem Punkt die Freude darüber aufleuchtet, dass die Opfer nicht vernichtet bleiben, sondern in die Lebensmacht Gottes hinein gerettet sind. Auch diese Brandwunden werden bleiben, analog zu Kain, der gezeichnet bleibt, aber als solcher, der leben darf und dessen Leben von Gott selbst gesichert ist. Der gerichtete Mensch ist fürs Leben gerichtet, im doppelten Sinn: für sein vergangenes (davon bleibt er gezeichnet) und für das zukünftig-ewige Leben (dafür wird er in eben dieser Verwundung gerettet).

Universale Nächstenliebe und Nächstenachtung benötigen zwar auch rationale Motive, wurzeln aber dominant in affektiven Beweggründen: Zum Sympathiemotiv aus Liebe und Freundschaft und zum empathischen Mitleid mit leidenden Menschen wäre nun derart die Gottesfurcht zu zählen, die die ersteren beiden Motive vertieft, entgrenzt und in Bewegung setzt. Jesus selbst realisiert im Verhalten bzw. in der Verkündigung alle drei Motive. Derart dürfte auch im Glauben selbst die emotionale Kategorie des künftigen Entsetzens über die eigene Sündhaftigkeit nicht nur aus zwischenmenschlichen und politischen, sondern aus strikt theologischen Gründen nicht zu vernachlässigen sein.

1.4 Gottesfurcht als Ehrfurcht

Wer die Höllendrohung nicht mehr betreiben wollte, hat deshalb in den letzten Jahrzehnten auch lieber auf die Gerichtsverkündigung verzichtet, weil man die unselige Höllendrohung vermeiden wollte, die bis heute in geradezu kollektiver Weise als entsprechende Höllenangst tief in den Menschen sitzt, und zwar nicht nur in den Kirchen, sondern auch weit darüber hinaus.[417] Solches Zögern ist nicht nur gut zu verstehen, sondern auch gutzuheißen, weil das Evangelium tatsächlich keine *derartige* Drohbotschaft, sondern insgesamt eine Frohe Botschaft ist. Und dieses Gerichts-Höllen-Moratorium war auch in der Verkündigung bitter notwendig, um die kleinmachende und unterdrückende Ängstigung im christlichen Glauben abzubauen.

Und heikel ist eine neue Rede vom Gericht auch deswegen, weil sie nicht nur von den Gläubigen selbst, sondern auch von außen umso mehr missverstanden werden kann, als die entsprechende Differenzierung in der kirchlichen Verkündigung nicht deutlich genug nach außen dringt, so dass gerade von außen her, also von sogenannten fernstehenden und nicht zur Kirche gehörigen Menschen eine neue innerkirchliche Rede vom Gericht ebenfalls nur allzu leicht auf dem Hintergrund kollektiver Vorannahmen bezüglich kirchlicher Verkündigung, also nur im Zusammenhang mit der Höllendrohung rezipiert und entsprechend fehlinterpretiert wird.

Eine vom Gericht her motivierte Gottesfurcht ist jedoch nicht mit Gottesangst zu verwechseln, sondern als ein Ausdruck der zitternden Ehrfurcht vor dem Gott zu verstehen, der im Gericht Christi als derjenige erscheint, der, weil er gut ist, das Gute einklagen wird. Nicht um eine Angst vor extrinsezistisch verordneter und unberechenbarer grausamer Strafe geht es hier, sondern um die Furcht vor jenem Prozess, in dem wir angesichts unseres in vieler Hinsicht unguten Lebens Gottes unendlichem Gutsein begegnen: sowohl unserer Vergangenheit (und hier als Gericht) wie auch unserer Zukunft gegenüber (und hier als Rettung der Sünder und Sünderinnen). Es ist das Entsetzen vor *der* Hölle, die wir selbst in das Gericht hineinnehmen und die darin offenbar wird. Derart ist die Gottesfurcht nicht nur ein Integral der Mystik, sondern auch der Politik.

So gilt: Die neue Gottesfurcht ist völlig untauglich für eine neue Drohstrategie im Sinne einer gesteigerten „Pastoralmacht".[418] Auf der anderen Seite kann es den Hauptamtlichen auch nicht verwehrt sein, in diesem Sinne prophetisch zu predigen, nur werden sie es in entsprechender Erkenntnis der eigenen Problemlage und mit Feingespür sowohl den Gläubigen wie auch dem zu vermittelnden Inhalt gegenüber tun: damit die Gerichtspredigt nicht unter der Hand doch zur Unterdrückungspredigt mit „ewigen" Strafandrohungen wird. Die letztlich zu erhoffende eschatologische Versöhnung aller Menschen in Gott lässt diese totalitäre Sanktionsmacht nicht zu.

Es ist davor zu warnen, die erlebte Wirkungsarmut der Pastoral hinsichtlich der Kirchenintegration dadurch zu reduzieren, auf die theologische Rumpelkammer der dualistischen Gerichtsdrohung zurückzugreifen. Demgegenüber wird sich die Seelsorge auf den Weg machen, den eschatologischen „Doppelbeschluss" von Gericht und Versöhnung als Konstitutivum in ihr Selbstverständnis aufzunehmen: in Richtung auf eine noch zu entwerfende *neue* eschatologische Pastoral, die die Jetztzeit in die inhaltliche Spannung zwischen Krisis und Charis dieser Zeitenschwelle und die damit verbundene Hilflosigkeit aushält. Der Status „der Kirche als Sakrament des eschatologischen Heils in dieser Welt drängt sie immer wieder über die bestehenden und erreichten Grenzen hinaus." Andererseits gilt: Auch eine „Überforderung der Kirche (ist) ungerecht, als ob das Häufchen Salz für die ganze Erde und die kleine Herde für die Wolfsmeute der menschlichen Gesellschaft voll und allein haftbar wären."[419]

Im Anschluss an die oben erzählte Erfahrung (in der *eine Studentin* den *entscheidenden* Satz prägte, der aufhorchen ließ) sei bezüglich der Verkündigung verdeutlicht, dass ich diese nicht auf die Predigt der Hauptamtlichen reduziert verstehe, sondern als den gesamten an der christlichen Tradition orientierten Prozess der expliziten Versprachlichung des Evangeliums in Gegenwart und Situation: Subjekt dieses Vorgangs sind alle Getauften in den vielen unterschiedlichen Sozialgestalten und Kommunikationsformen christlichen und kirchlichen Lebens.[420] Je reziproker sich diese Beziehungen ereignen, desto weniger kann und darf es dann sein, dass sich nur die Hauptamtlichen die neue Gerichtspredigt „unter den Nagel reißen", um damit doch nur ihre eigenen Macht- bzw. Ohnmachtsprobleme zu bewältigen. Denn wer droht, dem fließt Macht zu. Als derartige Abschreckung funktioniert das hier Gemeinte jedoch nicht. Die Gerichtsverkündigung ist kein moralischer Hammer, mit dem man anderen auf die Köpfe haut, sondern ein Einsehen, das sich der Erschütterungsempfindlichkeit aller Gläubigen verdankt und aus der konsequenten Vergewisserung des Glaubens an Gottes Gerechtigkeit und Barmherzigkeit herauswächst. Diese Erschütterung kann nicht als Gesetz verordnet werden. Sie kann nur durch ein gegenseitiges Hinhören auf die Hoffnungen und Ängste der Menschen und ein entsprechend sensibles Klima kommunikativ vorbereitet werden.[421]

Damit kann die eschatologische Dynamik nicht nur als Glaubensproblem diskutiert werden, sondern ist als eine Triebmacht freizuschaufeln, dieses Leben auf „Zukunft" hin besser zu gestalten. Dringliche Zeichen der Zeit sind in ihrer eschatologischen Qualität zu identifizieren: Dass es ökologisch gesehen mit der Erde fünf Minuten vor zwölf oder noch später ist, diese säkulare Dringlichkeit bekommt durch den theologischen Horizont eine zusätzliche Dynamik. Gott selbst ist es, der die Zerstörung der Schöpfung anklagen und ahnden wird. Von daher müsste man systematisch-theologisch genauer darüber nachdenken, dass es nicht nur eine systematisch-theologische Hierarchisierung der Glaubenswahrheiten gibt, sondern auch eine eschato-logische, die die Glaubenswahrheiten in Hinsicht auf eine ganz bestimmte eschatologisch zu qualifizierende Krise und Dringlichkeit bedeutsam macht, so dass das eschatologische Dogma, wird es konkret ernst genommen, alle anderen Glaubenswahrheiten einem entsprechenden zeitlichen Index aussetzt.

1.5 Vorwegnahme des Gerichts

In einer Zeit, in der das Religiöse von der Ethik abgekoppelt wird, steht verstärkt ihre gegenseitige Vertiefung und Verschränkung an, ohne ihre jeweilige Autonomie zu schmälern, also ohne sie ineinander aufgehen zu lassen. Von daher ist zwischen säkularer und eschatologischer Dringlichkeit ein Synergieeffekt zu vermuten. Je lebensbedeutsamer christliche und kirchliche Existenz ihre eigene eschatologische Zeitdynamik ernst nehmen, desto sensibler nehmen sie wohl auch die „säkularen" Dringlichkeiten der Zeichen der Zeit wahr. Die eschatologische Bedeutung unseres Lebens und der Seelsorge zu verschweigen oder zu vernachlässigen, wäre sicher ein Verlust jener jüdisch-christlichen Identität, wie sie in vielen Texten der Bibel zum Vorschein kommt.

Ich weiß, wie heikel eine „Wiedereinführung" des richtenden Gottes in die Seelsorge (derer, die sich sorgen und derer, die die Sorge empfangen) ist. So ist jede Möglichkeit wahrzunehmen, um zu verhindern, dass die alten Kombinationen zwischen Gericht, Hölle und Angst einschnappen. Aber angesichts der drängenden Notwendigkeit globaler Solidarität zugunsten massenweise ausgegrenzter Menschen nicht nur im Süden der Erde, sondern zunehmend auch im Norden, kann die christliche Verkündigung nicht die Funktion eines Weichspülers übernehmen, der diesbezüglich beruhigt und letztlich doch alles schmerzlos ins gute Ende eines banal guten Gottes münden lässt. Es ist höchste Zeit, in einer neuen Weise vom Gericht zu sprechen, nicht mehr in Verbindung mit der Hölle danach, sondern mit der drohenden Hölle davor. Diesbezüglich darf das „Kind" der Gottesfurcht nicht mit dem „Bade" der jenseitigen Höllenangst ausgeschüttet werden. Dafür sind die Gefahren, dass die Erde diesseitig für immer mehr Menschen zur Hölle wird, viel zu groß. Einschlägige Texte der Bibel sind nicht zu umgehen oder zu verharmlosen: Vielmehr gilt es, sich an ihnen abzuarbeiten.

So plädiere ich für eine Art eschatologisch orientierter „antizipatorischer Sozialisation".[422] In der Sozialarbeit versteht man darunter das präventive Lernen, um künftige Krisensituationen durch entsprechende vorgängige Reaktionsbereitschaften besser bestehen zu können. Dietrich Wiederkehr spricht von einer „antizipierten Realpräsenz der Zukunft".[423] Antizipatorische Sozialisation kann man als vorgängige Inszenierung von Bearbeitungsmöglichkeiten und Anschubhilfen für künftige Ernstfälle betrachten. Es handelt sich dabei also um so etwas wie eine antizipierte Krise; übertragen auf unseren Zusammenhang: um eine Gerichtsintervention und Krisenprovokation. In einer solchen eschatologischen „antizipatorischen Sozialisation" geht es unter anderem auch darum, den alten Begriff der „ars moriendi" wieder zugunsten der „ars vivendi" mit Leben zu füllen, nämlich durch die Fähigkeit, abschiedlich zu leben, nach dem großen Satz eines jüdischen Rabbis der Chassidim: „Bekehre dich einen Tag vor deinem Tod!" Die Antizipation des Todes und des Gerichts in das Leben vertieft das Leben.

Von hierher ergeben sich neue Anregungen für eine interdisziplinäre Zusammenarbeit von Pastoral und Liturgie bei der Suche nach Ritualen und Zeichenhandlungen, in denen das künftige Gericht als Mimesishandlung dramatisiert und erlebbar wird, über die Worterinnerung an die eschatologische Zukunft hinaus. Jedenfalls brächte sich die Pastoral um die symbolisch zu dramatisierende Tiefendimension der Gerichtshoffnung. Während die Kirchenmalerei des Mittelalters in einer geradezu erschreckenden Weise die Gerichtsdarstellungen in den Kirchen und an ihren Eingängen präsent hält, Entsprechendes in Mysterien spielend dramatisiert, darf zwar nicht an die Versöhnungslosigkeit der jeweiligen Höllenszenen angeknüpft werden, wohl aber ist eine vorsichtige Anknüpfung daran möglich, dass überhaupt das Gericht ernsthaft in die Gegenwart hinein scheint. Bezogen auf die Kirchenfeste böten sich vor allem der Aschermittwoch, der Karfreitag, Ostern, auch das Fest Johannes des Täufers an. So könnte eine Verkündigung in der Osternacht die Tauferinnerung nicht nur mit der Wassertaufe, sondern auch mit der Feuertaufe in Verbindung bringen.

Für dieses Verständnis braucht es einen sozialen Zusammenhang, der im Umgang miteinander und mit anderen diese Sichtweise *trägt*: eine Begegnungswirklichkeit, in der sich gerichtssuchende und gerichtsaussprechende Menschen im Horizont ihres gemeinsamen Glaubens an den kommenden Herrn begegnen: in Richtung auf eine gegenseitige geschwisterliche Correctio, in der ich im Angesicht des Anderen meinen eigenen jämmerlichen Zustand erkenne, indem ich die Fremdkritik als Selbstkritik annehme und in die entsprechende Umkehrrichtung gehe. Es wäre dies eine Begegnungskultur, in der die eigenen Verletzungen und die Verletzungen anderer in Freimut ausgesprochen werden können, eine Kultur der Parrhesia, in der wir uns gegenseitig etwas Wahres über uns selber sagen und sagen lassen. Solche Prozesse kosten einiges, oft sehr viel. Aber ohne sie gelangen wir nicht auf das elemetare Niveau eschatologischer Antizipation.[424] Will gegenwärtige Gemeindegestaltung sich im Horizont des künftigen Gerichtes qualifizieren, dann wird sie das eschatologische Gericht dadurch antizipieren, dass sein „Doch schon" bereits hier in (An-)Klage und Bekenntnis, in Versöhnung und Umkehr zwischen Opfer- und Täteranteilen in und zwischen uns trennscharf unterscheiden lehrt. Genau das ist der Sinn der richtenden Reden Jesu, nämlich vom zukünftigen Gericht her *jetzt* das gegenwärtige Leben zu richten und auszurichten (vgl. Lk 16,19–31). Die Gemeinde wird derart ein vorläufiger „Gerichtsraum", wo Menschen im Angesicht Gottes, ihres Schöpfers und Richters, ihren „Prozess" führen, indem sie klagen und anklagen bzw. eingestehen, bereuen und wiedergutmachen.

Zur Erinnerungskultur gehört von daher auch die Ermöglichung von sozialen und liturgischen Räumen, in denen Klage und Fluch, Scham und Schuld, Bekenntnis und Versöhnung möglich sind. Klage und Fluch sind Gebetsweisen, die in einer neuen Weise auch die Spiritualität der Gemeinde werden könnten: darin, die Anklage Gottes angesichts der erinnerten Katastrophen ins Gebet zu heben, bis hinein in den Fluch, der die Ausagierung des Hasses gegenüber den Tätern zulässt, aber zugleich verhindert, die Gewalt gegen sie selbst in die Hand zu nehmen.

Entsprechend geht es um die Gestaltung von Begegnungsräumen, in denen Menschen bereits hier lernen, etwas zu bereuen, nicht nur im privaten Gehäuse des Beichtstuhls, sondern auch in begrenzten öffentlichen Räumen der Gemeinde. Begegnungen, in denen auch die Geschädigten sich erinnern an das, was sie erlitten haben. Und beides im Vorgriff auf das Gericht und im für die Zukunft freisetzenden Rückgriff auf die jeweilige Vergangenheit. Hinsichtlich des Beichtsakraments ist dabei auf den gerichtlichen Akt nicht zu verzichten, weil er unmissverständlich das Sündhafte und Destruktive markiert und weil es zur Rechtfertigungsgnade gehört, dass der diesbezüglich *verurteilte* Mensch Gottes unbedingte Liebe erfährt.[425]

Derart wird die kirchliche Gemeinde zum Raum, in dem die Menschen Klage führen und Gott den Tätern gegenüber als Anwalt anrufen können, wobei sie vom künftigen Gericht her das Urteil Gottes in die Gegenwart hinein sprechen. Nicht zuletzt der Fluch ist die letzte Möglichkeit der Hilflosen, Gottes Macht gegen die Übermächtigen anzurufen.[426] In solchen Prozessen hat das kirchliche Amt dann das Recht und die Pflicht, gegen Beschwichtigungsstrategien, wie sie im Volk Gottes selber immer wieder Platz greifen, anzugehen und gegebenenfalls aus dem Schlaf aufzurütteln.

Ein Glaube, der sich nicht als Gratuität für die Solidarisierungsfähigkeit der Menschen auswirkt, ist verzichtbar. Genau dies holt eine Gerichtstheologie ein, die sich strikt an der Begegnung mit Christus in leidenden Menschen und mit dem kommenden Christus als dem orientiert, der nichts vergessen haben wird, kein erlittenes und kein zugefügtes Leiden, aber auch keine empfangene und keine gegebene Tat der Gerechtigkeit und Barmherzigkeit.

1.6 Eschatologisch beten

Hierin kann die oft heftige Spiritualität der Psalmen helfen. Die Psalmen verdecken nicht die Widersprüche zwischen Schuld und Reue, Armut und Reichtum, zwischen Krankheit und Gesundheit, zwischen Bedrängnis und Freiheit, sondern reißen sie auf und zeigen Gottes Recht auf der Seite der Armen. Wo aber siedeln *wir uns* in diesen Widersprüchen an? Wenn wir beispielsweise selbst die Reichen, Unterdrücker und Gleichgültigen sein sollten, dann sind diese alten Gebete vorerst nicht unsere Texte. Beanspruchen wir sie trotzdem, dann berauben wir die Armen auch noch der allein ihnen gehörenden Sprache des Leidens und benutzen auch noch die Psalmen als Beschwichtigungsinstrumente, denn dann werden die Gegensätze zwischen arm und reich kräftig zugekleistert und die in den Psalmen aufgebrachten Widersprüche domestiziert und verharmlost. Auch bei uns gibt es (neue) Arme und Reiche, Kranke und Gesunde, um gerechte Chancenverteilung und um ihr Arbeitsrecht betrogene Menschen sowie wieder andere, die davon profitieren. Die jeweils ersteren werden auch bei uns die Klagepsalmen beten dürfen. Im globalen Vergleich zu Millionen hungernden und unterdrückten Menschen und Völkern in den Zonen der Armut und Rechtlosigkeit unserer Erde sind wir aber dann doch nochmals insgesamt diejenigen, die, in zwar unter uns selbst wieder unterschiedlicher Weise, bedeutend besser dran sind. Was bedeutet es für viele von „uns" (ich nehme all die aus, die sich in irgendeiner Weise in Not und Leid sozialer, körperlicher und seelischer Art befinden. Für all diese Betroffenen gilt selbstverständlich, dass sie die Armen in den Psalmen „sind") Christen und Christinnen hierzulande, die Klagepsalmen zu beten? Dürfen wir es? Und *wie* sollten wir es in einer am Gericht orientierten Weise tun?

Durch hinhörendes Beten

Ohne Trauer werden wir die Klagepsalmen nicht beten können und dürfen. Trauer über die Armen und Bedrängten, die ihr Elend darin zum Ausdruck bringen, darin schreien und beten und die in dem Augenblick, in dem wir selbst diese Texte zu beten versuchen, überall auf der Welt ähnlich weinen, rufen und klagen. Umso mehr werden wir diese Psalmen wirklich *mitbeten*, als wir darin zuhören, nämlich *hören auf die Rufe der Leidenden*. Dann beten wir die Klagegebete nicht unmittelbar „selbst", sondern wir beten sie *als „Hörer des Wortes"*, indem wir in unserem Gebet auf die Rufe der Armen hören. Im Gebet lassen wir so die Welt des Leidens an uns heran, in der wir leben und die wir so oft nicht wahrhaben wollen, nicht zuletzt aus Angst, selbst leidend und bedrängt zu werden. Solches hinhörendes Beten nimmt die Leiden der Welt in das eigene Gebet auf. Es ist die Bedingung zu einer Spiritualität, uns selbst, unsere Umgebung, unser Dorf und unsere Stadt, unser Land und unsere Welt *von den Armen her* wahrzunehmen.

Durch ein umkehrbereites Beten

Die Sprache des Leidens im Gehör und dafür sensibel geworden, kommen wir dann der Umkehr nahe: zu weit geöffneten Augen und Ohren, die

Leidenden in Nah und Fern zu sehen und zu hören und den Kampf für die Barmherzigkeit und Gerechtigkeit aufzunehmen. Und ein solches Beten treibt uns dazu, unseren eigenen Ort im Widerspruchsgefüge der Menschen aufzudecken und diese Ent-Deckung nicht zu verdrängen, sondern zu akzeptieren. Nicht zuletzt die Schuldbekenntnisse sowie die Bitten um Vergebung, Neuanfang und Befreiung, wie sie in diesen Psalmen oft selbst artikuliert werden, erlangen dann eine höchst aktuelle und subversive Brisanz. Wir erfahren darin unsere eigene Angewiesenheit auf die Rechtfertigung der Gnade Gottes und die Notwendigkeit zur entsprechenden Umkehr. Hier schließt sich der material-hermeneutische Kreis: Denn mit solchen Bereitschaften vertieft sich dann auch das Verstehen dieser und anderer biblischer Texte.

Durch ein die Opfer erinnerndes Beten

Ein solches hinhörendes Beten der Klagepsalmen hat aber nicht nur eine synchrone, sondern auch eine *diachrone* Dimension, indem dieses Hinhören sich auch als Erinnerung an die Opfer der Geschichte ereignet, die so oder ähnlich gebetet und geklagt haben, nicht zuletzt gerade in diesem Horizont die Erinnerung an *das* Opfer Jesu(s) am Kreuz, der dort im Todesschrei den Psalm 22 gebetet hat. Auch dieses in die Vergangenheit hineinlauschende Beten, indem es sich derart den Opfern der Geschichte in Solidarität stellt und sie in Empathie nicht vergisst, wird zum umkehrbereiten Beten: um in der Gegenwart umso mehr die realistische Sorge und den Einsatz dafür aufzubringen, dass möglichst wenige Menschen in Zukunft so beten müssen und möglichst viele Menschen von Not und Unterdrückung befreit werden. Sensibilisiert durch die Gebete der Armen werden Christen und Christinnen füglich die realen Kontakte mit den konkreten Armen im eigenen Haus, in der Gemeinde und in der Gesellschaft suchen und direkte Beziehungen mit den Leidenden nicht scheuen. *Solches* Beten der Klagegebete aus dem Psalter treibt dann gerade die, die im Moment nichts oder nicht viel zu klagen haben, in die konkrete Diakonie den vital klagenden Menschen gegenüber.

Durch ein Mit-den-Leidenden-Beten

Handelte es sich bisher um ein Beten, das im Gegenüber zu leidenden Menschen auf sie hört, in der Scheu, ihre eigene Sprache zu vereinnahmen, so mag es doch auch ein Beten geben, das sich auf ihre Seite stellt und solidarisch mit ihnen die Klage gegen Gott und die Menschen führt und unterstützt. Wenn in Israel ein Mensch einen befreundeten kranken Menschen besuchte, hat er nach der sichtbaren Anteilnahme seines Schmerzes und nach einem schweigenden Zuhören auf die Klage des leidenden Menschen in dessen Klage miteingestimmt.[427] Der besuchende Mensch stellt sich nicht dem kranken Menschen gegenüber, schon gar nicht als Anwalt Gottes gegenüber seinen Klagen, sondern er stellt sich auf die Seite des Kranken auch Gott gegenüber und hält mit ihm die Frage „Warum?" aus und geht den Gebetsprozess von der Auflehnung bis zur Hingabe, vom Widerstand bis zur Ergebung mit. Er stellt sich an die Seite des Leidenden, zeigt im Mitgehen und Mittragen sein Mitleid und seine Solidarität, ohne die herablassende oder symbiotische Anwandlung, damit selbst die Leiden des anderen auf sich genommen zu haben, also immer noch mit jener Distanz, die den leidenden Menschen nicht seiner Sprache und seiner Würde enteignet. In einem solchen Beten mit den Leidenden sind die Leidenden nicht alleingelassen.

Auch so dürfen wir also die Klagepsalmen der Armen beten: in Gemeinschaft mit ihnen, nicht im Sinne der Situations- und Rollenverwischung zwischen uns und den Armen, sondern in dem Sinne, dass wir uns ihnen im Mitgefühl und im Mitkämpfen *zur Seite stellen*. Dies verhindert vor allem den oft peinlichen Versuch und verkrampften Drang, dem leidenden Menschen von einem Sinnkonstrukt oder von Gott her antworthaft sagen zu wollen, warum es ihm so schlecht geht.

Durch stellvertretendes Beten

In diesem Zusammenhang darf wohl auch mit einiger Vorsicht davon gesprochen werden, dass wir die Klagepsalmen *stellvertretend* für *die* Leidenden beten dürfen, denen selbst der Gebetsschrei vergangen ist, die vor Schmerz und Leid kein Wort mehr in den Kopf und über die Lippen bringen oder keinen Gott als Adressaten der Klage mehr in Aussicht haben. Diese Negativität des Klagegebets, nämlich dass es nicht mehr möglich ist, weil es sich selbst aussetzt, darf nicht aus dem Blick kommen: Wenn der betende Mensch nicht mehr zur „Wende" des sogenannten Stimmungsumschwungs (vgl. Ps 22,22b) gelangt, wenn er nicht über den Hiatus der Verzweiflung hinwegkommt, dann verstummt er angesichts des Elends, tage-, wochen-, monate-, jahre-, jahrzehntelang, ja bis zu seinem Tod und versinkt im Schweigen der Gottesfinsternis. Derart hat die Klage keine kompensatorisch-beschwichtigende Funktion, sondern sie treibt den Konflikt dramatisch auf die Spitze. Dann wird unser Beten zu einem

Fürbittgebet eigener Art. Wir beten auf der Seite der Leidenden, holen ihre verzweifelte Situation in unsere Memoria und klagen ihr Recht auf Barmherzigkeit und Gerechtigkeit vor Gott und den Menschen ein. Wir beten sie an ihrer statt, ohne uns einbilden zu wollen, an ihrer statt zu sein. Wir beten sie an ihrer statt dafür, dass sie, sofern das überhaupt noch möglich sein kann, neues Vertrauen und neue Hoffnung gewinnen, sowohl auf Gott wie auch auf die Menschen hin. Vielleicht darf darin auch ein solidarisches Mitgehen mit jenem Geist des Auferstandenen gesehen werden, der im Augenblick unserer eigenen Schwachheit und Unfähigkeit zu beten selbst für uns mit einem Seufzen eintritt, das wir nicht in Worte fassen können (vgl. Röm 8,26).

Durch Beten im Vorgriff für uns

Nicht zuletzt dürfen wir die Psalmen in diesem Sinne auch *im Vorgriff für uns* beten: nämlich indem wir ihre Klage- und Vertrauensprozesse bereits jetzt in Solidarität mit den Leidenden so „lernen", dass wir sie dereinst zu beten wagen und vermögen, wenn *wir* einmal in Not und Schmerz geraten. Möglicherweise kann dann auch ein solches jetziges Beten antizipatorisch-stellvertretenden Charakter *für uns selbst* haben, wenn wir in einer künftigen Not nicht mehr beten und klagen können.

So also mag es uns erlaubt sein, die Klagepsalmen auch als solche zu beten, die nicht in Not und Unterdrückung, die nicht schmerzens- und sterbenskrank sind; aber um Gottes und der Leidenden willen nie so, dass Letztere dabei verschwinden und vergessen werden, sondern im Gegenteil so, dass sie gerade dadurch in die Erinnerung unserer Spiritualität und unserer christlichen Praxis gelangen.

2. Zeitweisen

2.1 Religiöse Artikulation

Die eschatologische Hoffnung ist religiöser Ausdruck für die Erfahrung gegenwärtig sich ereignender Gnade und Kraft, wie sie in vielen Menschen aufbrechen, wie sie immer wieder Wirklichkeit werden im Vertrauen darauf, dass Liebe und Solidarität nicht umsonst sind, auch wenn sie wenig Erfolg haben. Denn ob etwas umsonst ist oder nicht, das wird nicht an diesem Erfolg gemessen, sondern von Gott her im Gericht selbst. Darin wird die Differenz zwischen Gott und Welt auf die Zeitschiene gelegt und über die geschichtliche Zeit hinausgetrieben, angesichts des Todes jenseits aller Kontinuität und angesichts der Auferstehung der Toten in einer für die Zukunft rettenden Erinnerung des Vergangenen. Jede Zeit im Diesseits kommt in Beziehung zum Gericht und dem, was darin geschieht. Die Einsicht in den endzeitlichen Tag führt so zu einem unverdrängten Einbezug unserer eigenen Unvollkommenheit und Sterblichkeit. Gotteskomplexe, gleich welcher Art, sind ebenso unsinnig wie unnötig.

In der christlichen Pastoral muss Gott auch nicht in den schlimmsten Tiefen und Untiefen menschlichen Lebens verabschiedet werden. Christliche Pastoral leistet sich nicht nur dann Korrelationen mit den Inhalten ihrer Botschaft, wenn sie noch für die „gelebte Religion" plausibel sind, sondern beansprucht ein eigenständiges kritisches Gewicht mit jenen Vorstellungen aus der christlichen Tradition, die gegenwärtige Religiosität irritieren würden, wie die biblischen und dogmatischen Vorstellungen von Auferstehung, Gericht, Sünde, Wiedergutmachung, Stellvertretung, Sühne, u. ä.[428]

Dabei müsste man nur genauer hinschauen: in tiefere Erfahrungen der Menschen von Freude und Leid, in ihre Sehnsucht nach Gerechtigkeit, in ihre Fähigkeit, sich für andere einzusetzen und stellvertretend Verantwortung für die Sühne und die rettende Hingabe für andere zu übernehmen. Hier zeigt sich eine Korrelation des nichtkorrelativen, nicht mehr plausibilisierbaren Lebens mit den damit vermittelbaren Inhalten des Glaubens. Es gibt nicht wenige, und es sind gerade die besseren Filme,[429] die in intensiver Weise davon erzählen, wie Menschen für andere ihr „normales" Leben „verlieren", was mit jeder Entscheidung gegeben ist, in der ich mein Leben von der Verantwortung für einen anderen Menschen bestimmt sein lasse. Wenn ein Glaube nicht mehr diese Gebrochenheiten und Außerordentlichkeiten des Lebens erreicht und darin Bedeutung gewinnt, dann wird er auch für alles andere bedeutungslos, weil er an den Ernstfall nicht hinreicht.

Hinsichtlich der Fähigkeit und Wichtigkeit einer solchen religiösen Sprache kann auch mit Jürgen Habermas das Gespräch eröffnet werden, hier besonders bezogen auf Auferstehung und Sünde. Habermas hat in seiner vielbeachteten Rede in der Frankfurter Paulskirche mit aller Vorsicht, aber nachdrücklich den liberalen Staat mit der Möglichkeit konfrontiert, dass er „in Anbetracht der religiösen Herkunft seiner moralischen Grundlagen" damit rechnen sollte, „dass er angesichts ganz neuer Herausforderungen das Artikulationsniveau der eigenen Entstehungsgeschichte nicht einholt".[430]

Dabei geht es nicht nur um die Fähigkeit der religiösen Sprache, sich der säkularen gegenüber zu vermitteln, vielmehr nimmt Habermas auch die säkulare Seite in die Verantwortung, sich selbst auf die religiöse Sprache zu beziehen, darin auszudrücken und dadurch den eigenen Diskurs zu erweitern und zu intensivieren. Die Transferaufgabe solcher „Übersetzung" wird also nicht nur der religiösen Seite zugeschoben, als hätte immer nur sie die Aufgabe, sich in den Vernunftparadigmen der säkularen Diskurse zu rekonstruieren. Habermas geht es auch nicht nur um die historische Einholung der eigenen Entstehungsgeschichte der säkularen Rationalität im Sinn einer Hermeneutik des Verstehens, sondern auch um den begründeten Verdacht seiner Gültigkeit, also um die kritische Erörterung und zumindest partielle Anerkennung gewisser Geltungsansprüche der Erinnerung für die Gegenwart und Zukunft.[431] Derart wird das Interesse der säkularen Seite zum Ausdruck gebracht, zumindest unterstellt, dass sie davon einen Gewinn hat, sowohl im Reflexionsbereich wie auch in der Pluralitätsfähigkeit (z. B. in der gegenseitigen Übersetzung zwischen narrativen, mythischen und konzeptionellen Ausdrucksformen).[432] Habermas signalisiert damit die Notwendigkeit, die Sprachformen und Reflexionsgänge des religiösen Feldes in die säkularen Benennungs- und Reflexionsgestalten zu übersetzen. Entscheidend ist nun, dass diese Notwendigkeit inhaltlich mit der Rettung des Humanums begründet wird. Ohne die religiöse Dimension versteppt also die sprachliche Kraft, die über die Machbarkeit und Instrumentalisierung hinausgehenden Ressourcen und Motivationen für das Humanum wurzeltief zu erschließen und zu aktivieren. Wenn die säkulare Sprache der Moderne die religiöse Dimension ihrer Herkunft eliminiert, bringt sie sich selbst um die Ressourcen, sich zu transzendieren und die

2.1 Religiöse Artikulation

Ambivalenz und die Selbstüberbietungsfähigkeit der Säkularisierung ins Bewusstsein zu heben.

Bezüglich der Transzendenzthematik formuliert Habermas: „Als sich Sünde in Schuld verwandelte, ging etwas verloren. Denn mit dem Wunsch nach Verzeihung verbindet sich immer noch der unsentimentale Wunsch, das anderen zugefügte Leid ungeschehen zu machen. Erst recht beunruhigt uns die Unumkehrbarkeit vergangenen Leidens – jenes Unrecht an den unschuldig Misshandelten, Entwürdigten und Ermordeten, das über jedes Maß menschenmöglicher Wiedergutmachung hinausgeht. Die verlorene Hoffnung auf Resurrektion hinterlässt eine spürbare Leere."[433]

Entscheidend ist auf diesem Hintergrund ein doppeltes Anliegen: einmal dass die Menschen ihre Schuld- bzw. Sündengeschichte wahrnehmen; zum anderen, dass dies nicht mit der Wirkung einer Lähmung und Verkleinerung der Menschen geschehen muss, sondern mit der Öffnung und Befähigung für eine geschichtliche Selbstintegration in Trauer, Versöhnung und Solidarität. Aus christlicher Perspektive ist die geschichtliche und zugleich theologische doppelte Einsicht grundlegend: Schuldig Menschen gegenüber und sündig Gott gegenüber sind die Menschen allemal;[434] und: Gott schenkt die Gnade, die die Sünderinnen und Sünder nicht verkleinert, sondern sie unbedingt, also gerade in ihrem zu Gott und den Menschen ambivalenten Zustand, annimmt, damit sie aus dieser Annahme heraus die Kraft zur Umkehr schöpfen, und zwar zu einer Umkehr, die gut macht, was gut zu machen ist, und die wieder gut macht, was wieder gut zu machen ist.

Hier geht es nicht um jenes Schuld- und Sündenbewusstsein, das die Menschen von vornherein defensiv macht, zur Selbstrechtfertigung zwingt und zur Verhärtung führt. Jedes schlechte Gewissen, das von außen her aufoktroyiert wird und nur bloßstellt, steigert die Gegenabhängigkeit, nicht schuldig gewesen zu sein bzw. sein zu wollen. Vielmehr geht es um die Kategorie der Schuld und der Sünde als eines Einsichtsortes, der die dunkle Seite der Geschichte und der eigenen Existenz ungeschminkt wahrnimmt, dieses Dunkel auch als das eigene Dunkel anerkennt, so dass die Schuld das Dunkle der Geschichte in Beziehung zu der eigenen Verantwortung bringt

2.2 Seelsorge im Horizont der Gnade

Der gottbezogene Sündenbegriff verschärft die zwischenmenschliche Schuld bei gleichzeitiger Annahme des schuldigen Menschen. In dieser Annahme, in der nach Paulus der sündige Mensch „gerecht gesprochen" wird, bekommt er diesen Zuspruch zwar umsonst, aber nicht in dem Sinn, dass er diese Gabe nicht in Gaben der Liebe weitergeben sollte. Die Verpflichtung beruht aber auf dem Geschenk und ist aus diesem Geschenk heraus zu erfüllen.[435] Der „Geist Gottes selbst ist es also, der den Menschen zugleich befähigt und dazu antreibt, Gottes Willen gemäß zu leben".[436] Auf diesem Hintergrund ist tatsächlich etwas verloren gegangen, als sich die Sünde in Schuld verwandelte, nämlich die aus dem Glauben heraus mögliche Dialektik zu leben, sich der Schuld der Menschen und der eigenen Schuld zu stellen, sie nicht verdrängen oder in Selbstrechtfertigung ersticken oder bagatellisieren zu müssen, bei gleichzeitiger Befähigung aus einer ganz bestimmten Gottesbeziehung heraus, nicht in Verzweiflung zu stürzen, sondern sich aus dem unbedingten Geschenk der eigenen Existenz und ihrer göttlichen Annahme heraus permanent auf den Weg der Umkehr zu begeben, in der Hoffnung, mit Gottes Hilfe durch das eigene Leben in dieser Begrenzung etwas gut bzw. wieder gut zu machen.

Die Verkündigung also, dass wir alle Sünderinnen und Sünder sind, die jahrhundertelang die Gläubigen als Selbstverkleinerung erfahren haben, und worauf viele heute so reagieren, dass sie eine solche Diffamierung des Menschen nicht mehr hören können, hat offensichtlich immer wieder den anderen Anteil der christlichen Botschaft zumindest teilweise unterschlagen, nämlich dass diese Zuschreibung zwar realistisch ist, aber zugleich so erfolgt, dass wir darin nicht alleine und verlassen, sondern in der beschriebenen Weise von Gott angenommen und für ein immer wieder neu angefangenes Leben im Geiste Gottes freigesetzt sind, verbunden mit der Hoffnung, dass mit jeder menschenmöglichen Wiedergutmachung zugleich etwas von jener Wiedergutmachung verwirklicht wird, die Gott, für uns in unvorstellbarer Weise, am Ende der Welt im Gericht und darüber hinaus verwirklichen wird.

Bedingung für die Anerkennung des beschriebenen theologischen Zusammenhangs ist allerdings die strikte Bindung der Schuldsensibilität an die Leidempfindlichkeit, wie dies bei Paulus auch geschieht, nämlich indem er das Leben im Geiste Gottes mit der höchsten Tugend verbindet, nämlich mit der Liebe (vgl. 1 Kor 13). Die Erfahrungsmitte von Schuld und Sünde ist die Lieblosigkeit, am Extremsten da, wo sie mit Leidenden keine Compassion empfindet, und noch schlimmer, wenn andere in das Leiden aktiv hineingestürzt werden. Die Definitionsmacht darüber haben die Leidenden und die Opfer selbst, bzw. diejenigen, die in der Geschichte ihre Anwaltschaft übernommen haben. Auf Seiten der Täter ist es unbedingt notwendig, dass sie diese „objektive" Schuld subjektiv annehmen und zur Sühne und „Wiedergutmachung" bereit sind.

Man würde nicht nur Paulus gründlich missverstehen, sondern auch diesen handlungsbezogenen Teil der Rechtfertigung im Glauben übersehen, wenn Letztere die Sühne und Wiedergutmachung ersetzen sollte. Dann funktioniert die theologische Rede von Schuld und Vergebung tatsächlich als „Täterschutz".[437] Auf diesem Hintergrund darf auch die realistische wie theologische Einsicht, dass keine Menschen ohne Schuld und Sünde sind, nicht kollektivistisch entindividualisiert werden.

Wenn es in der Seelsorge um diese Sorge um bedürftige Menschen geht, dann erstreckt sich die Bedürftigkeit theologisch nicht nur auf ihren Leidensaspekt, sondern auch auf den Schuld-/Sündeaspekt, mit dem Leid zugelassen bzw. zugefügt wurde und wird, und der selbst ein Leiden des Nicht-damit-Fertigwerdens verursacht. Die Seelsorge kümmert sich um beides (ganz in der Nachfolge des Jesus, der versöhnt und geheilt hat) um das Täter- und Opferdasein von Menschen, wobei beide in jedem Menschen ein unterschiedliches Integral bilden. Die theologische Perspektive kann sich dabei nicht nur darauf beschränken, was von den „Bedürftigen" an eigenem Schuldbewusstsein eingebracht wird, sondern sie provoziert einen auch über das Therapeutische weit hinausgehenden Schritt, nämlich noch nicht bewusste, erlittene, verdrängte Schuld ins Licht zu heben: die Schuld, an der die Opfer leiden, vor allem im Bereich struktureller Schuld bzw. Solidarität. Gleichzeitig werden „überbordende" Schuldgefühle, die sich bis ins Pathologische hinein ausweiten, auf reale Zusammenhänge zu bringen sein. Wenn es also in der Seelsorge nicht nur um eine bestimmte Opferbeziehung, sondern auch um Täterbeziehung geht, dann ist die darin angesprochene „Solidarität der Schuld" nicht so zu verstehen, als würden sich darin die individuellen Sünden auflösen: „Unfassbar und unsühnbar. Wo alle schuldig sind, ist niemand mehr haftbar."[438] Vielmehr besagt die Einsicht von der Ubiquität der Leidzufügung und der Schuld, dass jeder Mensch darin verstrickt ist, und zwar immer mit seinen eigenen Anteilen; dass kein Mensch sagen kann: Ich habe mit dieser sündigen Welt nichts zu tun! Jeder und jede hat damit zu tun, und alle jeweils auf ihre eigene unverwechselbare Weise.[439] Und zu unterschiedlichen Zeiten, worauf ich mich im Folgenden konzentriere.

2.3 Fristgerechte Dringlichkeit

Im Horizont des Jüngsten Gerichts gewinnen das christliche Leben genauso wie die Felder der kirchlichen Pastoral eine zusätzliche Spannung zwischen Gegenwart und Zukunft. Jede Zukunft, jede Gegenwart kommt in Beziehung zu diesem Ende, vor allem zu dem, was darin inhaltlich und urteilsmäßig geschieht. Die Beschäftigung mit den „Letzten Dingen" erlaubt so ein anderes Zeitgefühl zwischen Gegenwart und Zukunft. Wer mit der Vorstellung dessen lebt, was das Leben am Ende ist, nämlich ein durch den Tod abgebrochenes und darin zur Verantwortung gebrachtes Leben, kann von daher auch all die vielen Gebrochenheiten im Leben als solche erkennen und muss sie nicht im eingebildeten Gleichfluss der Zeit verdrängen.

Die Unterbrechung, die Tod und Ende der Welt endgültig bringen, und zwar in ein hoffnungsvolles Gericht und in die Tiefe ewigen Lebens hinein, ist ereignishaft in das Leben selbst hinein vorwegzunehmen, als Perspektive für seine Beurteilung und als Hoffnungskraft, diese Perspektive zu leben. Denn was keinen Aufschub duldet, braucht umso mehr diese Schubkraft.

Daher geht es um zwei zunächst gegensätzliche Zeitmomente, die sich aber gegenseitig benötigen: Einmal um die Beschleunigung und Verdringlichung der Zeit, zum anderen aber genau um das Gegenteil, nämlich um die Entschleunigung und Verlangsamung der Zeit. Beide Momente widersprechen der Vorstellung von Zeit als einem dauernd gleichfließenden Fluss ohne Untiefen und Strudel, ohne schnell abstürzende und langsame, fast stehende Gewässer. Doch zunächst zur Dringlichkeit.

Zuallererst weiß sich das eschatologische Zeiterleben mit der Kostbarkeit der Zeit beschenkt: „Jeder Zustand, jeder Augenblick ist von unendlichem Wert, denn er ist der Repräsentant einer ganzen Ewigkeit."[440] Die Zeit ist die „höchste Gabe Gottes".[441] Die andere Seite dieser Medaille ist die Konfrontation mit der Abgebrochenheit von Zeit und Leben, die sich nicht mehr mit dem Gleichfluss der Zeit und einer innerweltlichen Ewigkeitseinbildung begnügen kann. Man erfährt dann auch umso mehr jene Gebrochenheiten, die es verhindern, dass es so weitergeht wie bisher.

Aus der Perspektive des künftigen Gerichts erfährt die Wahrnehmung der Zeit und auch ihrer Zeichen, was denn zu erwarten und zu tun sei, eine von diesem Ende her geprägte Gestaltung. So kann es sein, dass es Zeitzeichen gibt, die keinen Aufschub dulden, weil es darum geht, Menschen davor zu retten, Opfer zu werden, oder wenn es darum geht, Menschen vor zerstörerischen Gottesbeziehungen zu bewahren. Diese schon aus Barmherzigkeit und Gerechtigkeit heraus erfahrbare Dringlichkeit gewinnt aus der Perspektive des Jüngsten Gerichts eine bis über den Tod hinausreichende Begründung und Verstärkung. Ganz im Sinne von Mt 25,35–45, worin Jesus sein künftiges Verhalten als Richter an ein ganz bestimmtes soziales Verhalten ihm gegenüber in den Armen und Leidenden bindet.

Der einzige Glaube, der hier gefordert ist, ist genau dies zu glauben, dass es dieses Gericht gibt. Das „Heulen" der Verurteilten ist, entsprechend der eschatologischen Rechtfertigungsgnade, nicht das Ergebnis eines Liebesentzugs, sondern ist ein Weinen, das in der Versöhnungsliebe möglich ist.[442] Es wird ihnen leidtun, Leid zugefügt zu haben. Genau dies ist das sie rettende Gottesgeschenk. Es ist eine radikale Resonanz auf die Nicht-Resonanz des Leidens auf der einen und des Bösen auf der anderen Seite. Im Horizont des universalen Heils und der nicht zurückgezogenen Liebe Gottes für alle Menschen verschärft sich der Vollzug des Gerichts (aber nicht wegen der Glaubensdefizite, sondern wegen der Leidzufügungen), nämlich in dieser Liebe das Schlimme, das man anderen angetan hat, in Ewigkeit nicht vergessen zu müssen, um weiterleben zu können:[443] unendliche Resonanz der Nicht-Resonanz, die nicht als Hölle, sondern als Seligkeit erlebt wird.

Der Messias hat gezeigt, wie ein derart befristetes Leben gestaltet werden kann. Und was dieser Messias gezeigt hat, bringt zugleich das Messianische der Geschichte selbst zum Vorschein, wie es in vielen Menschen aufbricht, wie es immer wieder Wirklichkeit wird in der Hoffnung darauf, dass das alles nicht umsonst ist, auch wenn es oft keinen Erfolg hat. Denn ob etwas umsonst ist oder nicht, das wird nicht an diesem Erfolg gemessen, sondern von Gott her im Gericht selbst. Ob jemand (ob Person, Sozialgestalt oder Epoche) die eigenen Talente nutzt oder nicht, dafür ist eine Frist gegeben.

Dringliche Zeichen der Zeit sind in ihrer eschatologischen Qualität zu verdeutlichen: Dass es ökologisch gesehen mit der Erde fünf Minuten vor zwölf oder noch später steht, diese weltliche Dringlichkeit bekommt durch den endzeitlichen Glauben eine zusätzliche Kraft und Dynamik. Gott selbst ist es, der die Zerstörung der Schöpfung anklagen und ahnden wird.

Von daher ist zwischen säkularer und endzeitlicher Dringlichkeit ein „Synergieeffekt", eine gegenseitige „Resonanz", zu vermuten. Je lebensbedeutsamer christliches und kirchliches Leben ihre eigene endzeitliche Zeitdynamik ernst nehmen, desto sensibler nehmen sie auch die weltlichen Dringlichkeiten der Zeichen der Zeit wahr. Und umgekehrt. So geht es um die endzeitliche Vertiefung der Dringlichkeiten im Horizont des ausstehenden und vorwegzunehmenden Gerichtes. Auch das Zweite Vatikanum hat das wandernde messianische Gottesvolk von seiner endzeitlichen Ausrichtung her gesehen, wobei die christliche Hoffnung an die profanen Hoffnungen der Menschen anknüpft.[444]

2.4 Eigenzeitliche Entschleunigung

Die Dringlichkeit in ganz bestimmten Notwendigkeiten benötigt aber auch die Verlangsamung der Zeit, um Ruhe und Kraft zu gewinnen, um Resonanzen zu erleben[445] und das Notwendige tatsächlich wahrnehmen zu können. Der Begriff der Eigenzeit markiert die Tatsache, dass sie personal und situativ „eigenartig" und damit plural ist. „Wenn Sie ein Kind, das laufen lernt, von hinten anschieben, ist die Gefahr groß, dass es hinfällt. Jedes Kind braucht seine eigene Zeit, sein eigenes Tempo."[446] Die endzeitliche Dringlichkeit ist kein Plädoyer für Hektik und über die Eigenzeiten hinwegrauschende ununterbrochene bzw. flächendeckende Hetze.[447]

Spätestens mit Stan Nadolnys „Die Entdeckung der Langsamkeit" ist die Frage danach, wie die Menschen Zeit erleben und ob nur Schnelligkeit zum Erfolg führen kann, einer größeren Anzahl von Menschen bewusst geworden. Für Menschen, die aus einer Perspektive, die ihnen wertmäßig sehr am Herzen liegt, auf Wirklichkeit und Menschen zugehen, gilt die Ermahnung, dass sie über dem Sendungsbewusstsein nicht das Sehen verlieren: „Ich habe zur Zeit ständig mit sendungsbewussten Erziehern zu tun, Anglikanern, Methodisten, Katholiken, Presbyterianern. Gemeinsam ist allen: Sehen spielt keine Rolle, der gottgefällige Charakter ist alles." Respekt vor den Menschen ist wichtiger als sie zur Eile zu treiben. In diesem Sinn geht es darum, die Notwendigkeit der Langsamkeit zu entdecken, mit ihr „wie durch eine Wand ins Freie zu treten …: Kampf gegen unnötige Beschleunigung, sanfte allmähliche Entdeckung der Welt und der Menschen"; den Blick dafür zu öffnen, Einrichtungen zu schaffen, „die nicht der Ausnutzung, sondern dem Schutz der individuellen Zeit dienten, Reservate für Sorgfalt, Zärtlichkeit, Nachdenken."[448] Nadolny spricht hier von Menschen, die ständig aus ihrem Sendungsbewusstsein heraus agieren und dabei das Sehen und den Respekt vor den Menschen verlieren.

Dass der Messias selbst die neue Schöpfung mit sich bringen wird, bringt nicht nur Dringlichkeit und Befristung in das diesseitige Leben, sondern auch die Entlastung, selbst in einer Art „Gotteskomplex" das Reich Gottes herstellen zu wollen oder zu müssen.[449] Christen und Christinnen können darauf verzichten, hier bereits den kommenden Christus zu markieren: Sie stehen immer noch bis zu ihrem Tod und bis zum Ende der Welt in der Nachfolge des in Jesus gekommenen Messias. Manches wird man tun können, und vieles wird man nicht verhindern können. Wir sind durch unsere Körperlichkeit und die dadurch aufgenötigten Unterbrechungen und Gebrechen, durch die Begrenzung der Lebenszeit und durch unsere spezifischen Möglichkeiten und Unmöglichkeiten eingeschränkt.

Diese Selbstbescheidung des Menschen ist Bedingung dafür, dass er nicht sich für alles verantwortlich machen kann und muss, sondern dass Gott verantwortlich gemacht werden kann für das, was nicht in unserer Macht steht, was Gott richten muss. Beides, Einklage und Hoffnung auf die neue Schöpfung, bedingen sich gegenseitig. Vieles an der Verzögerung, dass das Reich Gottes nicht hergestellt werden kann, ist von den Menschen selbst verschuldet. Die grundlegende Bedingung für die Möglichkeit dieser Verzögerung aber ist aufgezwungen.[450]

Die Anerkennung dieser Begrenzung gehört, wollen wir nicht Götter spielen, zum Menschsein wesentlich dazu. Zwar kann vieles bewegt werden, wenn sich Menschen zusammentun, um eine bestimmte Solidarität zu verfolgen. Aber auch dann ist es notwendig, sich für etwas Bestimmtes zu entscheiden, denn alles Notwendige können weder Einzelne noch Gruppen und Gemeinschaften tun. Solche Entscheidungen sind schmerzhaft, weil sie immer zugleich beinhalten, dass anderes nicht getan werden kann und dass anderes hoffentlich andere tun.

Auch in diesem dann entschiedenen Tun selbst braucht es Pausen, braucht es Unterbrechungen, um über das Getane oder noch zu Tuende nachzudenken, womöglich andere Richtungen einzuschlagen, mit bestimmten Menschen zu reden, um die notwendigen Maßstäbe zu bekommen. Notwendige Verausgabungen und notwendige Begrenzungen in diesen Verausgabungen brauchen sich gegenseitig, damit die Energie im Engagement nicht verloren geht. Es geht um die Muße für das, was man die Spiritualität des eigenen Lebens und Handelns nennt, auch zum Gebet und dazu, sich von Gottes Gekommensein und von seiner Wiederkunft im Messias her in den Blick zu nehmen und darauf zu vertrauen, von ihm Kraft zum Tun und zum Aushalten zu erhalten.

Ein Blick auf das Leben Jesu macht diesen Zusammenhang sehr deutlich. Wenn man sich fragt, woher Jesus die Kraft hatte, ein solches Leben konsequent bis zum Ende durchzuhalten und auszuhalten, dann führt die Antwort auf diese Frage in seine Gottesbeziehung. So betet er mit den Worten der Psalmen und prophetischer Texte, so kennt er die alten Geschichten von Gottes helfendem und erlösendem Handeln an seinem Volk. Jesus erfährt die Gottesbeziehung offensichtlich unüberbietbar intensiv und tragend. Dafür findet er ein eigenes Wort, nämlich die Anrede „Abba", das Kinderwort für einen liebenden und guten Vater. Deshalb nimmt er sich Zeit und zieht sich wochenlang zurück in die Wüste, deshalb erzählt er in Gleichnissen von der Liebe und Gerechtigkeit Gottes, deshalb glaubt er an das kommende Reich Gottes, deshalb klagt er schließlich in höchster körperlicher, psychischer und spiritueller Not im Garten von Gethsemane und am Kreuz. Für Jesus werden Gott und sein Reich nicht nur konkrete Praxis in der mitmenschlichen Tat, sondern, diese tragend und ermöglichend, in der im Glauben als Realität erfahrbaren Weggenossenschaft Gottes in Versöhnung und Verheißung. Um diese wahrzunehmen, dieser inne zu werden, braucht es eine eigene Zeit.

Jesus selbst ruft zu diesem Innehalten auf: „Kommt alle zu mir, die ihr euch plagt und schwere Lasten zu tragen habt. Ich werde euch Ruhe verschaffen. Nehmt mein Joch auf euch und lernt von mir; denn ich bin gütig und von Herzen demütig; so werdet ihr Ruhe finden für eure Seele. Denn mein Joch drückt nicht, und meine Last ist leicht." (Mt 11,28–30) Und hierher gehört auch, wenn Jesus uns dazu ermutigt, unsere Sorgen nicht übermächtig werden zu lassen, als würde alles von uns abhängen und als müssten wir das Geschick der Menschen in den Händen halten: „Sorgt euch nicht um euer Leben, denn es ist längst für euch gesorgt." (Vgl. Mt 6,25 ff.)

Jesus tut beides: Er sendet seine Jünger aus und lädt sie zur Pause ein. Und beides gehört zusammen. Jesus verzichtet wochenlang auf das Tun im Sinne von heilenden und befreienden oder auch kritischen Begegnungen mit den Menschen und begibt sich in die Wüste, um darin seiner Gottesbeziehung wieder inne zu werden und daraus die entsprechende Kraft für sein Handeln zu schöpfen. Wie das Reden von Gott auch das Schweigen benötigt, benötigt das Tun im Sinne der Nachfolge Jesu auch genau diese Nachfolge der Unterbrechung des Tuns, des Zur-Ruhe-Kommens und des Luftholens. Genau das gibt ihm den Blick dafür und auch die Kraft, im entscheidenden Blick auf der Ebene des Handelns alles zu geben, bis zum Kreuz.

Die Dringlichkeit in ganz bestimmten Notwendigkeiten benötigt die Verlangsamung der Zeit, um Ruhe zu gewinnen und das Notwendige tatsächlich wahrnehmen zu können.[451] Es geht hier nicht um einen unerträglichen Druck, der die Luft zum Atmen nimmt. Sondern das Atmen, das Langsamer-Werden und Zur-Ruhe-Kommen ist die Bedingung dafür, um überhaupt Zeit dafür zu haben, Kraft und Unterscheidungsfähigkeit zu gewinnen. Dies ist eine alte christliche und kirchliche Einsicht, die immer wieder formuliert wurde und wird: Zum Handeln gehört das Beten, zur Aktion die Kontemplation, zur Selbstverausgabung die Mystik, zur christlichen Sendung die Doxologie, sei sie ausgedrückt im Gebet, sei sie ausgedrückt in der schweigenden Anbetung. Diese Ereignisse benötigen sich gegenseitig und ineinander.

Es gibt die Redeweise, „als hielte die Zeit an" oder „als könne man die Zeit anhalten". Sieht man die Zeit mechanisch, dann kann man dies natürlich nicht. Doch hat Einstein die mechanisch-mathematische Sicht der Zeit gründlich korrigiert: Raum und Zeit sind aufeinander bezogen. Diese „Relativität" gilt auch für das Verhältnis von Zeit und Raum menschlichen Lebens und Erlebens. Es gibt keine leere Zeit, sondern immer nur eine Zeiterfahrung in Verbindung mit bestimmten Ereignissen und Erlebnissen (oder auch ihrem Vermissen in der Langeweile). Man kann nicht die Zeit erleben, sondern nur die Art und Weise des Erlebens der Zeit. In diesem Sinn kann man durch die Erfahrung des Innehaltens tatsächlich die Erfahrung der Zeit verändern: Sie bleibt gewissermaßen „stehen".

Um ein Bild von Walter Benjamin zu bemühen: In der Kontinuität der Tätigkeiten sieht man nur diese. Erst der zur Flussrichtung widerständige Strudel ermöglicht es, auf die Tiefe, auf den Grund des Flusses zu kommen. Das Bild macht auch deutlich, dass es hier nicht zuerst um eine menschliche Aktivität geht, sondern um ein Hineingewirbeltwerden in die Tiefe einer beglückenden Erfahrung oder aber auch ihres katastrophalen Vermissens. Das sind Erfahrungen, die sich öffnen auf die Unergründlichkeit und Nichtmachbarkeit des Lebens.

Beschleunigung kann schlechtenfalls einen „Fluss" bilden, der an der Oberfläche alles mitreißt und nicht mehr, um im Bild von Walter Benjamin zu bleiben, zur Flussrichtung widerständige Strudel zulässt, in denen erst die Tiefe menschlichen Lebens und Handelns erreicht wird:[452] im Erschrecken vor dem Bösen und vor dem Leid, das unmittelbares Handeln benötigt; und im Innehalten des Mitgefühls oder auch des Staunens, woraus sich wiederum das Engagement speist. Was in den Strudel des Ursprungs hinein gerät bzw. was er nach oben bringt, wird „gerettet". Es sind Zeiten der Unterbrechung, wo man sich Lebenswichtiges in das Leben holt, wo Verlorenes wiedergefunden wird und versiegte Quellen wieder aufsprudeln. Um ein Folgebild von Hans-Joachim Höhn aufzugreifen: Man kann sich dem Strom der Zeit nicht entgegenstemmen. Aber es gibt innerhalb des Stroms Strömungen, die im Strom auf einen ganz bestimmten Grund kommen lassen, auf einen Stillstand, der einen bestimmten Ursprung ertasten lässt, von dem neue Perspektiven und neue Kräfte hervorquellen, um dann mit dem Fluss ganz anders zeitbegleitend mitfahren zu können.[453]

Aus dieser Perspektive sind Pause und Schweigen die Vorwegnahme des großen Innehaltens zwischen dieser und der kommenden Welt in Auferstehung, Gericht und Versöhnung. Die Unterbrechung, die Tod und Ende der Welt endgültig bringen, und zwar in den Strudel eines hoffnungsvollen Gerichtes und in die Tiefe ewigen Lebens hinein, ist gewissermaßen in das Leben selbst hinein vorwegzunehmen, als Perspektive für seine Beurteilung und als Hoffnungskraft, diese Perspektive zu leben.

2.5 Zwischen den Zeiten

So darf man drei Gestaltungsformen mit der Zeit annehmen, die zueinander gleich wichtig sind und je nach Lebens- und Handlungszusammenhang zu entscheiden wären: Da gibt es die Dringlichkeit und Zeitnot im Notwendigen, da gibt es die Entschleunigung und den Zeitwohlstand oder auch den „Pausenwohlstand", um das Notwendige zu entdecken und die Ressourcen dafür zu heben. Und es gibt die Unterbrechung als eine notwendige Weise, zwischen den beiden Gestaltungsformen der Zeit zu wechseln: Wenn die Dringlichkeit unterbrochen wird, um zur Ruhe zu kommen, wenn die Entschleunigung unterbrochen wird, um jetzt zu handeln, so dass sich weder die Beschleunigung noch die Verzögerung auf einen Dauerzustand begeben und damit ihre Fähigkeit, sich gegenseitig zu ermöglichen und zu steigern, verlieren.

Was Beschleunigung bzw. Entschleunigung wert sind, bemisst sich also nicht nach ihrer Zeitmodalität, sondern wofür sie sich ereignen. So stoppt der Samariter sein Vorwärtsgehen, kommt bezüglich des Gehens zur Ruhe, aber gerade an diesem Ort, wo er stehenbleibt, beeilt er sich bis zum Äußersten, um zu helfen. Da sei dem „Tempo" dank.[454] Und der Priester eilt zum Tempel, um dort genau das zu tun, was in diesem Augenblick nicht fällig gewesen wäre. Die Beschleunigungs-Entschleunigungs-Differenz, wie sie Hartmut Rosa für die Gesellschaft analysiert und ziemlich dualistisch bewertet, erfährt eine dazu gegenläufige Dynamik in der eschatologischen Spannung zwischen Beschleunigung und Entschleunigung, die inhaltlich orientiert ist und sich in beiden Bereichen zu realisieren vermag.

Mit dem Blick auf Jesus und seine Predigt vom Reich Gottes mit dem Doppelgebot, wobei das zweite dem ersten gleich ist, gehören Gottes- und Nächstenliebe unterschieden untrennbar zusammen. Die Frage danach, was jeweils in welchem Zeitmodus fällig ist, ist nicht prinzipiell zu klären, sondern nur situativ und flexibel. Dann kann die solidarische Handlung unmittelbar und schnell notwendig sein. Dann kann es fällig sein, sich Zeit zu lassen, Gott in der Anbetung nochmals größer sein zu lassen als die eigenen Möglichkeiten, auch als das eigene Elend. Oder in der Klage, wenn nichts mehr anderes übrigbleibt als die Anklage Gottes, weil er nicht rettend eingreift. Madeleine Delbrêl entwickelt in atheistischer Umgebung die Spiritualität der Einsamkeit des glaubenden Menschen, der kontrafaktisch die Verherrlichung Gottes nicht aufgibt und ansonsten in allem das Leben der Marginalisierten teilt.[455]

Es ist dabei wichtig, dass die Flucht in die Ruhe nicht eskapistisch wird, sondern dem Alltag, dem beschleunigten, zugutekommt.[456] Das Atemholen ist „die Ruhe vor dem nächsten Sprung".[457] Dies ist nicht so zu verstehen, dass die Ruhe nicht eine relativ insuläre Selbstwertigkeit hätte, sondern gerade darin, dass sie nicht für den Alltag instrumentalisiert wird, bezieht sie sich in einer anderen, gewissermaßen heterotopen Weise auf diesen Alltag und lässt darin anderes erahnen und verfolgen. Hier ist Rosa zuzustimmen, die Zeiten der Resonanz nicht mit den Dynamiken und Strukturen von Beschleunigung und Entfremdung, von Müssen und Leistung zu besetzen. In den Zeiten der Muße geht es also nicht nur um genauere Wahrnehmung von Wirklichkeit, sondern auch um das, was Robert Musil den „Möglichkeitssinn" genannt hat.[458]

Ein erlebnistiefer, hochambivalenter Anteil des Zeitverbrauchs ist die Verschwendung. Ambivalenz meint aber, dass Verschwendung auch Positives bezeichnen kann.[459] Wer Zeit verschwendet, wer trödelt, „gibt zu, dass unsere Gedanken immer dann am besten in Gang kommen, wenn man ihnen möglichst viel Freiraum zum Herumschweifen einräumt".[460] Cecile Dormeau plädiert für die Großmeister der Trödelei, „die schon so lange keine Entscheidung mehr getroffen haben, dass sie einen Zustand grandioser Ziellosigkeit erreicht haben, immun gegen jede Art von Entschlossenheit".[461]

Darin wurzelt wahrscheinlich auch die Möglichkeit der Selbstverschwendung. Hier würde ich den Begriff des Heroischen nicht leicht aufgeben und chauvinistischen und faschistischen Sprachspielen überlassen, sondern genau für diesen Zusammenhang beanspruchen. Die Frau, die Jesus zum Tode salbt und seine Füße mit ihren Haaren trocknet und kostbares Öl „verschwendet", handelt in diesem Kontext von Männern, die sie verachten, durchaus – postheroisch – heroisch: gegen die Plausibilität ihres bisherigen Lebens wie auch gegen die Plausibilität ihrer Umgebung.

Die Fähigkeit zur Pause und zur Unterbrechung zeigt sich im Alltag vor allem darin, sich von Menschen unterbrechen zu lassen. Dies gilt auch für die kirchliche Seelsorge.[462] Sie ist der vorzügliche Raum der „Pause": Dass Menschen hier einen Ort finden, wo sie unbestellt zu Besuch kommen können. Wo sie Rat suchen und querdenkende, überraschend phantasievolle Gesprächspartner antreffen, wo liebenswürdige Ironie und geistreicher Witz zu Hause sind, wo man ruhigen Herzens werden kann und Güte spürt, wo mehr zugehört wird als gesprochen, mehr Mitgefühl gezeigt wird als Pathos, wo mehr Fragen gestellt als Antworten gegeben werden, wo viel Neugierde herrscht im Hinhören auf Geschichten der Einzelnen, wo man Belesenheit und geistig-geistliche Offenheit antrifft und keine Ignoranz und Besserwisserei, wo die Menschen und die Hauptamtlichen der Kirche zu sagen wagen, dass sie mit etwas überfordert sind und nach einiger Zeit einfach keine Kraft mehr zum Zuhören und Reden haben und so ihre eigenen Grenzen zeigen, wo man die Gesprächspartner nicht dauerhaft an sich zu binden versucht, sondern loslässt, gegen andere, vielleicht bessere Gesprächspartnerinnen und -partner.

Kurzum: die Kirche als ein Ort, wo die Menschen nicht die Verwaltung Gottes, sondern die Öffnung für Gott spüren, für seine Zukunft, die er bereithält und die die Gegenwart beeindruckt. So dass möglichst wenig Menschen das schreiben müssen, was Hans Scholl am 17. August 1942 an der Ostfront in seinem Russland-Tagebuch im Abschnitt „Über Schwermut" beklagt hat: „Es zieht mich manchmal schmerzlich hin zu einem Priester, aber ich bin misstrauisch gegen die meisten Theologen, sie könnten mich enttäuschen, weil ich jedes Wort, das aus ihrem Munde kommt, schon vorher gewusst hatte."[463]

In diesem Zusammenhang darf auch daran erinnert werden, dass nicht nur die Personen, sondern auch die Institutionen der Kirche der Dynamik von fristgerechter Dringlichkeit und entschleunigender Besinnung auszusetzen sind. Institutionen befinden sich dabei immer in der besonderen Gefahr, zeitliche Dringlichkeit oder Zeitruhe durch den eigenen Selbsterhalt zu hintergehen. Aber darf man vom Bestand kirchlicher Institutionen ein Weniger an Vorläufigkeit und endzeitlicher Brisanz behaupten als bei Personen? Gilt der Satz: Wer sein Leben verliert, wird es gewinnen!, wenn er schon von Personen gilt, nicht umso mehr von kirchlichen Institutionen? Dies bedeutet nicht den Ausverkauf beständiger, die inhaltliche Erinnerung der Kirche sichernder Sozialformen, wohl aber die dauernde Offenheit, diese ebenfalls in einem befristeten Horizont zu sehen und zu stellen. Auch Kirchenformen können „sterben". In bestimmten Krisen dürfen sie sogar den Zeitpunkt nicht verpassen, sich selbst aufs Spiel zu setzen bzw. entsprechend zu verändern. Die Kirche wird damit rechnen, dass sie in bestimmten Kulturen und Auseinandersetzungen (wenn auch nicht als Ganze, so doch teilweise in diesen lokalen Begrenzungen) vielleicht nur noch eine bestimmte Zeit so oder überhaupt weiterleben kann. Und dann stellt sich die Frage: Was hat die Kirche in einer bestimmten Epoche getan, um die Zeichen dieser Zeit rechtzeitig zu erkennen, bevor es zu spät war oder ist? Jedes „Zu-spät-sein-Können" markiert die endzeitliche Herausforderung in der Jetzt-Zeit an Dringlichkeit und Zeitwohlstand, an Notwendigkeit und Gnade, nicht nur für die einzelnen, sondern auch für die Institutionen.

Aus der Welt der orientalischen Weisheitsliteratur, wie sie auch in den Psalmen zum Vorschein kommt, einer Literatur, worin es um eine möglichst kluge Bewältigung des Lebens geht, kommt der Psalmvers 90,12: „Unsere Tage zu zählen, das lehre uns, damit wir ein weises Herz gewinnen!" Auch hier die Erinnerung an die Begrenzung des Lebens in geradezu arithmetischer Abzählbarkeit, und dieser immer wieder sich steigernde Quantitätsverlust an Zeit wird mit der qualitativen Aussage verbunden, ein weises Herz zu gewinnen. Also verständnisvoll mit dieser Zeit umzugehen, das Herz, für das hebräische Verständnis der Sitz des Verstehens und des Verstandes, zur Weisheit werden zu lassen. Die Ratio allein ist ambivalent, wenn sie sich nicht als Weisheit ereignet.

Im Kontext des Psalms besteht das weise Herz darin, ein Leben zu führen, das die Güte des Herrn an sich zieht und so das Leben gelingen lässt. Gott ist nicht nur der Herr über die Zeit, die bei ihm keine Rolle spielt (denn tausend Jahre sind für ihn wie ein Tag …, Ps 90,4), sondern ein Gott, der auf die Qualität der von Menschen gelebten Zeit schaut. Und diese auch mit seiner Gnade trägt. Dann wendet sich die Zeit: „Erfreue uns so viele Tage wie du uns gebeugt hast, so viele Jahre wie wir Unglück erlitten." (Ps 90,15) Es ist das Gebet um eine gute Zeit, verbunden mit dem Einbezug der eigenen Verantwortung für diese gute Zeit. Auf dem Weg zu der „Resonanzerfahrung" zwischen Mensch und Arbeit: „Es komme über uns die Güte des Herrn, unseres Gottes, lass das Werk unserer Hände gedeihen, ja lass gedeihen das Werk unserer Hände!" (Ps 90,17).

Eigene Vorarbeiten

- Neue Wege einer eschatologischen Pastoral, in: Theologische Quartalschrift 179 (1999) 4, 260–288
- Schuldbewusstsein als praktisch-hermeneutische Kategorie zwischen Geschichte und Verantwortung, in: Rainer Bendel (Hg.), Die katholische Schuld? Katholizismus im Dritten Reich. Zwischen Arrangement und Widerstand, Münster 2002, 274–307.
- Das Jüngste Gericht. Hoffnung auf Gerechtigkeit, Regensburg 2007, ²2009.
- Das Jüngste Gericht. Hoffnung über den Tod hinaus. Warum die Rede vom Jüngsten Gericht unverzichtbar ist, in: Bibel und Kirche 63 (2008) 4, 200–203.
- Die Opfer-Täter-Perspektive als notwendige Basis der Kommunikation des Evangeliums, in: Tobias Kläden / Judith Könemann / Dagmar Stoltmann (Hg.), Kommunikation des Evangeliums, Berlin 2008, 145–157.
- Christliche Eschatologie und Seelsorge, in: Helmut Weiß / Klaus Temme (Hg.), Schatz in irdenen Gefäßen. Interkulturelle Perspektiven von Seelsorge angesichts von Zerbrechlichkeit und Zerstörung (Ökumenische Studien Band 34), Wien/Münster 2008, 117–138.
- Im Raum der Poesie. Theologie auf den Wegen der Literatur (Theologie und Literatur Band 23) Ostfildern 2011, ²2015.
- ericht als endgültige „Aszese". Eschatologische Dimensionen eines „guten Lebens für alle", in: Anna Findl-Ludescher / Elke Langhammer / Johannes Panhofer (Hg.), Gutes Leben – für alle? Theologisch-kritische Perspektiven auf einen aktuellen Sehnsuchtsbegriff (KomTheoInt 16), Wien/Berlin 2012, 95–111.
- Der zerrissene Gott. Das trinitarische Gottesbild in den Brüchen der Welt, Ostfildern 2013, ³2016
- Ein „lieber Gott" – Verweichlichung oder Verschärfung des Gerichts?, in: Theologie der Gegenwart 56 (2013) 2, 119–132.
- Eschatologie unter dem Gesichtspunkt Gerechtigkeit, in: Christoph Böttigheimer / Ralf Dziewas / Martin Hailer (Hg), Was dürfen wir hoffen? Eschatologie in ökumenischer Verantwortung, Leipzig 2014, 149–178.
- Eschatologie – mehr gefragt als vermutet?, in: Tobias Kläden (Hg.), Worauf es letztlich ankommt. Interdisziplinäre Zugänge zur Eschatologie (Questiones disputatae 265), Freiburg i. Br. 2014, 297–317.
- Sakramente – immer gratis, nie umsonst, Würzburg 2015.
- Mitleidbasierte Barmherzigkeit bis ins Gericht, in: George Augustin (Hg.), Barmherzigkeit leben. Eine Neuentdeckung der christlichen Berufung, Freiburg i. Br. 2016, 30–67.
- Beschleunigung aus der Perspektive eschatologischer Zeitpastoral. Theologische Aspekte von Entfremdung und Resonanz, in: Tobias Kläden / Michael Schüssler (Hg.), Zu schnell für Gott? Theologische Kontoversen zu Beschleunigung und Resonanz. (Quaestiones disputatae 286), Freiburg i. Br. 2017, 115–152.

Anmerkungen

1 Regensburg 2007 (2. Auflage 2009).
2 Die Kontinuität der beiden Bücher, auch wenn es durchaus beachtliche Akzentverschiebungen gibt, zeigt sich auch in der Wiederaufnahme des Titelbildes: „Das Jüngste Gericht. Altartafel, Beaune 1434 (Detail). Informationen zu diesem Gemälde von Roger van der Weyden und zur Wahl dieses Bildes finden sich bei Fuchs, Gericht (Anm. 1) 8 ff.
3 Ein Text von Pavel Florenskij, belegt bei: Ignacio Escribano-Alberca, Handbuch der Dogmengeschichte, Band IV, Eschatologie. Von der Aufklärung bis zur Gegenwart, Freiburg i. Br. 1987, 107.
4 Vgl. zu dieser Frage nach der Notwendigkeit des Eschatologie Iring Fetscher, Braucht der Mensch eine außerweltliche Heilserwartung?, in: Rudolf Schnackenburg (Hg.), Zukunft. Zur Eschatologie bei Juden und Christen, Düsseldorf 1980, 79–101.
5 J. Christine Janowski, Allerlösung. Annäherungen an eine entdualisierte Eschatologie, Neukirchen-Vluyn 2000, 621.
6 Vgl. dazu Hans Urs von Balthasar, Eschatologie in unserer Zeit. Die letzten Dinge des Menschen und das Christentum, Freiburg 2005, 73.
7 Balthasar, Eschatologie 66.

A. Hoffnungsspuren

8 Zur Opfer-Täter-Frage und der entsprechenden ereignisbezogenen Differenzierung vgl. Günter Thomas, Gottes schöpferische Neuzuwendung, in: Christoph Böttigheimer u. a. (Hg.), Was dürfen wir hoffen? Eschatologie in ökumenischer Verantwortung, Leipzig 2014, 179–201, 195 ff. In diesem beweglich-konkreten Sinne gebrauche auch ich beide Begriffe. Die Extremkategorie zwischen Opfern und Tätern benennt nur die Spitze des Eisbergs jener geschichtlichen Wirklichkeit, dass bis in das Alltagsleben hinein mit seinen sogenannten kleinen Verfehlungen und Unterlassungen jenes Schema strukturbildend ist, nach dem es Nutznießende und Benachteiligte von Handlungen und Unterlassungen gibt, und dies oft in einer Person. Vgl. dazu auch Ottmar Fuchs, Die Opfer-Täter-Perspektive als notwendige Basis der Kommunikation des Evangeliums, in: Tobias Kläden / Judith Könemann / Dagmar Stoltmann (Hg.), Kommunikation des Evangeliums, Berlin 2008, 145–157.
9 Vgl. Michael N. Ebertz, Die Zivilisierung Gottes. Der Wandel der Jenseitsvorstellungen in Theologie und Verkündigung, Ostfildern 2004.
10 Mouhanad Khorchide, Islam ist Barmherzigkeit, Freiburg i. Br. 2012, 50 f.
11 Vgl. Martin Walser, Über Rechtfertigung, eine Versuchung, Hamburg 2012; vgl. Jan-Heiner Tück, Rechthabenmüssen, in: Christ in der Gegenwart 64 (2012) 39, 314.
12 Vgl. Marlies Gielen, Universale Totenaufweckung und universales Heil?: 1 Kor 15,20–28 im Kontext paulinischer Theologie, in: Biblische Zeitschrift 47 (2003) 1, 86–104.
13 Zu dieser Sensibilität bei Sterbefällen im Bereich der Schulpastoral vgl. Hildegard Bonse, „... als ob nichts passiert wäre". Eine empirische Untersuchung über die Erfahrungen trauernder Jugendlicher und Möglichkeiten ihrer Begleitung durch die Schule, Ostfildern 2008.

14 Ebd. 428.
15 Vgl. Jürgen Kaufmann, Du hast mein Leben dem Tod entrissen. Offene Trauerandachten, Stuttgart 2010.
16 Vgl. Fuchs, Gericht (Anm. 1) 110–165.
17 Zu dieser Dekonstruktion des Eschatologischen vgl. Joachim Valentin, Zwischen Fiktionalität und Kritik. Die Aktualität apokalyptischer Motive als Herausforderung theologischer Hermeneutik, Freiburg i. Br. 2005, 194 f.
18 Vgl. Raymund Schwager, Über die Verbindlichkeit der biblischen Bilder vom Ende der Geschichte, in: Salzburger Theologische Zeitschrift 1 (1997) 1, 2–14, 14.
19 Zum Problem der mangelnden Anschaulichkeit der letzten Dinge vgl. Marin Weeber, Schleiermachers Eschatologie. Eine Untersuchung zum theologischen Spätwerk, Gütersloh 2000, 154 ff.
20 Vgl. Weeber, Eschatologie 161.
21 Vgl. ebd. 170.
22 Vgl. ebd. 169, vgl. auch 196.
23 Text des ersten Motivs der Kreuzstabkantate von Johann Sebastian Bach, BWV 56, Textmotiv beim Totenamt für Prof. Dr. Ernst Ludwig Grasmück am 2. Dezember 2017 in Mülheim-Kärlich.
24 Vgl. dazu Matthias Rémenyi, Die Auferweckung Jesu Christ: Grund und Exempel unserer Hoffnung, in: Tobias Kläden (Hg.), Worauf es letztlich ankommt. Interdisziplinäre Zugänge zur Eschatologie, Freiburg i. Br. 2014, 223–249.
25 Vgl. Kurt Wilhelm, Franz von Kobell, Der Brandner Kasper und das ewig' Leben. Bairisch und hochdeutsch, München 1987.
26 Vgl. Simone de Beauvoir, Alle Menschen sind sterblich, Hamburg 2004 (Paris 1946); vgl. Hans-Joachim Höhn, Die Entmachtung des Todes – Hoffen auf Gott?, in: Lebendige Seelsorge 63 (2012) 5, 298–303, 300.
27 Zum Umgang mit den Tod vgl. auch Johanna Rahner, Einführung in die christliche Eschatologie, Freiburg i. Br. 2010, 17–23. Dieses grundlegende Fachbuch ist für eine umfassende wie im einzelnen präzise Reflexion der Eschatologie, jetzt bereits in der zweiten durchgesehenden und aktualisierten Auflage 2017, unbedingt zu empfehlen.
28 Mit dem Titel „Tempelräuber", Deutschland 2009, stattfindend in Münster.
29 Reinhold Schneider, Winter in Wien. Aus meinen Notizbüchern 1957/58, Freiburg i. Br. ^{14}1984, 113.
30 Walter Abendroth, Abschied von Reinhold Schneider. Nicht die Gefahr, sondern das deutsche Schicksal ängstigte ihn, in: Die Zeit 1958, 16 (in: Zeit online, www.zeit.de/1958/16/abschied-von-reinhold-schneider,1). Zur entsprechenden Bedeutung des Zweifels zwischen Literatur und Theologie vgl. Erich Garhammer, Zweifel im Dienst der Hoffnung: Poesie und Theologie, Würzburg ^{2}2011.
31 Schneider, Winter (Anm. 29) 79.
32 Ebd. 113 f.
33 In: Reinhold Schneider, Pfeiler im Strom, Wiesbaden 1958, 242.
34 Reinhold Schneider, Verhüllter Tag, Köln 1954, 229. Vgl. dazu auch Bruno Stephan Scherer, Weil ER lebt. Reinhold Schneiders religiöser Weg, in: Geist und Leben (1978) 347–363, 357.
35 Schneider, Winter (Anm. 29) 261. Vgl. auch Markus Roentgen, Spiritualität im

Gespräch im Dom-Forum Köln am 27. Oktober 2009: Reinhold Schneider – Der Mensch auf der Schwelle oder absteigen „hinunter in die Krypta des Glaubens", Manuskript Köln 2009, 7 ff.
36 Schneider, Verhüllter Tag (Anm. 34) 185.
37 Wie beispielsweise Nahtoderlebnisse. Hier scheint Nachdenkbedarf: Reden wir theologisch noch vom Diesseits oder bereits vom Jenseits? Viele Erfahrungen in diese Richtung sind so evident, dass man sich dieser Evidenz durchaus beugen kann. Aber man muss es nicht. Man darf auch durchaus der Auskunft trauen, dass außersinnliche Wahrnehmungen selbst sinnlicher Natur sind, dass sterbende Neuronen vielfach feuern und so wunderschöne Bilder ins Jenseits hinein produzieren, aber dies im Diesseits tun; vgl. Wilfried Kuhn, Die Grenzen des materialistischen Weltbildes. Warum die Nahtoderfahrung neurobiologisch nicht vollständig erklärt werden kann, in: Kläden (Hg.), Worauf es letztlich ankommt (Anm. 24) 49–70.
38 Reinhold Schneider, Gelebtes Wort, Freiburg i. Br. 1961, 117; vgl. dazu Scherer, Weil ER lebt (Anm. 34) 359.
39 Etwas anders als Andreas Nentwich, Die Täter werden nie den Himmel zwingen. Konservativer Katholik als franziskanischer Monarchist, Dichter des christlichen Widerstands: Was geht uns das Werk Reinhold Schneiders heute noch an?, in: Zeit online, www.zeit.de/2003/20/L-schneider, 3.
40 Vgl. Maria van Look, Jahre der Freundschaft mit Reinhold Schneider, Weilheim 1965, 243.
41 Vgl. Hans Naumann, Reinhold Schneider, in: Hermann Friedmann / Otto Mann (Hg.), Christliche Dichter der Gegenwart. Beiträge zur europäischen Literatur, Heidelberg 1955, 375–390, 387.
42 Hans-Joachim Höhn, Verspechen. Das fragwürde Ende der Zeit, Würzburg 2003, 61.
43 Vgl. Franz Gruber, Diskurs der Hoffnung. Zur Hermeneutik eschatologischer Aussagen, in: Edmund Arens (Hg.), Zeit denken. Eschatologie im interdisziplinären Diskurs, Freiburg i. Br. 2010, 19–45, 29. Zur Hermeneutik eschatologischer Aussagen vgl. auch J. Rahner, Einführung (Anm. 27) 53–72.
44 Vgl. Johanna Rahner, Eschatologische Bilder heute, in: Lebendige Seelsorge 63 (2012), 5, 304–309, 307. Zur „Deckungslücke" vgl. Hans-Joachim Höhn, Das Leben nach dem Tod – oder: Vom beredten Schweigen der Theologie, in: Lebendige Seelsorge 63 (2012) 5, 310–312, 312.
45 Vgl. Ottmar Fuchs, „Unbedingte" Vor-Gegebenheit des Rituals als pastorale Gabe und Aufgabe, in: Theologische Quartalschrift 189 (2009) 2, 106–129.
46 Werenfried Wessel, Im Tod die Vision vom Leben stärken. Ängste und Hoffnungen von Sterbenden, in: Lebendige Seelsorge 63 (2012) 5, 341–343, 342.
47 Ebd. 343.
48 Höhn, Leben nach dem Tod (Anm. 44) 311.
49 Vgl. ebd. 312.
50 Benedikt XVI., Enzyklika „Spe salvi", vom 30.11.2007 (Verlautbarungen des Apostolischen Stuhls Nr. 179), Bonn 2007, Nr. 45.
51 Vgl. Ulrike Bechmann, Die Haltung der Katholischen Kirche zu anderen Religionen. Von der Gemeinsamkeit zur Differenz, in: dies. / Peter Ebenbauer / Sabine Maurer (Hg.), Religion ist keine Insel. Traditionen und Konzepte interreligiösen

Austausches, Graz 2015, 99–114; dies., Eine neue Basis für die Haltung der Kirche zu den Religionen. Die biblische Hermeneutik der Konzilserklärung *Nostra aetate*, in: Peter Ebenbauer u. a. (Hg.), Zerbrechlich und kraftvoll. Christliche Existenz 50 Jahre nach dem Zweiten Vatikanum, Innsbruck Wien 2014, 105–120.

52 Vgl. Richard Heinzmann, Universalienstreit im Mittelalter, in: Journal für Philosophie (1995) 76–77.
53 Vgl. Ullrich Schwarz, Einzelheiten: Abraum und Abfall der Geschichte, in: Anselm Wagner (Hg.), Abfallmoderne. Zu den Schmutzrändern der Kultur, Wien 2010, 133–158.
54 Vgl. Manfred Frank, Das individuelle Allgemeine. Textstrukturierung und Textinterpretation nach Schleiermacher, Frankfurt a. M. 1985, 328, wo davon die Rede ist, dass erst der differenzierende Vergleich zwischen Einzelnen dem Allgemeinen der Intuition des unmittelbaren Selbstbewusstseins die distinkte Bedeutung einschreibt.
55 Vgl. zu diesem Überblick Roland Krockenberger, Über das gebrochene Verhältnis der Philosophie zur Sinnlichkeit, in: Journal für Philosophie (1995) 57–61.
56 So der Grazer Soziologe Manfred Prisching in: Trash economy. Abfallmaximierung als Wirtschaftsprinzip, in: Wagner (Hg.), Abfallmoderne (Anm. 53) 29–44.
57 Schwarz, Einzelheiten (Anm. 53) 22–23.
58 Ein Gedicht von Jewgnij Jewtuschenko, belegt bei Gerhard Lohfink, Der Tod ist nicht das letzte Wort, ^{7}1976, 48–49.
59 Vgl. Johann Baptist Metz, Glaube in Geschichte und Gesellschaft, Main ^{3}1980, 157.
60 Vgl. zu diesem Diskurszusammenhang auch in Auseinandersetzung mit Moltmann Ignacio Escribano-Alberca, Das vorläufige Heil. Zum christlichen Zeitbegriff, Düsseldorf 1970, 60.
61 Thomas, Gottes schöpferische Neuzuwendung (Anm. 8) 196.
62 Vgl. Hans Blumenberg, Arbeit am Mythos, Frankfurt a. M. 1979, 688.
63 Milan Kundera, Die Kunst des Romans, München 2007, 200.
64 Ebd. 12 f.; vgl. auch Schwarz, Einzelheiten (Anm. 53) 23 f.
65 Zitiert bei Schwarz, Einzelheiten 24.
66 Schwarz, ebd. 24.
67 Schwarz, ebd. 24–25.
68 Claudio Magris, Der Ring der Clarisse. Großer Stil und Nihilismus in der modernen Literatur, Frankfurt a. M. 1987, 118.
69 Philip Roth, I Married a Communist, Boston/New York 1998, 223 f., vgl. Schwarz, Einzelheiten (Anm. 53) 25–26.
70 Schwarz, Einzelheiten (Anm. 53) 18.
71 Auf dem Symposion „Abfallmoderne. Zu den Schmutzrändern der Kultur" an der Universität Graz vom 4. 6.–5. 6. 2008.
72 Vgl. Martin Walser, Mein Jenseits. Novelle, Berlin ^{3}2010.
73 Vgl. Thomas Erne, Grundwissen Christentum Kirchenbau, in: Thomas Erne, Peter Schüz (Hg.), Die Religion des Raumes und die Räumlichkeit der Religion, Göttingen 2010, 181–199, 194.
74 Ebd. 194.
75 Wie Richard Dawkins, der in seinem Anti-Gotteswahn wissenschaftlich weit über seine gottverneinenden Behauptungsverhältnisse lebt: Der Gotteswahn, Berlin

2007; vgl. dazu Alister McGrath / Joanna Collicutt McGrath, Der Atheismus-Wahn, Asslar 2007.
76 Hier wäre systematisch-theologisch an die Rekapitulationslehre zu denken. Diesen Hinweis verdanke ich Christian Bauer, Ortswechsel der Theologie. M.-Dominique Chenu im Kontext seiner Programmschrift Une école de théologie: Le Saulchoir, Wien 2010, 690 ff.
77 Vgl. Martin Walser, Der Lebensroman des Andreas Beck, seinen Büchern nacherzählt, Eggingen 2006, 58 und 79.
78 Ebd. 58.
79 Ebd. 67. 69.
80 Ebd. 62. 69.
81 Ebd. 79. Vgl. auch 89: „Der Widerstand gegen den übermächtig scheinenden Andrang des Beweisbaren entwickelt in ihm das Bedürfnis und die große Kraft, das Unbeweisbare gelten zu lassen, ihm Geltung zu verschaffen in sich und in der Welt."
82 Ebd. 81: Walser zitiert hier Hölderlin aus der Ode „An die Deutschen", vgl. Friedrich Hölderlin, Sämtliche Werke und Briefe (hg. von Günter Mieth), München ²1995, 326: allerdings denkt Hölderlin hier daran, dass aus „Gedanken die Tat" werde, während es in unserem Kontext, wenig idealistisch, um das Leben und Überleben von Menschen und ihren Geschichten geht.
83 Jacques Chessex, Ein Jude als Exempel. Roman, München 2009.
84 Chessex, Exempel 94.
85 Ebd. 94 und 96.
86 Vgl. Dietrich Bonhoeffer, Ethik (hg. von E. Bethge), München ⁵1961, 284 ff.
87 Wolfgang Braungart, Literaturwissenschaft und Theologie. Versuch zu einem schwierigen Verhältnis, ausgehend von Kafkas Erzählung ‚Ein Hungerkünstler', in: Erich Garhammer / Georg Langenhorst (Hg.), Schreiben ist Totenerweckung. Theologie und Literatur, Würzburg 2005, 43–69, 67 f.
88 Vgl. Ottmar Fuchs, „Ihr aber seid ein priesterliches Volk". Ein pastoraltheologischer Zwischenruf zu Firmung und Ordination, Ostfildern 2017, 58–68, 87–95.
89 Vgl. Jan-Heiner Tück, Hintergrundgeräusche. Liebe, Tod und Trauer in der Gegenwartsliteratur, Ostfildern 2010; vgl. die Besprechung von Georg Langenhorst, in: www.theologieundkirche.de (Zugriff vom 28. 10. 2010), 3.
90 Zur Empörung als Motiv vgl. Ulrich Engel, Unglücksglück, in: Garhammer / Langenhorst (Hg.), Totenerweckung (Anm. 87) 168–171, 169.
91 George Steiner, Von realer Gegenwart. Hat unser Sprechen Inhalt?, München/Wien 1990, 123, vgl. auch Jörg Seip, Einander die Wahrheit hinüberreichen. Kriteriologische Verhältnisbestimmung von Literatur und Verkündigung, Würzburg 2002, 52 f.
92 Im Feuilleton der Süddeutschen Zeitung vom 2./3. 10. 2010, Nummer 228, S. 16.
93 Michel de Certeau, L'écriture de l'histoire, Paris 1975. Diesen Hinweis verdanke ich Bauer, Ortswechsel (Anm. 76) 143 ff.
94 Certeau, L'écriture 19.
95 Ebd. 73 f.
96 Vgl. Bauer, Ortswechsel (Anm. 76) 144.
97 Michel de Certeau, La fable mystique, Paris 1982, 9 f.

98 Vgl. Michel de Certeau, Theoretische Fiktionen. Geschichte und Psychoanalyse, Wien 1997, 59–90 und 78–88, vgl. Bauer, Ortwechsel (Anm. 76) 145.
99 Michel Foucault, Les rapports de pouvoir passent à l'intérieur des corps, in: ders, Dits et Ècrits II. (1976–1988), Paris 2001, 228–236, 236.
100 Vgl. zu diesen Zitaten Alexandra Föderl-Schmid, Realität und Fiktion, ineinander verschlungen, in: Der Standard vom 2. 10. 2010, Album A11; zum Buch: Tomás Eloy Martínez, Purgatorio, Frankfurt a. M. 2010.
101 Föderl-Schmid, ebd.
102 Ebd.
103 Mahmud Darwisch, Belagerungszustand. Gedichte, Berlin 2005, 153.
104 Vgl. Munir Akash, Icons of Pain, in: Mahmoud Darwish, State of Siege, New York 2010, (Introduction) IX–XXVI, XXIII: „As evidence, the poem is not only aesthetic, it is also a sigh. That for Darwish is indispensable for human life to recover from its state of oblivion, obscurity and neglect."
105 Zu einem weiteren Beispiel, das in die ähnliche Richtung zeigt vgl. Ottmar Fuchs, Beschleunigung aus der Perspektive eschatologischer Zeitpastoral. Theologische Aspekte von Entfremdung und Resonanz, in: Tobias Kläden / Michael Schüssler (Hg.), Zu schnell für Gott? Theologische Kontoversen zu Beschleunigung und Resonanz, Freiburg i. Br. 2017, 115–152, 137–140.
106 Darwisch, Belagerungszustand (Anm. 103) 103.
107 Ebd. 5.
108 Ebd. 149.
109 Judith Butler, Am Scheideweg. Judentum und die Kritik des Zionismus, Frankfurt/New York 2013, 259.
110 Ebd. 260.
111 Mahmoud Darwish, Wir haben ein Land aus Worten. Ausgewählte Gedichte 1986–2002; arabisch und deutsch. Aus dem Arabischen übersetzt und hg. von Stefan Weidner, Zürich, 127.
112 Butler, Scheideweg (Anm. 109) 261.
113 Vgl. Darwisch, Belagerungszustand (Anm. 103) 101.
114 Hans-Joachim Sander, Einführung in die Gotteslehre, Darmstadt 2006, 34.

B. Gewaltiges Drama der Liebe

115 Vgl. Christine Busta, Wenn du das Wappen der Liebe malst …, Gedichte, Salzburg 1995, 86: „Nicht Freispruch wird dir gewährt, nur die bittere Gnade der Einsicht, auch im Bösen Brüder und Schwestern zu haben", belegt bei: Karl Matthäus Woschitz, Amor aeternus. Transfigurationen der Liebe, Freiburg i. Br. 2017, 3.
116 Von der erbsündlichen Erkenntnistheorie her mag man sagen, dass wir überhaupt nicht fähig sind, jetzt schon zwischen Gut und Böse zu unterscheiden, weil bereits diese Unterscheidungskraft hoch ambivalent sei. Dennoch muss man in scharfer Dialektik dazu, und auch unter der Gefahr, gerade darin schuldig zu werden, innergeschichtlich genau diese Unterscheidung immer wieder treffen, um der Benachteiligten und um der Gerechtigkeit willen. Die Bergpredigt ist ein deutlicher Beleg dafür. Dieser Handlungsdruck steht seinerseits in Dialektik dazu, dass die letzte Wahrheit dem entscheidenden Handeln Gottes selbst zu überlassen ist.

117 Dass der Schrei nach Rache auch immer ein Schrei nach Gerechtigkeit ist, verdeutlicht auch Klara Butting, Gott – lieb oder gerecht?, in: Bibel und Kirche 63 (2008) 4, 210–214; zum biblischen Zorn Gottes unter psychologischen Vorzeichen vgl. Manuela Fux, Der Zorn auf der Anklagebank. Masterarbeit in der Theologischen Fakultät der Universität Fribourg, 2015.
118 Vgl. Ottmar Fuchs, Fluch und Klage als biblische Herausforderung, in: Bibel und Kirche 50 (1995) 1/2, 64–75.
119 Paulus zitiert hier Dtn 32,35.41 und Spr 25,21 ff.
120 So begegnet im Alten Testament die Unterscheidung zwischen dem Fluch um der Menschen und dem Segen um Gottes willen. In Gottes Hand wendet sich der menschliche Fluch zu seinem Gegenteil, bis hin zum „Segen" der Verfluchten: Um der Menschen willen fluche ich, um meinetwillen segne ich! (Vgl. Ps 109,28; vgl. auch Ez 36,22: „Nicht euretwegen handle ich, Haus Israel, sondern um meines heiligen Namens willen ..."). Ähnliches ist auch für Röm 14 anzunehmen: Nämlich dass die „feurigen Kohlen", die die Menschen auf ihre Feinde durch gute Taten ansammeln, in Gottes Hand als Folge des universalen eschatologischen Rechtfertigungsgeschehens zum Reueschmerz der Täter zu werden vermögen.
121 Vgl. Fuchs, Gericht (Anm. 1) 153; Dirk Ansorge, Gerechtigkeit und Barmherzigkeit Gottes. Die Dramatik von Vergebung und Versöhnung in bibeltheologischer, theologiegeschichtlicher und philosophiegeschichtlicher Perspektive, Freiburg i. Br. 2009, 35.
122 Vgl. Ansorge, Gerechtigkeit (Anm. 121), mit Bezug auf den französischen Philosophen Vladimir Jankélévith, Verzeihen, in: Ralf Konersmann (Hg.), Das Verzeihen, Darmstadt 2003, 243–282, 275 f. Vgl. auch Martin Ott, Liebe deine Feinde – oder besser: lieber nicht!, erscheint in: Theresia Heimerl, Joachim Kügler (Hg.), Eine bessere Welt – ohne Gott?, Würzburg 2018.
123 Vgl. Ansorge, Gerechtigkeit (Anm. 121) 524.
124 Ebd. 501.
125 Zur „Unmöglichkeit Gottes" vgl. Jean-Luc Marion, Jenseits von Frage und Antwort, in: Zur Debatte 42 (2012) 7, 17–19, 19 Sp.2: „Es erweist sich daher als unmöglich zu sagen ‚Gott ist unmöglich', denn gerade die Unmöglichkeit, ihn zu begreifen ..., kennzeichnet Gott ausdrücklich, genau und grundlegend." Denkt man die Unmöglichkeitsperspektive eschatologisch weiter, dann gehört zu ihrem Verzicht auf zugriffige Ikonisierung auch der Verzicht auf ebenso zugriffige Hoffnungslosigkeiten. Vielmehr ist alles offen zu halten. Erkenntnistheoretisch sitzen Atheismus und Doxologie im gleichen Boot.
126 Sehr intensiv zu dieser Versöhnung als einer unmöglichen Möglichkeit vgl. J. Rahner, Einführung (Anm. 27) 227–232.
127 Friedrich-Wilhelm Marquardt, Was dürfen wir hoffen, wenn wir hoffen dürften? Eine Eschatologie, Bd. 2, Gütersloh 1994, 275.
128 Ansorge, Gerechtigkeit (Anm. 121) 504. Dieser Gedanke Derridas ist gut ins Gespräch zu bringen mit den Überlegungen von Jean-Luc Marion hinsichtlich der Unmöglichkeit Gottes. Ähnliche Überlegungen könnte man im Zusammenhang des Verhältnisses von Ökonomie der Gabe und reiner Gabe anstellen, vgl. Ottmar Fuchs, Gott(esglaube) als Gabe, in: Jahrbuch für Biblische Theologie, Bd. 27 (2012) Geben und Nehmen, Neukirchen-Vluyn 2013, 369–399; vgl. Ansorge, Gerechtigkeit 516 f.

129 Vgl. Ansorge, Gerechtigkeit 577.
130 Vgl. ebd. 580.
131 Anders als Jürgen Moltmann, Sonne der Gerechtigkeit, in: Heinrich Bedford-Strohm (Hg.), „… und das Leben der zukünftigen Welt". Von Auferstehung und Jüngstem Gericht, Neukirchen-Vluyn 2007, 30–47, 36, wo Moltmann den Zorn Gottes gegen die Gerechtigkeit Christi stellt.
132 Diesen Widerspruch kann Josef Staudinger nicht wahrnehmen, in: Das Jenseits. Schicksalsfrage der Menschenseele, Einsiedeln ²1941, 249.
133 Vgl. ebd. 303 ff.
134 Vgl. ebd. 277 ff.
135 Ebd. 307.
136 Das Konzept der beleidigten Souveränität gleicht jener der mittelalterlichen-feudalen Rechtskonzeption, dass mit einem Verbrechen der Souveränitätsleib des Fürsten verletzt ist, was nur durch eine entsprechende Verletzung, also Folter am Leib des Delinquenten wieder hergestellt werden kann. Übrigens habe ich in diesem Aufsatz nicht die Aussagen von Foucault über Überwachen und Strafen (Frankfurt a. M. 1976) auf die Höllendarstellungen projiziert, sondern zu verdeutlichen versucht, wie vorherrschende Strafsysteme sich – bis heute – auf eschatologische Vorstellungen auswirken. Im Anschluss an Hermann Steinkamps Interpretation der Pastoralmacht (Die sanfte Macht der Hirten. Die Bedeutung Michel Foucaults für die Praktische Theologie, Mainz 1999) hatte ich allerdings zu wenig beachtet, dass der Begriff der Macht bei Foucault ein ebenso ubiquitärer und in seinen Wertorientierungen offener bzw. ambivalenter Tatbestand ist, vgl. Ottmar Fuchs, Deus semper maior: auch im Gericht, in: Theologisch-praktische Quartalschrift 144 (1996) 2, 131–144; vgl. Valentin, Fiktionalität (Anm. 17) 163, Anm. 4.
137 Michael Schüßler, Mit Gott neu beginnen. Die Zeitdimension von Theologie und Kirche in ereignisbasierter Gesellschaft, Stuttgart 2013, 321.
138 Vgl. Fuchs, Gericht 166-214.
139 Vgl. Johann Baptist Metz, Glaube in Geschichte und Gesellschaft, Mainz ³1980, 149–158.
140 Schüßler, Mit Gott (Anm. 137) 320.
141 Vgl. Gregor Etzelmüller, Die Bedeutung der Weltgerichtsrede Jesu (Mt 25,31–46) für eine realistische Rede vom Jüngsten Gericht, in: Bedford-Strohm (Hg.), Leben der zukünftigen Welt (Anm. 131) 90–102, 95 f.
142 Katharina von Kellenbach, Christliche Vergebungsdiskurse im Kontext von NS-Verbrechen: Ein protestantisches Plädoyer für eine revitalisierte Bußlehre, in: Lucia Scherzberg (Hg.), Theologie und Vergangenheitsbewältigung, Paderborn 2005, 178–196; dies., Satisfactio als Reinigung des Gedächtnisses, in: Theologische Quartalschrift 194 (2014) 3, 241–255.
143 Gunter Wenz, Ekklesiologie und Kirchenverfassung, in: Reinhard Rittner (Hg.), In Christus berufen. Amt und allgemeines Priestertum in lutherischer Perspektive, Hannover 2001, 80–113, 102: hier hinsichtlich der Stellvertretung Christi, wie sie allen Gläubigen im Taufsakrament geschenkt ist.
144 Vgl. dazu Fuchs, Sakramente – immer gratis, nie umsonst, Würzburg 2015, 99–124.
145 Vgl. Michael Schüßler, Grundlegung der Sozialpastoral im Vatikanum II, in: Win-

fried Reininger / Ingried Reidt (Hg.), Kirche auf der Seite der Armen, Freiburg i. Br. 2013, 55–63, 61
146 Vgl. Roman Kühschelm, Verstockung, Gericht und Heil. Exegetische und bibeltheologische Untersuchung zum sogenannten „Dualismus" und „Determinismus" in Joh 12,35–50, Frankfurt a. M. 1990, 150.
147 Vgl. dazu und zum Folgenden: Stephanie von Dobbeler, Das Gericht und das Erbarmen Gottes. Die Botschaft Johannes des Täufers und ihre Rezeption bei den Johannesjüngern im Rahmen der Theologiegeschichte des Frühjudentums, Frankfurt a. M. 1988, 201 und 239.
148 Vgl. ebd. 240.
149 Ebd. 77–78.
150 Ebd. 77.
151 Vgl. ebd. 78.
152 Vgl. ebd. 196 und 199.
153 Vgl. Ottmar Fuchs, Die andere Reformation. Ökumenisch für eine solidarische Welt, Würzburg ²2017, 13–98.
154 Vgl. Dobbeler, Gericht (Anm. 147) 80.
155 Ebd. 80.
156 Vgl. ebd. 82, wo sich die Autorin auf Klaus Berger beruft.
157 Ebd. 101.
158 Ebd. 131.
159 Vgl. ebd. 150, wo davon die Rede ist, dass der Wassertaufe die Umkehr, der Feuertaufe aber die unmittelbare Nähe zum eschatologischen Gericht zuzusprechen ist.
160 Ebd. 126, vgl. auch 148.
161 Vgl. ebd. 100, 131 und 148.
162 Ebd. 126.
163 Vgl. Carl Amery, Hitler als Vorläufer. Auschwitz – der Beginn des 21. Jahrhunderts, München 2002.
164 Vgl. Dobbeler, Gericht (Anm. 147) 148.
165 Zu Johannes im Kontext jüdischer Märtyrertheologien vgl. ebd. 220.
166 Vgl. ebd. 101.
167 Vgl. ebd. 240.
168 Dieses Opfer Jesus selbst wendet für die Täter das Gericht zur Versöhnung. Wird dieses Opfer, Jesus Christus, all die Opfer, die auf seiner Seite stehen, in den gleichen Prozess hinein aufnehmen können? Dies wäre die einzige Möglichkeit einer Versöhnung, ohne die Opfer zu beschämen: nicht über sie hinweg, sondern mit ihnen als Subjekt der Versöhnung, weil sie es dann selber können und wollen.
169 Vgl. Fuchs, Gericht (Anm. 1) 153–161.
170 Vgl. Fuchs, Gericht (Anm. 1) 110–153.
171 Vgl. Klaus Wengst, Recht und Gerechtigkeit – Gericht und Erbarmen, in: Theologische Quartalschrift 195 (2015) 2, 119–134, 134.
172 Ebd. 134.
173 Vgl. dazu den Kommentar von Roman A. Siebenrock, in: Peter Hünermann / Bernd Jochen Hilberath (Hg.), Herders Theologischer Kommentar zum Zweiten Vatikanischen Konzil 3, Freiburg/Basel/Wien 2005, 591–693.

174 Vgl. Fuchs, Opfer-Täter-Perspektive (Anm. 8).
175 Vgl. Joachim von Soosten, Verantwortung als Rechenschaft. Eschatologie als Thema der Ethik, in: Bedford-Strohm (Hg.), Leben der zukünftigen Welt (Anm. 131) 135–151; zur Entdualisierung der Eschatologie vgl. besonders die wegweisende Arbeit von Janowski, Allerlösung (Anm. 5).
176 Vgl. Kühschelm, Verstockung (Anm. 146) 276–278.
177 Josef Wohlmuth spricht von einer „hypothetischen Warnung", die „an die Freiheit appelliert, sich jetzt für das Tun des Guten zu entscheiden", in: Eschato-Praxie: Verantwortlich handeln ohne letzte Gewissheit?, in: Tobias Kläden (Hg.), Worauf es letztlich ankommt (Anm. 24) 277–294, 281.
178 Vgl. Kühschelm, Verstockung (Anm. 146) 268 f. Ausführlich dazu Michael Theobald, Das Evangelium nach Johannes. Kap. 1–12, Regensburg 2009, 820–844; vgl. auch Joachim Kügler, Eine wortgewaltige Jesus-Darstellung. Das Johannesevangelium, Stuttgart ²2018, 113–117.
179 Kühschelm, Verstockung (Anm. 146) 267–268.
180 Ebd. 268. Zur Offenheit der Heilsabsicht Gottes für die Zukunft, auch für die Zukunft des Gerichts, vgl. auch Theobald, Evangelium (Anm. 178) 843 f.; Kügler betont in Jesus-Darstellung (Anm. 178) 117, dass mit dem Verstockungszitat nicht einfach die Juden gemeint sind, sondern vor allem die Gemeinde und ihre inneren Konflikte und Gefährdungen. Ähnlich bereits Ernst Haenchen, Das Johannesevangelium. Ein Kommentar, Tübingen 1980, 450: „Aber vor allem werden wir uns fragen, ob wir selbst von dieser Blindheit und Taubheit ausgenommen sind … Es ist nicht so sicher, wo die Grenzen zwischen uns und den anderen liegen … weil auch wir den Vater immer wieder als den verborgenen Gott erfahren".
181 Vgl. Kühschelm, Verstockung (Anm. 146) 268.
182 Ebd. 269.
183 Ebd. 269, vgl. auch 271.
184 Ebd. 271.
185 Ebd. 272, vgl. auch 273.
186 Vgl. ebd. 273. Zur Bezogenheit dieser heilsdramatischen Entscheidung in der Horizontverschmelzung erfolgter und zukünftiger Krisis auf die Gemeinde vgl. auch 274.
187 Vgl. zur Reinkarnation auch J. Rahner, Einführung (Anm. 27) 249–255.
188 Kühschelm, Verstockung (Anm. 146) 275.
189 Vgl. ebd. 283.
190 Ebd. 278.
191 Vgl. ebd. 279.
192 Vgl. ebd. 269. Vgl. dazu Fuchs, Gericht (Anm. 1) 215–256.
193 Vgl. Kühschelm, Verstockung (Anm. 146) 280.
194 Ebd. 281; zur Horizontverschmelzung vgl. ebd.
195 Vgl. ebd. 284–285.
196 Vgl. ebd. 285.
197 Ebd. 286.
198 Vgl. ebd. 286.
199 Ebd. 283.
200 Dass die ausgewählte Textstelle Joh 12,35–50 in nuce die Tendenz des Evangelisten

enthält und somit für den ganzen Johannes signifikant sei, vermutet Kühschelm ebd. 282.
201 Friedrich Nietzsche, Gesammelte Werke, 6. Band, München 1922, 230.
202 Vgl. ebd. 293.
203 Auch hier im Anklang an Ausführungen ebd. 293; vgl. auch 291, wo Nietzsche von „praktischen Pessimisten" redet, von Menschen, „die die Ahnung eines Unterganges leitet und die dadurch gegen das fremde, ja gegen das eigene Wohl gleichgültig und lässlich werden: ‚Wenn *uns* nur die Scholle noch trägt!'"
204 Vgl. ebd. 293–294.
205 So Nietzsche im zweiten Stück der unzeitgemässen Betrachtungen (vom Nutzen und Nachteil der Historie für das Leben), ebd. 299. Zur Weigerung Nietzsches, sich von der Macht der Geschichte den Rücken krümmen zu lassen, und dies in Auseinandersetzung mit dem Hegelschen Weltprozess, vgl. ebd. 298.
206 Vgl. ebd. 300–301.
207 Ebd. 255
208 Ebd. 255–256.
209 Vgl. ebd. 258: Wenn Nietzsche bemerkt, dass es dabei nicht um die Kriteriologie der Gerechtigkeit und der Gnade geht, sondern um das Leben allein, das hier zu Gericht sitzt (vgl. ebd. 255), dann darf man sich die theologische Reaktion erlauben, dass auch für Gott das Leben die wichtigste Größe ist, dass er nicht den Tod, sondern das Leben will und dass er deswegen nicht auf die Gerechtigkeit verzichtet, die nötig gewesen wäre, damit alle Menschen an diesem Leben Anteil gehabt hätten. An anderer Stelle sieht Nietzsche tatsächlich die Gerechtigkeit vorne: „Nur insofern der Wahrhafte den unbedingten Willen hat, gerecht zu sein, ist an dem überall so gedankenlos glorifizierten Streben nach Wahrheit etwas Großes" (ebd. 274).
210 Vgl. ebd. 274–275.
211 Vgl. ebd. 276.
212 Vgl. Gotthard Fuchs, Gerichtsverlust. Von der christlichen Kunst, sich recht ängstigen zu lernen!, in: Katechetische Blätter 120 (1995) 3, 160–168.
213 Vgl. Nietzsche, Werke 6 (Anm. 201) 276 und 281.
214 Ebd. 281. So wäre es tatsächlich eine Verflachung der Motivation, wäre nicht mehr von der Gerichtsbotschaft die Rede, sondern nur noch vom moralischen Imperativ zur Diakonie, wohingegen ja gerade die Gerichtsbotschaft zur Diakonie ein besonders starkes Motiv darstellt.
215 Vgl. Anna Findl-Ludescher, u. a. (Hg.), Gutes Leben – für alle? Theologisch-kritische Perspektiven auf einen aktuellen Sehnsuchtsbegriff, Wien/Berlin 2012.
216 Analog zu Nietzsche, Werke 6 (Anm. 201), 282.
217 Vgl. ebd. 283, vgl. auch 286.
218 Im Anklang formuliert zu ebd. 256, auch 287.
219 Vgl. Martin Füreder, Göttliche Zurechtweisung. Das Gericht Gottes in der katholischen Theologie des 20. Jahrhunderts, St. Ottilien 1993, 312.
220 Vgl. Oswald Bayer, Erhörte Klage, in: NZSTh 25 (1983) 259–272.
221 Vgl. Ottmar Fuchs, Dass Gott zur Rechenschaft gezogen werde, weil er sich weder gerecht noch barmherzig zeigt? Überlegungen zu einer Eschatologie der Klage, in: Ruth Scoralick (Hg.), Das Drama der Barmherzigkeit Gottes, Stuttgart 2000, 11–32.

222 Vgl. dazu Ulrike Bechmann, Die Töchter Zelofhads. Fordernde, Erbinnen, Vertrauende, Stuttgart 2003.
223 Papst Benedikt XVI. hat in der Ansprache während der Eucharistiefeier in Freiburg am 25. 9. 2011 den Theologen ins Gewissen geredet, auch angesichts des Leidens in der Welt Gott nicht die Allmacht abzusprechen, mit dem Hinweis, dass Gott im Diesseits seine Macht nicht als Allmacht, sondern als *Freiheitszuspruch* und als *treues Erbarmen* ausübe, in: Papst Benedikt XVI., Ansprache bei der Eucharistiefeier in Freiburg am 25. 9. 2011, in: Sekretariat der Deutschen Bischofskonferenz (Hg.), Verlautbarungen des Apostolischen Stuhls Nr. 189, Bonn 2011, 132–137, 133. Ersteres bezweifle ich!
224 Anders als Günter Thomas, Gottes schöpferische Neuzuwendung (Anm. 8) 192.
225 Vgl. ebd.193.
226 Gegen Marquardt, Eschatologie 2 (Anm. 127), 276.
227 Gegen Marquardt, ebd. 278.
228 Vgl. Escribano-Alberca, Eschatologie (Anm. 3) 204 ff.
229 Vgl. Ottmar Fuchs, Gott in Dunkelheit erahnen. Die biblische Verbindung von Lob und Klage, in: Bibel und Kirche 63 (2008) 1, 22–27.
230 Zur neueren durch Papst Franziskus ausgelösten Diskussion um diese Vaterunser-Bitte vgl. Benjamin Leven, Tradition und Verrat, in: Herderkorrespondenz 1, 2018, 4–5.
231 Vgl. Fuchs, Gericht (Anm. 1) 84–90.
232 Vgl. dazu Ottmar Fuchs, „Täterpastoral" und „Tatpastoral" in der Jugendarbeit, in: Hans Amann / Gerhard Kruip / Martin Lechner (Hg.), Kundschafter des Volkes Gottes, München 1998, 238–261, 247 f., 250 ff.
233 Vgl. Rüdiger Safranski, Das Böse und das Drama der Freiheit, Frankfurt a. M. ²1999, 6.
234 Vgl. Ute Leimgruber, Teufel. Die Macht des Bösen, Kevelaer 2010, 174–177.
235 Christine Lavant, Zu Lebzeiten veröffentlichte Gedichte, hg. und mit Nachworten von Doris Moser und Fabjan Hafner unter Mitarbeit von Brigitte Strasser, Göttingen 2014, 337.
236 Vgl. Pablo Richard, Apokalypse. Das Buch von Hoffnung und Widerstand, Luzern 1996, 109, mit Bezug auf das Fünfte Siegel in der Johannesapokalypse.
237 Ebd. 110.
238 Vgl. Valentin, Fiktionalität (Anm. 17) 59, vgl. dazu Fuchs, Der zerrissene Gott. Das trinitarische Gottesbild in den Brüchen der Welt, Ostfildern 2013, ³2016.
239 Wobei es nochmals eine kontextuelle Frage ist, worauf sich diese Reinheitsvorstellung in den Religionen in besonderer Weise bezieht, im Katholizismus ist es vor allem die Sexualität im Horizont der Kultreinheit.
240 Vgl. dazu Hans-Joachim Sander, Das Außen des Glaubens – eine Autorität der Theologie, in: Hildegund Keul / ders. (Hg.), Das Volk Gottes, Würzburg 1998, 240–258.
241 Vgl. Fuchs, Der zerrissene Gott (Anm. 238) 45–80.
242 Vgl. ebd. 66.
243 Vgl. Wajdi Mouawad, Verbrennungen, Frankfurt a. M. ²2007.
244 Ebd. 35.
245 Vgl. ebd. 112.
246 Vgl. ebd. 115.

247 Ebd. 115.
248 Vgl. ebd. 115.
249 Vgl. Fuchs, Der zerrissene Gott (Anm. 238) 219–225.
250 Vgl. Süddeutsche Zeitung 64 (2008) 34 (Nr. 193), 1. 34.
251 Erich Fried, Fall ins Wort. Ausgewählte Gedichte 1944 bis 1983. Frankfurt a. M. 1985, 497.
252 Rose Ausländer, Mutterland. Gedichte, Köln 1978, 46. Vgl. dazu den Abschnitt „Dass überhaupt etwas existiert, ist Gnade", in: Leonardo Boff, Erfahrung von Gnade, Düsseldorf 1978, 137–141.
253 Richard, Apokalypse (Anm. 236) 247.
254 Vgl. Janowski, Allerlösung (Anm. 5) 625.
255 Vgl. Christoph Schlingensief, So schön wie hier kanns im Himmel gar nicht sein! Tagebuch einer Krebserkrankung, Köln 2009.
256 Vgl. J. Rahner, Eschatologische Bilder (Anm. 44) 305.
257 Vgl. Johanna Rahner, Der Stachel der Endlichkeit, in: Lebendige Seelsorge 63 (2012) 5, 313–14, 313, mit Bezug auf Walter Simonis, Über Gott und die Welt. Gottes- und Schöpfungslehre, Düsseldorf 2004. Dafür, wie sehr menschlich, mitmenschlich und göttlich gedachte wie erfahrene Liebe auch die Geistes- und Lebensgeschichte der Menschheit prägt vgl. das immense Werk von Woschitz, Amor aeternus. (Anm. 115).
258 Rahner, Stachel (Anm. 257) 314.
259 Rahner, ebd. Zum Aspekt der Liebe bei Gabriel Marcel vgl. Woschitz, Amor aeternus (Anm. 115) 541–544.
260 Vgl. Wohlmuth, Eschato-Praxie (Anm. 177) 290.
261 Vgl. Matthias Reményi, Die Auferweckung Jesu Christi: Grund und Exempel unserer Hoffnung, in: Kläden (Hg.), Worauf es letztlich ankommt (Anm. 24) 223–249.
262 J. Rahner, Einführung (Anm. 27) 212.
263 Vgl. Godehard Brüntrup, 3,5-Dimensionalismus und Überleben: ein prozesstheologischer Ansatz, in: ders., u. a. (Hg.), Auferstehung des Leibes – Unsterblichkeit der Seele, Stuttgart 2010, 27–40, 265.
264 Vgl. Stefan Bauberger, Was die Physik über Auferstehung und ewiges Leben sagt, in: Kläden (Hg.), Worauf es letztlich ankommt (Anm. 24) 27–40, hier 39 f.
265 Es handelt sich also um einen Leib von radikal anderer Art, vgl. Brüntrup, Überleben (Anm. 263) 365.
266 Bauberger, Physik (Anm. 264) 38
267 Bauberger, ebd.
268 Vgl. Fuchs, Gericht (Anm. 1) 199–214.
269 Vgl. zu dieser Formulierung, hier bezogen auf Johannes den Täufer, Dobbeler, Gericht (Anm. 147) 1.
270 Michael N. Ebertz weist dies am Beispiel von eschatologischen Predigten nach, in: Die Zivilisierung Gottes und die Deinstitutionalisierung der „Gnadenanstalt", in: Jörg Bergmann, u. a.(Hg.), Religion und Kultur, Köln 1993, 92–125; Ebertz, Zivilisierung (Anm. 9).
271 Vgl. dazu Thomas, Gottes schöpferische Neuzuwendung (Anm. 8) 196.
272 Vgl. Fuchs, Der zerrissene Gott (Anm. 238) 49–70.
273 Vgl. Wohlmuth, Eschato-Praxie (Anm. 177).

274 Vgl. Magnus Striet, Erlösung durch den Opfertod Jesu?, in: ders. / Jan-Heiner Tück (Hg.), Der Opfertod Jesu im Streit der Interpretationen, Freiburg i. Br. 2012, 11–32.
275 Vgl. Raimund Schwager, Jesus im Heilsdrama. Entwurf einer biblischen Erlösungslehre, Innsbruck 1990, 146.
276 Helmut Merklein, Studien zu Jesus und Paulus II, Tübingen 1998, 185.
277 Vgl. Füreder, Zurechtweisung (Anm. 219) 111.
278 Vgl. ebd. 112.
279 Vgl. Ottmar Fuchs, „Stellvertretung" – eine christliche Möglichkeit!, in: Theologische Quartalschrift 185 (2005) 2, 95–126; auch Wohlmuth, Eschato-Praxie (Anm. 177) 286.
280 Vgl. dazu Ansorge, Gerechtigkeit (Anm. 121) 272.
281 Jürgen Moltmann, Im Ende – der Anfang. Eine kleine Hoffnungslehre, Güteloh ²2004, 84.
282 Vgl. Füreder, Zurechtweisung (Anm. 219), mit Bezug auf Balthasar.
283 Vgl. zu diesem Aspekt Füreder, ebd. 296 f.
284 Vgl. Moltmann, Ende (Anm. 281) 85.
285 Vgl. ebd. 131.
286 Vgl. ebd. 158.
287 Vgl. ebd. 159.
288 Ebd.179. Moltmann bringt diese Gedanken im Zusammenhang der Identitätsfrage zwischen zeitlichem und ewigem Leben, weniger im Zusammenhang des Gerichtes.
289 Zum Begriff des „Einvernehmens" im Gerichtsvorgang im Sinne von Romano Guardini vgl. Füreder, Zurechtweisung (Anm. 219) 116 ff.
290 Zur unerlässlichen Konfrontation mit den Opfern und zu den dabei nicht zu ermessenden Abgründen vgl. Jan-Heiner Tück, Das Unverzeihbare verzeihen?, in: Internationale Katholische Zeitschrift – Communio 33 (2004) 174–188, 186; vgl. auch Ansorge, Gerechtigkeit (Anm. 121) 573.
291 Vgl. Ansorge, Gerechtigkeit (Anm. 121) 576 f. (mit Bezug auf Bruno Liebrucks).
292 Reinhold Schneider, Apokalypse. Sonette, Baden-Baden 1946, 43.
293 Vgl. ebd. 256–265.
294 Moltmann, Gerechtigkeit (Anm. 131) 44.
295 Vgl. ebd. 45.
296 Hans Urs von Balthasar, Eschatologie in unserer Zeit. Die letzten Dingen des Menschen und das Christentum, Freiburg 2005, 106. Zum Amalgam von Fegfeuer und Jüngstem Gericht vgl. auch Ansorge, Gerechtigkeit (Anm. 121) 565. Bereits bei Hilarius von Poiters gibt es, wenn auch im dualistischen Korsett von Himmel und Hölle, die „postmortale Läuterung durch das Feuer, das beim Gericht entbrennt", vgl. Michael Durst, Die Eschatologie des Hilarius von Poiters. Ein Beitrag zur Dogmengeschichte des vierten Jahrhunderts, Bonn 1987, 200
297 Balthasar, Eschatologie (Anm. 296) 106. Zur Konzeption von Hans Urs von Balthasar vgl. auch J. Rahner, Einführung (Anm. 27) 280–283.
298 Balthasar, Eschatologie (Anm. 296) 106. Zur Geburt des Fegfeuers aus dem Geist der Inquisition vgl. Christoph Auffart, Irdische Wege und himmlischer Lohn. Kreuzzug, Jerusalem und Fegefeuer in religionswissenschaftlicher Perspektive, Göttingen 2002, 151–198.

299 Balthasar, Eschatologie (Anm. 296) 89. Zur Hölle als Fegfeuer bereits bei Origines vgl. J. Rahner, Einführung (Anm. 27) 214ff; zur Entstehung der Fegfeuerlehre und zur bleibenden Hoffnungsgestalt hinsichtlich des Fegfeuers vgl. ebd. 233–243 bzw. 245–249.
300 Dazu, was von den Kritikern als Reduktion bezeichnet wird, vgl. Escribano-Alberca, Eschatologie (Anm. 3) 231.
301 J. Rahner, Einführung (Anm. 27) 209.
302 Max Horkheimer in einem Brief an Walter Benjamin, zitiert bei Ansorge, Gerechtigkeit (Anm. 121) 545, Anm. 12.
303 Vgl. Ladislaus Boros, Mysterium mortis: Der Mensch in der letzten Entscheidung. Olten/Freiburg 1962.
304 Romano Guardini, Das Fegfeuer, Würzburg 1940, 12; vgl. Escribano-Alberca, Eschatologie (Anm. 3) 227.
305 Vgl. Ansorge, Gerechtigkeit (Anm. 121) 552.
306 Vgl. zu dieser Spannung: Ansorge, Gerechtigkeit 34 ff.

C. Unerschöpfliche Gerechtigkeit

307 Vgl. Jan-Dirk Döhling, Der bewegliche Gott. Eine Untersuchung des Motivs der Reue in der Hebräischen Bibel, Freiburg i. Br. 2009.
308 In einem Fernsehgespräch mit Bettina Böttinger im WDR 1999.
309 Im Folgenden seien die Begriffe Mitleid und Barmherzigkeit deckungsähnlich verwendet: Barmherzigkeit setzt Empfindungsfähigkeit voraus, und Mitleiden-können findet zur dauerhaften Haltung in der Barmherzigkeit.
310 Vgl. Gottfried Ephraim Lessing, Hamburgische Dramaturgie, in: ders., Werke, Vierter Band, Darmstadt 1995, 578–582.
311 Vgl. Arthur Schopenhauer, Die Welt als Wille und Vorstellung, in: ders.: Sämtliche Werke, Frankfurt a. M. 1986, Bd. 1, 511–515.
312 Vgl. Friedrich Nietzsche, Menschliches Allzumenschliches. Ein Buch für freie Geister, 1878, I, Zweites Hauptstück: Zur Geschichte der moralischen Empfindungen Nr.50.
313 Vgl. Klaus Dörner, Tödliches Mitleid. Zur Frage der Unerträglichkeit des Leidens, Gütersloh ²1989.
314 Stefan Zweig, Ungeduld des Herzens. Roman, Stockholm 1943, 228.
315 Vgl. Bernd Janowski, Der barmherzige Richter. Zur Einheit von Gerechtigkeit und Barmherzigkeit im Gottesbild des alten Orients und des Alten Testaments, in: Ruth Scoralick (Hg.), Das Drama der Barmherzigkeit Gottes, Stuttgart 2000, 33–91.
316 Zum Verhältnis von Barmherzigkeit und Gerechtigkeit aus bibeltheologischer Sicht vgl. Ansorge, (Anm. 121) 49–201.
317 Ruth Scoralick, Rettung und Untergang, in: Theologische Quartalschrift 195 (2015) 2,109–117,112.
318 Zitiert aus dem babylonischen Talmud Berakot 7a bei Klaus Wengst, Recht und Gerechtigkeit – Gericht und Erbarmen, in: Theologische Quartalschrift 195 (2015) 2, 119–134,134.
319 Zur systematischen Reflexion der Unterbrechungskategorie vgl. Lieven Boeve, God Interrupts History. Theology in a Time of Upheaval, New York/London 2007.

320 Vgl. Emmanuel Lévinas, Jenseits des Seins oder anders als Sein geschieht, Freiburg/München 1992, 200; vgl. dazu Thomas Freyer (Hg.), Der Leib. Theologische Perspektiven aus dem Gespräch mit Emmanuel Lévinas, Ostfildern 2009.
321 Vgl. Martin Kirschner, Die Barmherzigkeit Gottes als größere Gerechtigkeit, in: Theologische Quartalschrift 195 (2015) 2, 135–150.
322 Dass es auch bei Anselm von Canterbury nicht um die Kränkung eines eitlen Potentaten geht, verdeutlicht Kirschner, Barmherzigkeit Gottes (Anm. 321) 142. Zur entsprechenden Kritik des Blasphemieverbotes vgl. Ottmar Fuchs, Ist „Gott" ein „A…"? Zur „Lücke" ungeschönter alltagssprachlicher Gotteskritik, in: Rainer Bucher, Renate Oxenknecht-Witzsch (Hg.), Was fehlt? Leerstellen der katholischen Theologie in spätmodernen Zeiten: ein Experiment, Würzburg 2015, 123–141.
323 Vgl. Michel Foucault, Überwachen und Strafen. Die Geburt des Gefängnisses, Frankfurt a. M.1976, 40–47.
324 Vgl. Döhling, Der bewegliche Gott (Anm. 307).
325 Vgl. Fuchs, Der zerrissene Gott (Anm. 238) 64–67.
326 Vgl. Wengst, Recht und Gerechtigkeit (Anm. 318) 130.
327 Vgl. Scoralick, Rettung und Untergang (Anm. 317) 117.
328 Vgl. Walter Benjamin, Über den Begriff der Geschichte, in: Illuminationen. Ausgewählte Schriften, Frankfurt a. M. 1972, 251–263, 255 (IX. These).
329 Vgl. Walter Benjamin, Gesammelte Schriften Band I, Frankfurt a. M. 1974, 1232.
330 Füreder, Zurechtweisung (Anm. 219) 306. Füreder formuliert dies im Anschluss an Romano Guardini.
331 Benedikt, XVI., Enzyklika „Spe salvi", vom 30.11.2007 (Verlautbarungen des Apostolischen Stuhls Nr. 179), Bonn 2007, Nr. 47.
332 Vgl. Fuchs, Gericht (Anm. 1) 153–161.
333 Jürgen Werbick, Kommunikation an der Grenze zum Kommunikationsabbruch? Strafe und Vergeltung in theologischer Perspektive, in: Christine Brückner, u. a. (Hg.), Kommunikation ist möglich, Ostfildern 2013, 118–132,132.
334 Benedikt XVI.,Spe salvi Nr. 47.
335 Schneider, Apokalypse (Anm. 292) 38.
336 Vgl. Fuchs, Gericht (Anm. 1) 127 ff.
337 Vgl. Christoph Barth, Descensus ad inferos, in: Hans Urs von Balthasar (Hg.), „Hinabgestiegen in das Reich des Todes", Freiburg i. Br. 1982, 72–83, 82.
338 Hans Urs von Balthasar, Theologische Besinnung auf das Mysterium des Höllenabstiegs, in: Balthasar (Hg.), Hinabgestiegen 84–98, 89.
339 Ebd. 98. Zur Höllenfahrt Christi in der darstellenden Kunst vgl. Robert Th. Stoll, Die Höllenfahrt Christi in der darstellenden Kunst, in: Balthasar (Hg.), Hinabgestiegen (Anm. 337) 25–43.
340 Vgl. Ansorge, Gerechtigkeit (Anm. 121) 276; vgl. Kirschner, Barmherzigkeit Gottes (Anm. 321) 148.
341 So im Anschluss an Anselm von Canterbury Kirschner, Barmherzigkeit Gottes 144.
342 Vgl. Hans Urs von Balthasar, Theologische Besinnung (Anm. 338), 96. Zum Feuer als Dimension des Gerichts bei Balthasar vgl. auch Füreder, Zurechtweisung (Anm. 219) 261.
343 Hans-Joachim Höhn, Die Entmachtung des Todes (Anm. 26) 302.

344 Vgl. Hildegund Keul, Inkarnation. Gottes Wagnis der Verwundbarkeit, in: Theologische Quartalschrift 192 (2012), 216–232.
345 Vgl. Martin Kirschner, Gott – größer als gedacht, Freiburg i. Br. 2013, 268–292, 415–436; vgl. Rainer Bucher, Gott und die Gewalt. Ein christlicher Essay, in: Gregor Maria Hoff (Hg.), Gott im Kommen, Innsbruck 2006, 146–164, 153
346 Magnus Striet, Erlösung durch den Opfertod Jesu?, in: Zur Debatte 42 (2012) 3, 19–21, 21. Zu Anselm von Canterbury vgl. in diesem Zusammenhang auch Ansorge, Gerechtigkeit (Anm. 121) 256–280.
347 Kirschner, Barmherzigkeit Gottes 139.
348 Vgl. ebd. 148.
349 Vgl. ebd. 150.
350 Vgl. ebd. 148–149.
351 Vgl. Kühschelm, Verstockung 280.
352 Vgl. dazu Michael Welker, Universalität Gottes und Relativität der Welt, Neukirchen-Vluyn 1981; Rainer Bucher, Nietzsches Mensch und Nietzsches Gott. Das Spätwerk als philosophisch-theologisches Programm, Frankfurt a. M. ²1993, 268 ff.
353 Vgl. Fuchs, Sakramente (Anm. 144) 113–119.
354 Vgl. Roland Barthes, Mythen des Alltags, Frankfurt a. M. ³1974, 85 ff.
355 Dann geht es nicht nur und nicht zuerst um den von der Kircheninnenseite selbst vorgegebenen Bedarf, sondern um den Bedarf der Menschen Überhaupt, darin auch um ihre Möglichkeiten und Fähigkeiten.
356 Valentin, Fiktionalität (Anm. 17) 60, im Anschluss an Hansjürgen Verweyen, Botschaft eines Toten? Den Glauben rational verantworten, Regensburg 1997, 49.
357 Vgl. dazu Ottmar Fuchs, Die Pastoral im Horizont der „unverbrauchbaren Transzendenz Gottes" (Karl Rahner), in: Theologische Quartalschrift 185 (2005) 4, 268–285.
358 Veronika Hoffmann, Beweist der Durst die Quelle? Zum Umgang mit einigen religionskritischen und religionsaffirmativen (Alltags-) Argumenten, in: Theologie der Gegenwart 53 (2010) 3, 228–235, 235. Zur praktisch hermeneutischen Bedeutung der Sehnsucht für die Theologie und umgekehrt vgl. Anna Findl-Ludescher, u. a. (Hg.), Gutes Leben – für alle? Theologisch-kritische Perspektiven auf einen aktuellen Sehnsuchtsbegriff, Wien, Berlin 2012.
359 Paulo Suess, Sich zusammensetzen, in: Findl-Ludescher u. a. (Hg.), Gutes Leben 17–32, 31–32.
360 Ebd. 18.
361 Ebd. 32.
362 Sekretariat der Deutschen Bischofskonferenz (Hg.), Weltkirchliche Arbeit heute für morgen – Wissenschaftliche Studie in Gemeinden deutscher Diözesen, Bonn 2009, 80 ff.
363 Vgl. Sekretariat, Weltkirchliche Arbeit 82 ff.
364 Sekretariat, Weltkirchliche Arbeit 165.
365 Vgl. Wissenschaftliche Arbeitsgruppe für weltkirchliche Aufgaben der Deutschen Bischofskonferenz (Hg.), Partnerschaft mit den Armen – Wechselseitige Verpflichtungen in der entwicklungspolitischen Zusammenarbeit, Bonn 2004, 37.
366 Vgl. Wengst, Recht und Gerechtigkeit (Anm. 318) 128.

367 Ebd. 129.
368 Ebd. 128.
369 Vgl. Astrid Heidemann, Kann Gerechtigkeit Gegenstand eschatologischer Hoffnung sein?, in: Böttigheimer u. a. (Hg.), Was dürfen wir hoffen? (Anm. 8), 203–221, 221.
370 Vgl. Fuchs, Im Raum der Poesie. Theologie auf den Wegen der Literatur (Theologie und Literatur Band 23) Ostfildern 2011, ²2015, 101–106.
371 Vgl. Jacques Derrida, Falschgeld. Zeit geben I, München 1993.
372 Vgl. Karl Rahner, Warum lässt uns Gott leiden?, in: Schriften zur Theologie, Band 14, Einsiedeln 1980, 450–466, 466.
373 Karl Rahner, Über den Begriff des Geheimnisses in der katholischen Theologie, in: Schriften zur Theologie, Band 4, Neuere Schriften, Zürich ³1962, 51–99, 76; vgl. auch ders., Die menschliche Sinnfrage vor dem absoluten Geheimnis Gottes, in: Schriften zur Theologie, Band 13, Gott und Offenbarung, Zürich 1978, 111–128, 114 und 117.
374 Vgl. Kläden (Hg.), Worauf es letztlich ankommt (Anm. 24).
375 So Markolf Niemz in einem Schreiben im Anschluss an das Fachgespräch in Himmelspforten an die Teilnehmer und Teilnehmerinnen vom 21. 3. 2012.
376 Kritisch zu Markolf H. Niemz, Was sagt die Physik über die Möglichkeit einer postmortalen Existenz?, in : Kläden (Hg.), Worauf es letztlich ankommt (Anm. 24) 41–48.
377 Vgl. Markolf H. Niemz, Bin ich, wenn ich nicht mehr bin? Ein Physiker entschlüsselt die Ewigkeit, Stuttgart ⁴2011.
378 Vgl. Erich Fromm, Haben oder Sein. Die seelischen Grundlagen einer neuen Gesellschaft, München ³⁷2010.
379 Bauberger, Physik (Anm. 264) 38.
380 Vgl. Wohlmuth, Eschato-Praxie (Anm. 177).
381 Ebd. 286.
382 Vgl. Helmut Peukert, Sprache und Freiheit, in: Franz Kamphaus / Rolf Zerfaß (Hg.), Ethische Predigt und Alltagsverhalten, München/Mainz 1977, 44–75, 65 ff.
383 Vgl. Leonardo Boff, Der dreieinige Gott. Gott der sein Volk befreit, Düsseldorf 1987.
384 Vgl. Paulo Süss, Theologie angesichts der ethnischen Vielfalt, in: Orientierung 49 (1985) 241–245.
385 Vgl. Thomas Marschler, Theologische Impulse. „Ich erwarte die Auferstehung der Toten", in: Zur Debatte (2010) 3, 45–47.
386 Vgl. dazu Ottmar Fuchs, Die Liturgie des Leibes, in: Freyer (Hg.), Leib (Anm. 320), 102–144, 102–106.
387 Anders als Marschler, Theologische Impulse (Anm. 385) 47.
388 Gerhard Lohfink, Der Tod ist nicht das letzte Wort, ⁷1976, 46.
389 Vgl. Heinrich Bedford-Strohm, Auferstehung, Gericht und Ewiges Leben, in: ders., (Hg.), Leben der zukünftigen Welt (Anm. 131) 9.
390 Balthasar, Eschatologie (Anm. 296) 85.
391 Vgl. dazu Fuchs, Gericht (Anm. 1) 188–189.
392 J. Rahner, Einführung (Anm. 27) 195. Zur Vermittelbarkeit von Auferstehung am Jüngsten Tag und Auferstehung im Tod vgl. ebd. 194–200.
393 Vgl. Füreder, Zurechtweisung (Anm. 219) 334.

394 Vgl. Michael Beintker, Das Leben der zukünftigen Welt, in: Bedford-Strohm (Hg.), Leben der zukünftigen Welt (Anm. 131) 14–29, 17 ff.; zu dieser eschatologischen Relativitätstheorie, wonach „jeder Mensch soweit vom Leben der zukünftigen Welt entfernt (ist) wie von seinem Tod", vgl. Gisbert Greshake / Gerhard Lohfink, Nacherwartung – Auferstehung, Unsterblichkeit, Freiburg i. Br. ^{4}1982, vgl. auch Beintker, Leben 18 ff.
395 Vgl. Fuchs, Gericht (Anm. 1) 190–192.
396 Vgl. Marlies Gielen, Universale Totenaufweckung (Anm. 12). Zur jeweils kontextverursachten Unterschiedlichkeit bis Widersprüchlichkeit neutestamentlicher Schriften vgl. Ottmar Fuchs, Praktische Hermeneutik der Heiligen Schrift, Stuttgart 2004, 324–327, auch 104 ff.
397 Vgl. Godehard Brüntrup, Überleben (Anm. 263) 27–40. Vgl. zu dieser Frage der Auferstehungsanthropologie ausführlich J. Rahner, Einführung (Anm. 27) 186–200.
398 Vgl. Matthias Rémenyi, Auferweckung (Anm. 24) 223–249
399 Vgl. Thomas Schärtl, Vita mutatur, non tollitur. Zur Metaphysik des Auferstehungsglaubens, in: Kläden (Hg.), Worauf es letztlich ankommt (Anm. 24) 125–149.

D. Die Zeit, die bleibt

400 Vgl. Giorgio Agamben, Die Zeit, die bleibt. Ein Kommentar zum Römerbrief, Frankfurt a. M. 2006, 34–55.
401 Vgl. zu dieser Vorwegnahme Fuchs, Gericht (Anm. 1) 215–275.
402 Schneider, Apokalypse (Anm. 292) 13.
403 Reinhold Schneider, Gedanken des Friedens. Gesammelte kleine Schriften, Freiburg i. Br. 1946. 50.
404 Reinhold Schneider, Dankesrede: Der Friede der Welt, in: Börsenverein des Deutschen Buchhandels (Hg.), Friedenspreis des Deutschen Buchhandels 1956, 7–14, 12.
405 Schneider, Apokalypse (Anm. 292) 15.
406 Reinhold Schneider, Weltreich und Gottesreich, München 1946, 44.
407 Zitiert bei Bruno Stephan Scherer, Weil ER lebt (Anm. 34) 349.
408 Carl Amery, Hitler als Vorläufer (Anm. 163); vgl. auch ders., Global Exit: Die Kirchen und der Totale Markt, Hamburg 2002.
409 Vgl. das Gespräch von Antje Bultmann mit Carl Amery, in: Droht die Weltherrschaft einer neuen Herrenrasse?, in: Publik-Forum (1998) Nr. 22, 12–13.
410 Vgl. Hartmut Rosa, Beschleunigung und Entfremdung. Entwurf einer kritischen Theorie spätmoderner Zeitlichkeit, Berlin 2013, 69.
411 Vgl. ebd., 72.
412 Vgl. Ottmar Fuchs, Schuldbewusstsein als praktisch-hermeneutische Kategorie zwischen Geschichte und Verantwortung, in: Rainer Bendel (Hg.), Die katholische Schuld? Katholizismus im Dritten Reich. Zwischen Arrangement und Widerstand, Münster 2002, 274–307.
413 Vgl. Walter Benjamin, Über den Begriff der Geschichte, in: ders., Illuminationen. Ausgewählte Schriften, Frankfurt a. M. 1972, 251–263.
414 Vgl. Fuchs, Gerichtsverlust. (Anm. 212).
415 Annliese Lissner, Folgt dem Wort, das in euch wirkt!, in: Angelika Schmidt-Biesalski (Hg.), Weiter Gehen 2008. Texte zum Nachdenken, Lahr 2008, Text zum 6. April.

416 Vgl. Fuchs, Gerichtsverlust (Anm. 212).
417 Vgl. Jean Delumeau, Angst im Abendland. Die Geschichte kollektiver Ängste im Abendland (2 Bände), Reinbek 1985.
418 Vgl. dazu im Zusammenhang mit entsprechenden Thesen von Michel Foucault, Norbert Mette, „Bei Euch aber soll es nicht so sein" (Mk 10,34). Das verdrängte Thema „Macht in der Kirche", in: Bibel und Liturgie 67 (1994) 3, 113–119.
419 Dietrich Wiederkehr, Perspektiven der Eschatologie, Einsiedeln 1974, 234.
420 Zur „tröstenden Kraft kindlicher Todesvorstellungen" vgl. Martina Plieth, Tote essen auch Nutella …, Freiburg i. Br. 2013.
421 Vgl. dazu hinsichtlich Glaube und Verkündigung von Frauen Ulrike Bechmann, „Unser Volk heilen, speisen und befreien" – Reflexionen zum Weltgebetstag der Frauen, in: Jahrbuch der Europäischen Gesellschaft für die theologische Forschung von Frauen, Bd. 1, 1993, 111–128; Deutsches Weltgebetstagskomitee (Hg.), Dokumentation zum Weltgebetstag 1994 aus Palästina (verfasst von Stephanie Klein), Düsseldorf 1995.
422 Vgl. Martin Lechner, Theologie in der Sozialen Arbeit, München 2000, 132.
423 Vgl. Wiederkehr, Perspektiven (Anm. 419) 136–147.
424 Zum Begriff der Parrhesia vgl. Karl Rahner, Schriften zur Theologie Bd. VII (Schriften zur Theologie des geistlichen Lebens), Einsiedeln 1991.
425 Etwas anders als Füreder, Zurechtweisung (Anm. 219) 300 ff.
426 Vgl. Ottmar Fuchs, Fluch und Klage (Anm. 118).
427 Vgl. Norbert Lohfink, Enthielten die im Alten Testament bezeugten Klageriten eine Phase des Schweigens?: Vetus Testamentum 12 (1962) 260–277; Ottmar Fuchs, Klage. Eine vergessene Gebetsform, in: Hansjakob Becker, u. a.(Hg.), Im Angesicht des Todes, St. Ottilien 1987, 939–1024, 985–989.
428 Vgl. Ruth Fehling, „Jesus ist für unsere Sünden gestorben." Eine praktisch-theologische Hermeneutik (Praktische Theologie heute, 109) Stuttgart 2010.
429 Vgl. dazu das Verhältnis von Apokalypse und Film bei Valentin, Fiktionalität (Anm. 17) 291–412.
430 Jürgen Habermas, Der Riss der Sprachlosigkeit, in: Frankfurter Rundschau (16. Oktober 2001) Nr. 240, 18.
431 Vgl. dazu die Erinnerungsdiskurse im Zusammenhang mit dem Holocaust: Hier geht es vor allem um die bleibende und gegenwartsbedeutsame Erinnerung der verletzten und unwiderruflich zerstörten Geltungsansprüche auf der Seite der Opfer.
432 Vgl. Ottmar Fuchs, Praktische Hermeneutik (Anm. 396) 203–252.
433 Habermas, Riss der Sprachlosigkeit (Anm. 430) 18.
434 Zu dieser grundsätzlichen theologischen Perspektive vgl. Jürgen Moltmann, In der Geschichte des dreieinigen Gottes, München 1991, 74–89.
435 Vgl. Michael Theobald, Der Römerbrief, Darmstadt 2000, 227–258.
436 Ebd. 242.
437 Katharina von Kellenbach, Theologische Rede von Schuld und Vergebung als Täterschutz, in: dies. / Björn Krondorfer / Norbert Reck (Hg.), Von Gott reden im Land der Täter. Theologische Stimmen der dritten Generation seit der Shoa, Darmstadt 2001, 46–67.
438 Vgl. von Kellenbach, ebd. 55.

439 Vgl. ebd. 64.
440 Zitiert bei Eduard Engel, Goethe, Der Mann und das Werk, Berlin 1909, 528.
441 Zitiert bei Hartmut Wehrt, Das Geheimnis der Zeit, Frankfurt a. M. 2008, 253.
442 Vgl. Fuchs, Die andere Reformation (Anm. 153) 30–49. Man könnte auch von einer korrelativen Pastoral sprechen.
443 Vgl. ders., Mitleidbasierte Barmherzigkeit bis ins Gericht, in: George Augustin (Hg.), Barmherzigkeit leben, Freiburg i. Br. 2016, 30–67.
444 Vgl. Christof Müller, Die Eschatologie des Zweiten Vatikanischen Konzils, Bern 2002; Zum Verhältnis von Profan- und Heilsgeschichte vgl. Wiederkehr, Perspektiven (Anm. 419) 32 ff.
445 Zur Würdigung und Kritik der entsprechenden Arbeiten von Hartmut Rosa zu Beschleunigung und Resonanz vgl. Tobias Kläden / Michael Schüssler (Hg.), Zu schnell für Gott? (Anm. 105).
446 Fritz Reheis, „Kopf, Herz und Hand", Interview, in: Der Spiegel. Wissen ^{3}2016, 54 f., hier 54.
447 Zur Notwendigkeit der Langsamkeit auch im zivilgesellschaftlichen und wirtschaftlichen Bereich vgl. Fritz Reheis, Die Kreativität der Langsamkeit. Neuer Wohlstand durch Entschleunigung, Darmstadt 1996.
448 Sten Nadolny, Die Entdeckung der Langsamkeit. Roman, München 1987, 329.
449 Vgl. Horst Eberhard Richter, Der Gotteskomplex. Die Geburt und die Krise des Glaubens an die Allmacht des Menschen, Reinbek 1979.
450 Vgl. Fuchs, Der zerrissene Gott (Anm. 238)17–23.
451 Vgl. Fuchs, Poesie (Anm. 370) 285–300.
452 Vgl. Ottmar Fuchs, Ohne Wandel keine inhaltliche Kontinuität – weder in der Pastoral noch in der Pastoraltheologie, in: Theologie und Glaube 100 (2010) 288–306.
453 Vgl. Hans-Joachim Höhn, Zeit-Diagnose. Theologische Orientierung im Zeitalter der Beschleunigung, Darmstadt 2006.
454 Vgl. Michael Schüßler, Beschleunigungsapokalyptik und Resonanzutopien, in: Kläden / Schüssler (Hg.), Zu schnell für Gott?, (Anm. 105)153–185, 153. Schüßler zitiert hier Anne Kostrzewa.
455 Vgl. Dorothee Steiof, Verherrlichung Gottes. Madeleine Delbrêl und alttestamentliche Texte, Stuttgart 2013, 181–370.
456 Vgl. Matthias Sellmann, Touch and go, in: Pastoralblatt 59 (2007), 247–254, 253.
457 Ebd.
458 Vgl. Robert Musil, Der Mann ohne Eigenschaften (Bd. 1), Reinbek 1978, 16–18.
459 Es wäre interessant, hier den Verschwendungsdiskurs von Georges Bataille anzuschließen, vgl. Robert Ochs, Verschwendung. Die Theologie im Gespräch mit Georges Bataille, Frankfurt a. M. 1995.
460 Cecile Dormeau, Ein Plädoyer fürs Trödeln, in: Der Spiegel. Wissen ^{3}2016, 66 f.
461 Ebd.
462 Vgl. das Themenheft Seelsorge: Wege zum Menschen 66/2 (2014).
463 Zitiert im Vorwort von Hinrich Siefken zu der von ihm besorgten ersten vollständig kommentierten Ausgabe: Theodor Häcker, Tag- und Nachtbücher 1939–1945, Innsbruck 1989, 15.